KB083296

民法散考

梁彰洙 著

博英社

머 리 말

이 책은 저자가 그 동안 발표한 짧은 글 중에서 아직 발언력이 있다고 생각되는 것을 모은 것이다. 이들은 본격적 논문으로 하기에는 반드시 적당하다고 할 수 없는 생각의 斷片을 그 때마다의 필요에 응하여 써 보았던 것이다. 그러므로 내용은 물론이고 형식에도 별다른 통일성이 없이 그야말로 제각각이고, 또 발표시기로 보아도 이미 10년이 넘은 것도 있다.

법을 공부하다 보면 의문을 품게 되고, 이러한 의문에 응대하면서는 그것이 그렇게 말하여지는 이유를 다시 음미하고, 또 저렇게 달리 접근할 수도 있지 않을까 해서 이리로 저리로 생각의 꼬리를 이어가게 된다. 그리고 문헌자료를 뒤적이는 중에 옛 사람들이 남긴 사색의 자취나 행적을 알게 되기도 한다.

이와 같이 충분히 익지 않은 것은 그대로 머리의 서랍 속에 접어두고 저만 그런가 보다 하면 그만인데, 사람의 일이 자로 잰 듯만 되는 것은 아니어서 무슨 기회에 글로 적고 남이 읽게 되면, 이제는 벌써 나의 손아귀를 떠나 「내 것」이 아닌 것이다. 그래도 왠지 그냥 버리기는 아까운 바가 없지

않아서 이렇게 한 자리에 모아놓게까지 되었다. 혹 말단의
일에 연연한다는 비난이 두렵기도 하나, 그저 언필칭「교과
서」일변도의 삭막한 우리 법풍토에서, 말하자면 非主流의
읽을거리를 하나 마련한다는 생각뿐이다.

　내용은 目次가 스스로 말하여 줄 것인데, 저자가 전공으
로 하는 민법의 구체적 문제에 대한 글을 編別로 배열하였
고, 거기다가 前奏라고 할 만한 것을 앞세우고 또 끝에 법
공부의 한 측면인 법학교육과 관련된 것을 붙였다. 다른 것
에 비하여 너무 긴 느낌이 있는 글도 없지 않으나 그대로 두
었다.

　이 책을 만드는 데 애쓰신 박영사의 여러분께 감사드린다.

1998년 11월 23일

梁　彰　洙

차　례

제1부 總   論

民法學의 어려움

무능하고 게으른 제가 오늘 이렇게 영예로운 상을 받게 된 것이 부끄럽습니다. 이를 계기로 하여 열심히 공부하라는 격려와 채찍질로 여기고, 여러 선생님들의 기대를 저버리지 않도록 노력할 것을 다짐합니다.

이 기회에 우리 나라의 법학, 특히 제가 전공으로 하는 민법학을 영위함에 있어서 부닥치는 몇 가지의 어려움을 간략하게 피력하여 보고자 합니다.

우선 학문의 전통이 아쉽습니다. 혹 「전통」은 벗어던져 버려야 할 속박이라고 생각될 수도 있겠습니다. 그러나 앞서 나아가신 분들이 주욱 걸어온 길을 이어서 나아가면 온전한 학문적 성과를 얻을 수 있다는 확신이 있다고 한다면, 그리고 그 「길」의 중간중간에서 이미 선학들이 이룩한 남부럽지 않은 인식과 노력의 풍요롭고 우수한 열매를 긍지를 가지고 맛볼 수 있다면, 새로이 학문의 세계로 들어서는 신진으로서는 어떠한 법학을 할 것인가, 무엇을 지향할 가치로 삼아 어떠한 방법으로 법학을 할 것인가에 대하여 헤매지 않아도 될 것입

니다. 법학에서 앞선 다른 어느 나라를 보아도, 나름대로 빛깔
은 사뭇 차이가 있을지 몰라도, 각기 자신들이 하는 법학에
대하여 자족적인 「방법」을 자랑하고 있습니다. 저희로서는
「溫故知新」할 수 있다면, 벗어던져 버려야 할 강고한 「전통」
이 있다면, 오히려 행복할 것입니다.

　　이와 같이 전통이 빈약하기에, 저희는 누구의 지도도 보
살핌도 없이 개별적으로 애를 써서 시각과 방법을 획득하기에
무수한 시행착오를 거듭하고 있으며, 특히 학문후속세대의 양
성에 큰 어려움에 부닥치고 있습니다. 그렇게 생각하여 보면,
오늘날 우리가 가지고 있는 법학에서 「전통」이라고 부를 수
있는 것을 ──비록 그것이 빈약한 것이라고 할지라도── 가
능하면 잘 이해하고 이것을 살려 나가는 것이 극히 중요하다
고 생각됩니다. 저의 전공인 민법학에서의 예를 들어 보자면,
金曾漢 선생님의 체계적 법률구성에 대한 날카로운 지향, 郭
潤直 선생님의 온건한 현실감각 등이 그러합니다.

　　나아가 이론과 실무의 괴리도 심각합니다. 이 문제는 이
미 빈번하게 지적된 바 있습니다. 아마도 이에는 우리 나라
특유의 역사적 사정, 즉 건국 이후의 법률가계층의 형성의 어
떠한 특징과 관련이 있다고 생각됩니다. 그러나 한편으로 이
론, 쉽게 말하면 대학의 법학교수들이 흔히 외국의 이론을 직
수입하여 우리의 「현재 있는 법」의 문맥과는 전혀 상관없이
그 즉각적인 타당을 주장하는 잘못을 범하는 경향이 있다고
한다면, 다른 한편으로 실무, 쉽게 말하면 법관들은 구체적 사

건의 해결을 위한 준거를 주로 종전의 재판예에서 스스로 도출한 바의 언필칭「판례」에서 구하거나 아니면 자신의 그때그때의「형평감각」에서 찾는 잘못을 범하는 경향이 없지 않습니다. 법을 공부하여 가는 과정에서 이러한 괴리를 수없이 확인하게 되는 것은 실로 괴로운 일입니다. 왜냐하면 그것은, 법공부의 한 축인 이론의 면에서 보자면 학문적 대화의 상대를 발견하지 못하게 하고, 다른 한 축인 실무 또는 실천의 면에서 보자면 현실화의 가능성이 없는 불모의 작업을 하고 있다는 느낌을 떨쳐 버릴 수 없게 하기 때문입니다.

위대한 이론가 사비니는 다음과 같이 말하였습니다. 좀 길더라도 인용하여 보겠습니다.

"법에 관련된 개개인의 정신적 활동은 두 개의 다른 방향으로 표출될 수 있다. 하나는 法意識 일반을 인식하고 발전시키는 것, 즉 知識, 敎授, 敍述에 의하여서이고, 다른 하나는 실제 생활의 일들에 적용하는 것에 의하여서이다. 이러한 법의 두 가지 요소, 즉 이론적 요소와 실천적 요소는 법 자체의 일반적 본질에 속한다. 그러나 최근의 몇 세기 동안의 전개과정에서, 이 두 가지 방향이 다양한 계층과 직업에 있어서 동시에 서로 분열되어 가서, 드문 예외를 제외하고는 법의 전문가가 그 專業 또는 主業에 의하여 이론이 아니면 실천의 어느 하나에만 속하게 되었다. … 이와 같이 구분된 활동을 하면서도 모든 사람이 원래의 통일성을 항상 마음에 두어서, 어느 정도는 모든 이론가가 실천적 감각을, 모든 실무가가 이론적 감각을 자신 안에 保持하고 發展시키는 것만이 구제책이 된다. 이것이 행하여지지 않고 이론과 실천 사이의 분리가 절대적인 것이 되면, 불가피하게 이론이 공허한 遊戱

로, 실천이 단순한 手工作業으로 퇴화할 위험이 발생한다."
(梁彰洙 譯,『現代로마法體系』, 제 1 권, 序言, 서울대 법학 36
권 3·4호(1995. 12), 176면)

앞으로 모든 법학교수가 실천적 감각을, 모든 실무가가
이론적 감각을 자신 안에 保持하고 發展시켜 가는 것이 긴요
하다고 하겠습니다.

또한 이상은 주로 무형적인 것에 관련됩니다마는, 법학에
있어서 가장 넓은 의미에서의 유형적 설비의 부족도 심각합니
다. 조교나 전문사서와 같은 인적 설비도 그러합니다마는, 가
장 쉬운 예로 법학 관련의 정기간행물·전문도서 기타 자료가
매우 부족합니다. 제가 몸담고 있는 서울대 법대의 경우는 제
가 법원에서 대학으로 직을 옮긴 1985년 이후로 많이 나아졌
습니다마는, 그래도 충분하다고 하기에는 아직 멀었습니다.
이러한 부족을 더욱 뼈아프게 느끼게 되는 것은, 이를 우리
대학교가 소장하고 있는 구 京城帝國大學 도서의 완벽함과 대
비하여 볼 때입니다. 이 차이는 결국 국가경영의 기본정책의
차이에서 오는 것이라고 생각될 때도 있습니다.

자료를 찾아 보았을 때 1940년 이후의 것은 있는 때보다
없는 때가 더 많습니다. 그러면 독일로 프랑스로 미국으로 또
어디로 급히 연락을 보내서 구입·복사하여 보내도록 하여야
합니다. 대학교수로서 이러한 해외의 비상자료수집망을 가지
고 있는 사람도 적지 않을 것입니다. 그 성가심, 시간·노력의
낭비는 이루 말할 수가 없습니다.

이와 같이 수많은 어려움이 있습니다마는, 그래도 「법」은 무어라고 해도 이론적 뒷받침을 요구합니다. 잘 정리된 납득할 만한 思考體系는 무한한 생산성을 가지고 있는데, 이는 법에서도 마찬가지일 것입니다. 그리고 어떠한 공부도 그러한 것처럼, 도약은 있을 수 없고 한 발자국씩 앞으로 다지고 나아가는 것만이 가능할 것입니다.

다시 한 번 부족한 저에게 이 상을 주신 뜻을 새기면서, 이 상을 마련하신 朴承緒 한국법학원장님, 심사의 책임을 맡으신 徐晟 법원행정처 차장님 그리고 저를 수상자로 선정하여 주신 심사위원 여러분께 진심으로 감사의 말씀을 드립니다.

이상으로 수상인사에 갈음하고자 합니다. 감사합니다.

[韓國法學院報, 73호(1997.2), 12면 이하 所載]

[後　記]

本稿는 1997년 1월 31일에 韓國法學院이 마련한 제1회 법학논문상을 수상하는 자리에서 인사말로 준비한 것이다.

法學古書

1. 독일의 古書店으로부터 자료를 구입하기 시작한 지가 꽤 오래되었다. 목록이 보내져 오면, 점심을 먹은 후 노곤한 때 안락의자에 앉아 들여다 보면서 흥미가 당기는 것을 체크해 둔다. 이것을 정리해서 팩스로 보낸다. 古書는 새 책처럼 여러 권 있는 것이 아니고 단 한 권이 있을 뿐이기 때문에 먼저 주문한 사람이 차지하게 된다. 그러니 느긋한 편지로는 놓치는 수가 많다. 이럴 때는 팩스가 유용하다. 그러면 한 열흘 남짓 있다가 내 차지가 된 것의 목록이 보내져 오는데, 거기에 없는 것은 이미 팔린 것이다("Fehlendes vergriffen"). 그리고 또 한 달 남짓을 기다리면, 어김없이 튼튼하게 포장된 소포가 온다.

2. 그렇게 해서 구입한 것 중에 프란츠 바이얼레(Franz Beyerle)에게 헌정된 文集이라는 것이 있다. 바이얼레는 주로 제2차대전 전에 활동한 法史學者인데, 대전 후에도 가끔 글

을 발표하곤 하였다. 우리 나라에는 李好珽 선생님이「프란츠 바이얼레의 物權契約論」이라는 논문(法曹 18권(1969) 1호 및 4호 所載)을 통하여, 그의 주장(1954년에 나온 구스타프 뵈머 기념논문집에 실린「Der dingliche Vertrag」)을 소개한 일이 있다.

받아 보니, 흥미로운 바가 많다. 그 제목부터『Jocus regit actum』, 번역하면『조크가 행위를 지배한다 Joke rules action』로서, 보통 있는 기념논문집과는 다르다. 내가 받은 것은 모두 세 권인데, 1965년, 1970년, 1975년에 각기 발간된 제3권부터 제5권까지이다. 그러니까 바이얼레가 75세가 되는 1955년부터 5년마다「친구, 동료 및 제자」들이 글을 지어, A4 크기 100면 내외의 책을 만든 것이다. 프라이부르크의「法史研究所 出版社」가 간행한 것으로 되어 있지만, 사실은 原紙에 타자를 쳐서 등사한 私家版(Privatdruck)으로, 도합 각각 30부, 25부, 26부를 찍었다고 속표지 다음 장에 쓰여 있다. 그런데 寄稿者가 벌써 20명 내외이니, 아마 바이얼레 자신이나 직계 가족에게 증정하거나 기고자들에게 돌리고 나면 그만이었을 것이다. 이러한 자료는 고서점이 아니면 구할 수 없다.

내용은 제각각이다. 심지어는 자기 명함에다가 축사로 한 문장을 쓴 것을 그대로 복사하여 붙인 것도 있다(제4권의 게르하르트 칼렌 교수). 또 꽤 본격적인 논문에 가까운 것도 전혀 없지는 않다. 그러나 대부분은, 제목 그대로, 학자들이 공부하여 오는 동안에 얻은 에피소드적 지식이나 자료 또는 느낌 같은 것을 심심풀이로 재미나게 적은 우스갯소리이거나, 바이얼레에게 바치는 頌詩(그러나 결코 심각하지 않은) 등이다. 말하자면 바이얼레의 생일을 축하하여 벌린 친구, 동료, 제자들의 흥겨운 말잔치인 것이다.

　　예를 들어 우리 나라에도 꽤 이름이 알려진 법사학자 한스 티메(Hans Thieme) 교수(아마도 그가 이 글모음의 주관자인 듯하다. 한스 율리우스 볼프의 글에 보면, 그가 "재미난 글"을 기고하라고 자신에게 청하였다는 말이 있다)는 생물분류학자인 린네가 그의 자연분류체계(Systema Naturae)에서 빠뜨린 두 개의 種을 다음과 같이 보충하고 있다(Zwei Ergänzungen zu Linnés Systema Naturae, in: Bd. 5).

　　하나는 「위험한 미망인(Vidua periculosa T.)」이다(여기서 마지막 T는 린네의 분류법상으로 끝에 종의 명명자의 이름을 붙이는 예에 좇아서, 티메의 머릿자를 붙인 것이리라). 이 종은, 가령 막스 베버의 妻 마리안네 베버가 한 것처럼, 남편의 장례식에서 스스로 弔辭를 한다(이 말을 들었을 때 중얼거렸다는 오토 그라덴비츠의 말이 소개되고 있다. 즉 "이제야 비로소 미망인을 고인과 같이 火葬하는 인도의 관습을 이해할 수 있겠네!"). 또 그네는 남편의 「정신적 상속인」으로서 그의 전기를 저술하거나 저서의 새로운 판을 스스로 저술한다. 종전에는 단지 교정을 보는 데 그쳤는데(쉬베린의 글이 인용된다: "처의 도움으로 誤字를 참을 만한 정도에 그치도록 할 수 있었다"), 이 새로운 種은 이 점에서 다르다. 나아가 망인의 서재에 있던 원고를 들추어 내어 출판에 붙이거나, 그의 강의노트나 서신이나 연설문을 출판하도록 한다. "故人의 제자, 동료나 출판사는 투덜대면서도 그 요구에 좇는다." 「위험한 미망인」은 自制와는 거리가 멀다.

또 하나의 새로운 種은 「악의적인[남을 험담하는] 동료 (Collega malignus T.)」이다. 이 "인간적인, 너무나 인간적인" 종은 일종의 바이러스에 걸린 상태이다. 이 바이러스는 활동 상 상승기에 있을 때 빈 교수자리가 있어 초빙받을 기회를 보면, 가장 활발하게 발작을 일으킨다. 그러나 그 외에도 활동영역은 다양하다. 강의를 하면서, 傳記나 追悼文에서, 또 논문이나 서평에서. 우선 사비니가 강의 도중 그의 論敵 티보에 대하여 "동정어린 조소를 보내면서" 비웃었다는 것도 그 한 예이다. 「사비니잡지」에도 이러한 류의 추도문이 적지 않게 있다. 가령 "그[쉬빈트 교수]는 얽매임 없이 자유스럽게 강의하였고, 강의자료를 대학으로 오는 전차 안에서 생각하고 그만이었기 때문에, 강의가 들쭉날쭉하였던 일도 없지 않았다"는 투이다. 하물며 書評에서야. "전혀 이해되지 않는 타령! 곡조 전체가 어중간한 짬뽕이다!" 운운. 그러나 바이얼레가 어떤 책에 대한 평에서, 무려 이백칠십 군데의 誤字가 있다고 지적하면서도, 그것을 자금부족, 심장병, 보조인력의 무능력, 사본을 서둘러 판독함, "日光의 부족" 등의 外的인 事情에서 그 이유를 찾으려고 하는 것은 그 반대예라는 것이다(과연?). 이러한 種도 나이를 먹으면서 그 예봉이 꺾인다. 그래서 남의 기념논문집에 寄稿를 하기도 한다는 것이다.

대체로 이런 식이다. 우리 주변에도 남의 나라 것인지 우리 나라 것인지를 막론하고 법에 관련된 온갖 에피소드와 견문을 주워 모아 엄청난 「著書」를 내는 대학교수가 있는데, 그 사람이 알면 틀림없이 탐낼 「귀중한 자료」이다. 요컨대 심심

풀이인 줄 의식하면서 여가에 하는 것과 그런 일을 본업으로
하는 것의 차이일 게다.

　3. 1992년 어느 땐가 뮌헨 부근의 고서점에서 목록이 왔
는데, 민법과 법철학 관계의 문헌이 전에 없이 풍부하였다. 웬
일인가 하면서 여럿 주문하였더니, 열 권쯤을 손에 넣게 되었
다. 그런데 이것들 대부분에 「존경하옵는 칼 라렌츠 님에게.
저자 드림」 등등의 獻詞가 붙어 있었다. 「표준적」으로 정평
있는 유명한 민법 교과서의 저자(그러나 우리 나라에서도 그러
한 것처럼, 학자로서도 훌륭한지는 더욱 검토를 요한다) 칼 라렌
츠는 그 다음해 1월에 養老院에서 우편물을 부치러 나왔다가
낙상하여 바로 사망하였다고 하면서 추도문이 법률관계 잡지
에 실렸었는데, 아마 양로원으로 가기 전에 그의 藏書를 통째
로 고서점에 넘긴 것이 아닌가 싶었다. 아하.

　그 중 몇 권에는 밑줄이 그어 있고 欄外에 간단한 필기까
지 있어서, 그의 手擇本임이 분명하였다. 그런데 미카엘 보러
의 『Die Haftung des Dispositionsgaranten』(1980년, 뮌헨대학
법학총서 제41권)에는 옆에 구멍이 둘 뚫린 A5 크기 종이의
兩面에 작은 글자가 가득 채워져 있는 것이 두 장 끼워져 있
었다. 그 내용은 그 책의 주장을 극히 짤막하게 요약한 것이
다. 잘은 알 수 없지만, 각진 필체의 특징이 라렌츠 고희기념
논문집의 앞에 사진에 붙은 署名의 그것과 비슷하여서, 그의
친필로 생각하고 있다.

나는 1993년 초에 독일에 가서 약 10개월을 머물렀는데, 그 동안에 라렌츠가 나치스 시대에 쓴 글이나 한 일에 대한 비판적인 평가와 그에 대한 반대견해 등이 어지럽게 발표되는 것을 보았다(이에 대하여는 뒤에 김동훈 교수의 글「칼 라렌츠와 나찌 시대의 법학」이 法과 社會, 11호(1995)에 실렸다). 특히 야콥스는, 드라이어가 추도문(Dreier, JZ 1993, 454)에서 라렌츠가 "이미 생전에 古典的 法學者(Klassiker der Rechtswissenschaft)가 되었다"고 하면서 라렌츠가 1987년에 쓴 나치스 시대에 자신이 한 일에 대한 메모를 호의적으로 공개한 것을, 라렌츠가 나치스 시대에 쓴 글들을 일일이 들어가면서 통렬하게 비판하였다(Horst Heinrich Jakobs, JZ 1993, 805). 일부 인용하여 보자.

"어떤 사람에 대하여 그가 한 분야의 古典이라고 말하는 것은, 조심스러운 평가를 요구한다. 고전이란 모든 비판을 넘어서 흠이 없는 것, 따라서 모범적인 것을 말한다. 라렌츠가 법학에서 이러한 것일 수 있는가? … 20세기 중반 이후 법학, 그 중에서 민법학에 발을 들여놓은 사람 치고, 나치스 체제에서 법의 소위「改新」운동의 지도자의 한 사람이었던 이[즉 라렌츠]가 민법학에서 다른 누구보다 많은 성공과 인정을 받았다는 것이 이 학문의 흠집이라고 느끼지 않았던 이가 과연 누가 있었던가? … 그 학문에 종사하는 이 중 最上의 사람이 어떠한 이데올로기, 그것도 나치와 같은 이데올로기에 복종하지 않으면 안 되었다고 한다면, 그 학문이란 도대체 무엇인가?"(S.808)

　　라렌츠 자신은 다른 맥락에서 다음과 같이 말한 바 있다.
"초보자만이 모든 문제가 해결되어 있다고 믿는다. 그러나 종
국에 사람들은 거의 모든 것이 의심스러움을 알게 된다. 그러
나 학문에서 자극을 주는 것은 바로 의문이다."(Über die Un-
entbehrlichkeit der Jurisprudenz als Wissenschaft, 1966). 과연
이 떨리는 筆體의 주인공의 내면에서 그 때 그리고 그 후에
무슨 일들이 일어났던 것일까?

　　다른 학문분야에서와는 달리 법학분야에서는 법학자의
삶과 학문을 다룬 본격적인 傳記가 흔하지 아니하다. 「삭막
한」 일을 하는 實定法學者에 대하여는 더욱 그러하다. 그러
나 독일에서는 최근에 이러한 경향을 뒤집는 작업이 활발하
게 진행되고 있다. 예를 들면 베커(Maximiliane Kriechbaum,
Dogmatik und Rechtsgeschichte bei Ernst Immanuel Bekker,
1984), 빈트샤이트(Ulrich Falk, Ein Gelehrter wie Windscheid,
1989), 데른부르크(Werner Süss, Heinrich Dernburg — Ein
Spätpandektist im Kaiserreich, 1991)와 같은 19세기 후반의 보
통법학자들이 다루어지고 있다. 아마도 라렌츠의 삶과 학문에
대하여도 본격적인 연구가 나온다면, 이 틀림없이 「복잡한」
인물을 잘 이해할 수 있고, 따라서 우리가 「숭앙」하여 마지
않는 독일법학의 빛과 특히 그 그림자도 더 잘 알 수 있을
것이다.

　　　　　[오늘의 法律, 100호(1997.5), 3176면 이하 所載]
　　　　** 再刷에 따른 追記는 396면을 볼 것.

파스칼과 法

1. 파스칼(1623년 출생, 1662년 사망)은 물리학이나 수학
의 역사에서도 뚜렷한 자취를 남긴 존재이지만, 우리에게는
무엇보다도 근대적인 自我의 內面을 예리하게 포착한『팡세
(Pensées)』의 저자로 알려져 있다. 그러나 그는 법과도 인연
이 없지 않았다. 그것은 무엇보다도 프랑스의 법학자 쟝 도마
(Jean Domat. 1625년 출생, 1696년 사망)와의 인연에 의한 것
이다.

우리 나라에서는 별로 알려져 있지 않다고 생각되는데,
도마는 프랑스의 私法史에서 결정적인 의미를 가진 법학자 중
의 한 사람이다. 17세기 전반까지 프랑스의 법은 매우 착잡한
혼돈상태에 있었다. 민법상의 문제는 일차적으로는 상당히 한
정된 적용범위를 가진 局地的 慣習法에 의하여 처리되었고,
그 안에 해당규정이 없거나 불명확한 때에는 보충적으로 프랑
스의 남부에서는 로마법이, 북부에서는 파리의 관습법이 ——
소위 普通慣習法(Droit coutumier commun)으로서—— 적용되
고 있었다. 그러나 국지적 관습법은 물론이고 로마법이나 파

리관습법도 반드시 명확한 내용을 가지지 못하였고 나아가 어
떠한 이성적·학문적 반성을 거친 바의 것은 전혀 아니었다.

도마의 主著는 다름아닌 『民事的 法의 自然的 秩序(Les
lois civiles dans leur ordre naturel)』라는 표제를 달고 있다
(1689년부터 1694년 사이에 출판되었다). 이는 혼란스러운 법현
상 속에서 自然의 理性이라는 빛에 의하여「秩序」를 발견하려
고 하는 그의 의도를 명확하게 표현하고 있다. "이 책에서 저
자가 의도하는 것은, 민사적 법들을 그 질서 안에 위치시키고,
법의 여러 사항을 辨別하고, 이들 법률이 전체 속에서 부분으
로서 가지는 순위에 좇아 이를 配列하며, 각 부분에 그 定義
와 原理와 상세한 規則을 배분함에 있다. … 이로써 질서의
두 개의 중요한 효과를 노리는 것이다. 불필요한 것, 쓸모없는
것을 잘라버리는 것에 의한 簡潔(brièveté)과 整序의 단순한
효과인 明瞭함(clarité)이 그것이다."

그는 이러한 목표를 위하여 "自然法 및 쓰여진 理性의 유
일한 보관소"라고 생각한 로마법을 素材로 삼았는데, 그렇다
고 해서 단지 그것에 주석을 붙이고 체계를 부여한 데 그친
것은 아니었다. 그는 로마법에 대하여 "유스티니아누스의 학
설휘찬과 칙법집은 그 안에 探錄된 法規를 서로 결합시키고
있는 自然的 秩序를 분명히 밝히는 것을 목적으로 하고 있지
않다"고 이해하고 있다. 카피땅의 표현에 의하면, "도마는 민
법을「그 자연적 질서에 있어서」, 즉 이성이 명하는 순서에
좇아 서술하려고 시도한 최초의 법률가"로서 "법학에서의 理
性의 復興者"인데, 그가 로마법을 계속 인용하는 것은 "자신

의 演繹의 확실함을 뒷받침하고 「마음에 안심」을 주기 위하여"인 것이다.

이와 같이 하여 새로이 구성된 체계와 설명은 그 후에 프랑스민법전의 편찬을 지적으로 준비한 것이라고 할 수 있다. 가령 비아커는 그의 『近代私法史』에서 그를 그 전의 도넬루스 그리고 그 후의 포티에와 함께 프랑스민법전의 理論的 起草者로 평가하고 있다. 그리하여 요즈음 프랑스의 민법교과서 중에는 도마의 저작을 "프랑스민법전에 대한 事前에 이루어진 註釋書(un commentaire par anticipation)"의 하나라고 이해하기도 한다(가령 제라르 꼬르뉘).

2. 도마가 태어난 곳은 프랑스의 오베르뉴 지방에 있는 클레르몽-페랑(Clermont-Ferrand)市의 베르닝(Vernines) 거리인데, 파스칼도 그보다 2년 전에 거기서 몇 집 떨어지지 아니한 곳에서 출생하였다. 소도시의 같은 동네 출신으로 마찬가지로 총명함을 자랑하던 이 두 사람은 어렸을 적부터 친구로서 파스칼이 사망할 때까지도 극진한 友誼를 지속하였다. 르페브르의 파스칼 傳記에 의하면, "도마는 파스칼이 마지막 시련에 이르기까지 그 용기와 이론적 견고함을 칭송하였던 벗으로서 충고자로서 인간으로서 끝까지 변함이 없었다."

그들의 관계를 증명하는 쉬운 증거로 다음의 둘을 들 수 있다.

하나는 오늘날 파스칼의 초상화로 알려져 있는 것 중에서

장 도마가 그렸다는
파스칼의 연필 초상화

가장 어린 시절의 스
케치이다. 그런데 이
는 도마가 애용하였다
는 『로마法大典(Cor-
pus iuris)』의 표지에
그려진 것으로서, 그
것을 그린 사람이 도
마라는 것이 통설이
다. 사실 그 초상의 아
랫부분에는 도마의 아
들로서 역시 법률가인
질베르 도마가 쓴 "나
의 부친에 의한 파스
칼 씨의 초상"이라는

記入이 있는 것이다(위의 그림 밑부분).

다른 하나는 도마가 파스칼의 유언서에 受遺者의 한 사람
으로 지정되어 있다는 사실이다. 1662년 8월 3일자로 작성된
이 유언서("유언인은, 죽음보다 확실한 것은 없으되 또한 죽는 시
기보다 불확실한 것은 없음을 고려할 때 유언서를 남김이 없이 죽
음을 맞는 것을 원하지 아니하여, 다음의 공증인을 지명하여 다음
과 같은 유언서를 필기시키고 그 최후의 의지를 표명하는 바이
다")에 의하면, 파스칼은 "최근 파리시에 개설된 승합마차[지
금으로 말하면 택시]에 관련하여 유언인에게 속하는 配當의 4
분의 1"을 「클레르몽市 上座法院 檢事(avocat au roi au prési-

dial)인 쟝 도마」에게 유증하고 있다. 쟝 도마는 30세 때 이 직책에 취임한 이래 30년 동안 이에 봉직하여 왔었다.

파스칼이 뒤에서 보는 대로 자신의 「專門」이라고 하기 어려운 법에 대하여 일정한 발언을 할 수 있었던 데에는 도마로부터의 영향이 있었을 것임을 쉽사리 추측할 수 있다.

3. 『팡세』 중에서 法 또는 正義에 관한 가장 유명한 斷章은 다음과 같은 것이다(셀리에版 94번; 라퓨마版 60번; 브롱슈빅版 294번. 이하 斷章番號는 셀리에판, 라퓨마판, 브롱슈빅판의 순이다).

"緯度가 3도 올라가면 모든 법률이 뒤바뀐다. 지구의 子午線에 따라 진리가 결정된다. 권리도 시대를 탄다. 토성이 사자좌에 들어가는 것이 어떤 범죄가 성립하는 징표가 된다. 괴상하기도 하여라, 正義여, 개울 하나에 의하여 境界가 지워진다니! 피레네山의 이쪽에서는 진리인 것이, 저쪽에서는 오류란 말인가!"

이러한 발언은 "우리는 프랑스에서 네 종류의 법을 가진다. 우리 고유의 법인 王令과 慣習法, 그리고 우리가 로마법과 카논법 중에서 遵守하고 있는 것이 그것이다. 이들 네 종류의 법은 모든 성질의 모든 사항을 규율하고 있으나, 그 效力(autorité)은 매우 다르다"고 하여 그 「효력」의 다름을 누누이 지적하는 도마의 「법률가적」 敍述과 맥을 같이하는 것이다.

파스칼의 이러한 발언 등을 들어 그를 법에 대한 非理性

主義的 이론의 계보 속에 위치시키는 견해도 없지 않다(가령 柳炳華, 『法哲學』(1994), 146면). 그러나 위와 같이 생각하여 보면, 파스칼의 위의 발언은 오히려 당시의 법상태에 대한 하나의 사실적 진술을 배경하여 하나의 감상을 말하고 있는 것이며, 법의 「성질」에 대한 논의라고는 말할 수 없지 않을까 하는 생각이 드는 것이다.

4. 위 斷章에서 파스칼은 이어서 다음과 같이 말하고 있다.

"이러한 혼란으로부터, 어떤 사람은 正義의 본질이 입법자의 권위라고 하고, 다른 사람은 군주의 편의라고 하고, 또 다른 사람은 현행의 습관이라고 하는 말이 생겨난다. [그 중] 최후의 것이 가장 확실하다. 理性에만 따른다면 본래부터 옳은 것은 하나도 없다. 모든 것은 때와 더불어 흔들린다. [그러나] 습관은 그것이 받아들여지고 있다는 그 이유만으로 바로 公正이 된다. … 법이 정의라고 하여 이에 복종하는 사람은 단지 자신이 상상하고 있는 정의에 복종하고 있는 것이지 법의 본질에 복종하는 것이 아니다. … 누구라도 그 [법률의] 유래를 뒤져 보면 그것이 극히 薄弱輕率한 것임을 발견할 것이다. … [그러므로] 국가에 거역하여 이를 뒤엎는 길은 旣成의 習慣을 그 기원까지 탐구하여 그것이 권위와 정의를 결하고 있음을 지적하여 이를 동요시키는 것이다. … 民衆(peuple)은 이러한 주장에 쉽사리 귀를 기울인다. … 그러므로 입법자 중에 가장 현명한 사람은 말하였다. 사람들의 행복을 위하여는 때로 그들을 속이지 않으면 안 된다고. … 그들에게 簒奪의 사실이 느껴지도록 하여서는 아니된다. … 그것[법]을 머지않아 폐지하려고 하지 않는 한, 그것을 진정한 영구적인 것으로 간주하고 그 起源을 감출 필요가 있다."

이러한 취지는 다른 곳에서도 반복되고 있다. 가령 "民衆에게 법이 정의롭지 못하다고 말하는 것은 위험하다. 그들은 그것을 정의라고 **믿고 있기** 때문에 따르고 있는 것이니까. … 그것[법이 명하는 바가 곧 정의라는 것]이 正義의 원래의 定義임을 요해시킨다면 모든 반란은 방지될 것이다."(100번; 66번; 326번)

이와 같이 민중이 理性에 비추어 보면 납득이 되지 않는 旣成의 習慣 또는 法律을 준수하는 것은 파스칼에 의하면 "진리는 발견될 수 있다고 하고 그것은 법과 습관 속에 있다고 믿고 그것의 오래됨이 진리의 증거라고 생각하는"(454번; 525번; 325번) 그들의 想像力(imagination)에 의한 것이다. 파스칼이 말하는 바의 상상력이란 매우 흥미로운 발상 중의 하나이다. 그는 "불가사의한 인간의 상상력"(94번; 60번; 294번) 또는 힘센 자의 지배를 약한 자의「존경」으로 탈바꿈하게 하는 "상상력의 끈"(668번; 828번; 304번) 등을 운위하고 있는데,「상상력」은 "인간에 있어서의 저 支配的部分, 오류와 잘못의 저 源泉, 언제나 교활하다고만 할 수는 없기 때문에 더욱 교활한 그것"이라고 한다(78번; 44번; 82번). 이는 오늘날의 용어로 하면「虛僞意識」이라고 부를 수 있을 것이다.

그런데 도대체 왜 이러한 기만적「상상력」이 발휘되는 것일까, 아니 발휘되어야 하는 것일까? 여기서 파스칼의 예리한 관찰이 전개된다. 그것은 "옳은 것과 강한 것을 결합하여 그것에 의하여 至上善인 平和를 얻기 위하여서이다."(116번; 81번; 299번) 그에 의하면 "힘 없는 정의는 반항을 일으킨다. … 정의 없는 힘은 공격받는다. 그러므로 정의와 힘은 결합되어야 한다. 그렇게 하려면 옳은 것을 강하게 하든가, 강한 것을 옳게 하든가 하여야 한다. 그런데 正義는 논의되어야 하는 성질의 것임에 반하여, 힘은 단지 容認될 뿐 논의되지는 않는다. 그러므로 사람은 정의에 힘을 줄 수는 없었다. 그리하여 강한 것을 옳다고 한 것이다."(135번; 103번; 298번)

이는 결국 "道理나 正義에만 복종하려고 하는"(454번; 525번; 325번) 것이 사람의 본성임에도 불구하고 眞理 또는 "眞正한 法(veri juris)"은 「발견」될 수 없으며(120번; 86번; 297번) "인간의 변덕은 너무나 제멋대로이어서 그러한 법[어느 나라에서나 인정되고 있는 법]은 하나도 없는"(94번; 60번; 294번) 것에서 오는 딜레마를 해결하기 위한 사람의 自己欺瞞이다. "물론 自然法이라는 것은 존재한다. 그런데 그 멋진 理性이 타락하였기 때문에 모든 것이 타락하였다."(94번; 60번; 294번) 그리고 이러한「타락」으로부터의 구제야말로 파스칼이 辨證하려고 하였던 바의 그리스도者의 존재이유인 것이다.

5. 파스칼에 의하면 진정한 그리스도者도 남들과 다르게 처신하는 것이 아니라 그들처럼 「狂愚」에 좇는다. 그러나 그것은 "人間을 벌하기 위하여 그들을 그러한 狂愚에 복종하게 한 神의 秩序를 존경하기 때문"이다(48번; 14번; 338번). 여기서 파스칼이 말하는 「신의 질서」 또는 "다른 하나의 우월한 빛(une autre lumière supérieure)"(124번; 90번; 337번)은 이미 自然 나아가 「自然法」조차 초월한 것이다.

파스칼이 그의 평생의 친구이면서 그와 같이 독실한 장세니스트 기독교도였던 도마가 제시하는 『民事的 法의 自然的 秩序』를 살아서 볼 수 있었다면 과연 무엇이라고 평하였을 것인지 자못 궁금하지 않을 수 없다.

[오늘의 法律, 104호(1997. 9), 3306면 이하 所載]

메인의 『古代法』

1. 헨리 섬너 메인(Henry Sumner Maine)의 『古代法』(Ancient Law)은 1861년에 출간되었는데, 프레데릭 폴록이 말한 대로, 이미 古典의 班列에 올라 있다. 그리고 고전이 항용 그러한 대로, 별로 읽히지 않게 되었다.

그러나 이 책을 읽어 보면, 역시 고전이 항용 그러한 대로, 오늘날에도 그 효력을 잃지 않는 예리한 통찰과 식견이 생생하게 살아 있어, 학문하는 것의 즐거움과 또한 무서움을 알게 한다. 이러한 고전적 저술이 아직 우리말로 번역되지 아니하였다는 것이 몹시 아쉽고, 우리 나라 학문의 현상을 알게 하는 또 하나의 서글픈 사실이 아닌가 한다.

2. 『고대법』에서 널리 알려진 것은 바로 「身分에서 契約으로(from Status to Contract)」(p. 174. 프레데릭 폴록의 序文과 註가 붙은 1906년의 John Murray 출판사의 版本에 의하였다)라는 말이 아닐까 한다.

　이는 寸鐵殺人의 名句로서 그 후에도 줄곧 인구에 회자되고 있다. 예를 들어 1996년에 츠바이게르트와 쾨츠 共著의 『比較法入門(Einführung in die Rechtsvergleichung)』의 제 3 판이 출간되어(종전에 2 권으로 되어 있던 것이 合本되었다. 우리 나라에도 그 중 제 2 권에 대하여는 拙譯이 『比較私法制度論』이라는 이름으로 나와 있다), 종전과 많이 달라진 부분을 중심으로 들추어 보면, 契約自由原則의 발전을 서술하면서 「많이 인용되는 공식」으로서 어김없이 이 말이 인용되어 있었다(同書, S. 315).

　특히 우리에게는 신분이 지배하던 사회를 벗어나 근대적 민주국가의 건설을 一心으로 지향하던 시기에 그 노력의 방향을 한마디로 제시하여 주는 말로서, 가슴에 와 닿는 바가 있었을 것이다.

　3. 그런데 이 말이 나오는 전후의 문맥을 보면, 그것은 「人法(Law of Persons)」, 우리로 말하면 親族法을 주요한 내용으로 하는 身分關係의 法의 발전에 대하여 서술하면서 이를 요약한 표어로서 쓰여진 것을 알 수 있다. 그에 의하면, "人(Persons)의 모든 관계가 家族(Family)의 관계로 축약되는 사회상태로부터 출발하여, 우리는 모든 그러한 관계가 個人의 자유로운 합의로부터 발생하는 사회질서의 단계에로 꾸준히 전개되어 온 것으로 보인다"는 것이다(p. 172). 그리하여 그 예로, 奴隸가 사라지고 주인과 從僕 간의 계약관계가 대신하고,

女性이 항상 後見을 받아야 하던 단계에서 여성도 합의에 의하여 人的 법률관계를 맺을 수 있는 단계로 나아가며, 成年의 子까지도 지배하던 家長權은 소멸된다는 것 등을 들고 있다.

따라서 그 외에 소유권 기타의 재산권이나 계약의 역사적 전개에 있어서 「신분으로부터 계약으로」라는 표어가 구체적으로 어떠한 내용을 가지고 있는가는 보다 상세한 검토를 필요로 한다고 생각된다.

4. 그리고 중요한 것은, 여기서 말하는 「身分」의 배후에는 家族 또는 기타의 共同體가, 「契約」의 배후에는 個人이 각기 그 구체적인 주체로서 자리잡고 있다는 점이다.

앞서 인용한 문장 바로 앞에는 다음과 같은 말이 있다. "진보적 사회의 움직임은 하나의 점에서 일치하고 있다. 그 전과정을 통하여 그것은 家族依存이 점차로 소멸하고 그 대신에 個人義務(individual obligation)가 중요하게 된다는 특징을 가지고 있다. 民事諸法의 단위는 점차로 가족으로부터 개인으로 치환되었다"(p. 172). 여기서는 명백하게 「家族에서 個人으로」라는 또 하나의 표어가 제시되고 있다. 또한 「身分」과 관련하여 "人法에서 인지되는 바의 身分의 모든 형태는 고대에 家族에 자리잡고 있던 권력과 특권으로부터 유래하는 것"(p. 174)이라고 말하는 데서도 이는 확인될 수 있다.

이렇게도 말한다. "어느 사회가 幼兒期에 있음을 판별할 수 있게 하는 명백한 특징이 있다. 사람은 개인으로 여겨지고 개인으로 다루어지는 것이 아니라, 언제나 특정한 단체의 일원으로 여겨지고 다루어지는 것이다. 우선 모든 사람은 시민이고 또한 시민의 자격에서 그의 계층(his order), 즉 貴族階層의 또는 平民階層의 … 한 구성원이다. 다음에 그는 종족, 씨족 … 의 한 구성원이다. 마지막으로 그는 그의 가족의 일원이다. … 그의 個人性(individuality)은 가족 속으로 삼켜져 버리고 만 것이다."(p. 196f.)

이렇게도 말한다. 신분 또는 지위의 발전에는 매우 많은 단계와 측면이 있기 때문에, "사회가 어떻게 서서히 오늘날 사회를 구성하고 있는 原子들(the component atoms)로 분해되어 갔는지, 어떻게 눈에 보이지 않게 점차로 사람의 사람에 대한 관계(the relation of man to man. [單數로 쓰여지고 있음에 주의하라!])가 개인의 가족에 대한 관계 그리고 가족과 가족 간의 관계를 대체하여 갔는지를 이해하기 위하여는, 법학의 역사를 그 전체적 모습에 있어서 고찰하지 않으면 안 된다."(p. 198)

또 다음과 같이 말하기도 한다. "반복하지 아니할 수 없거니와, 고대의 법은 개인을 거의 알지 못하였다. 그것은 개인이 아니라 가족을 다루었으며, 단독의 인간이 아니라 단체(group)를 다루었다."(p. 270)

또 이러한 말도 하고 있다. "오늘날의 사회가 앞의 시대와 구분되는 점은 주로 계약이 그 안에서 차지하는 영역이 크다는 것이다. … 수없이 많은 경우에 옛법은 사람의 사회적 지위를 출생에 의하여 정하고 이를 뒤집을 수 없도록 한 데

반하여 오늘날의 법은 사람이 스스로 자신의 사회적 지위를
합의에 의하여 만들어내는 것을 허용하는 것이다."(p. 319)

　　이러한 메인의 지적 또는 주장은 특히 강조되어야 할 필
요가 있다고 생각된다. 우리는 앞의 츠바이게르트/쾨츠의 引
用例에서도 보는 것처럼 「身分에서 契約으로」를 많은 경우에
계약자유원칙의 발전이라는 관점에서 이해하여 왔다. 그러나
그에 앞서 논의되어야 할 것이 바로 그 자유의 主體가 누구인
가, 과연 그가 주체로서의 자격이 있는가 하는 점이다.

　　우리의 의식과 생활에 뿌리깊게 자리잡고 있는 「第 1 原因
(causa prima)」으로서의 家族 또는 共同體, 또는 개인의 「가
족」에의 융해 내지 메인이 말하는 바의 「家族依存(family de-
pendency)」을 보면, 우리 사회를 그래도 「진보적 사회」라고
할 수 있는가 하는 의문이 드는 것이다. 아니면 메인의 공식
이 수정되어야 하는 것인가?

　　5. 메인은 법학을 「과학적으로 다룰」 필요를 강조하고,
이전에 행하여진 작업은 대부분 "自然狀態(state of nature)에
대한 臆測에 기초를 둔" "推測의 무더기(a set of guesses)"에
불과하다고 평가한다(p. 123). 그에 의하면, 영국의 정치이론
을 양분하여 온 로크와 홉스의 이론도 "인류의 상태에 대한
非歷史的이고 檢證不能한 基本假定"에 터잡고 있다는 점에서
는 일치한다고 한다.

　　메인의 서술의 특징은, 이와 같이 「自然法」에 기한 해석

을 배척하고 일관하여 역사적인 시각에서 각 제도의 발전을 설명하고자 시도하는 점이다. 그리고 그것은 법해석론의 역사가 아님은 물론 법제도 자체의 역사가 아니다. 법의 배후에 있으면서 법의 내용을 규정하고 있는「사회」의 전개양상이라는 관점에서 법의 발전을 설명하는 것이다. 그러므로 『古代法』이 비단 법학뿐만 아니라, 인류학·사회학 등 광범한 사회과학의 주의를 끄는 것도 당연하다고 하겠다. 또한 그러한 점에서 메인은 몽테스키외의 계승자라고 할 것이고, 스스로도 그를 선구자로 인용하고 있다(p. 127ff.).

메인도 몽테스키외와 마찬가지로 많은 다른 민족의 법이나 관습을 인용하고 있으나, 그 중에서도 로마법의 비중은 실로 압도적이다. 이 책을 읽어 나갈수록 그가 그처럼 적극적으로 배척한 자연법론자들과 메인 자신의 태도 사이에는 다음과 같은 공통점이 있다는 생각을 하게 된다. 즉 자연법론자들은 로마법의 素材를 數學的 體系로 구성하였고, 메인은 단지 그것을 自然史的으로 해석하였다는 점이 다를 뿐이지, 兩者 모두 로마법을 ─서로 각각 다른 어느 하나의 관점에서─「永久化」하는 데는 큰 차이가 없다고 한다면 과장이라고 할 것인가?

메인의 궁극적인 관심은, 오히려 법의 역사적 설명에 있다기보다는, 『古代法』의 副題(그것은「社會의 初期 歷史에 대한 [고대법의] 關聯과 [고대법의] 오늘날의 思想과의 關係(Ancient Law: Its Connection with the Early History of Society and its Relation to Modern Ideas)」라는 것이다)에서 나타나는 것처럼,

「오늘날의 사상」의 관점에서 바라본 역사 및 사회의 발전양상에 대한 재해석이고 법은 단지 그 소재가 된 데 그치는 것이 아닌가 하는 생각이 들기도 한다. 최근에 콕스가 케임브리지 대학의 英國法史叢書 중 하나로 저술한『헨리 메인 경』(R.C. J. Cocks, Sir Henry Maine, 1988)은,『古代法』을 빅토리아朝에 영국의 지식층이 가졌던 과학, 역사, 정치 그리고 법에 대한 관념이라는 관점에서 설명하고 있다. 거기서 그는 "그가 무엇을 논하였는가만큼 중요한 것은 그가 문제를 논의한 방식이다. … 오늘날『고대법』의 내용으로 이해되고 있는 사상에만 주의를 집중시키는 것은 잘못일지도 모른다. 물론 진보적 여러 사회에서 신분으로부터 계약으로의 변화를 발견한 것은 메인 자신이나 당시의 독자들에게 매우 중요하였다. 그러나 메인의 업적을 전체적으로 관찰한다면, 이런 일은 그 책이 쓰여진 방식보다는 훨씬 덜 눈에 뜨인다. 즉 메인은 역사, 과학, 진보, 정치 및 철학에 관한 여러 관념들에 대응하고자 일정한 주장을 하였는데, 그 주장 속에 방대한 소재 또는 자료가 통합되었던 것이다"(p.76)라는 이해를 보이고 있다. 필자는 그 당부를 판단할 만한 능력이 없으나, 참고할 만한 견해인 것은 확실하다고 여겨진다.

[오늘의 法律, 105호(1997.11), 3368면 이하 所載]

사비니와 괴테

가장 위대한 법학자의 한 사람인 사비니(Friedrich Carl von Savigny)는 가장 위대한 문인의 한 사람인 괴테와 닮은 점이 많다고 전부터 이야기되곤 한다(가령 칸토로비츠는 둘 사이에 "거의 기괴할 정도의 유사성"이 있다고 하였다).

우선 두 사람은 모두 독일 마인江邊의 프랑크푸르트에서 태어났다. 물론 괴테는 1749년생이고, 사비니는 1779년생이어서 30년의 차이가 있기는 하지만, 마찬가지로 80세 이상의 삶을 누렸다(괴테는 1832년에, 사비니는 1861년에 사망하였다). 활동분야가 서로 다르기는 하여도 두 사람은 공히 정상의 지위를 누렸다. 그것도 20대의 젊은 나이에 「북극성」과 같은 위치를 차지하고(한 사람은 25세 때의 『젊은 베르테르의 슬픔』에 의하여, 다른 한 사람은 24세 때의 『占有權論』에 의하여) 당대에 이미 남들의 극진한 존경을 받았으며, 죽을 때까지 그 명성과 권위를 잃지 않았다. 그들은 말년까지 건강하고 맑은 정신을 유지하였던 것이다.

　보다 중요한 것은, 이러한 외적인 軌蹟보다도 그들의 정
신적 측면이다. 그들은 모두 삶을 포괄적·종합적으로 파악하
고자 또 실현하고자 하였다. 인간의 어느 한 면에 치우치지
아니하고, 사람의 온갖 정열과 이성과 판단력을 있는 그대로
포용하고 이해하려고 하였다. 그들은 모두 낭만주의자로 시작
하여 나아가서는 진정한 의미의 고전주의자가 되었다. 또 글
이나 말에서 모두 형식상의 典雅함을 추구하였다. 그리고 무
엇보다도 고상하고 순수한 心的 태도를 지니고 있었다.

Ⅱ.

　사비니가 어렸을 때부터 괴테의 작품을 열심히 읽었으며
또 괴테를 개인적으로 알고 또 추앙하였다는 것은 잘 알려진
일이다.

　예를 들면 1808년에 사비니는 야콥 그림에게 다음과 같
은 편지를 썼다. "괴테의 철학적 저작에 대하여 아는 것은 모
두 나에게 알려 주게. 그것은 엄청나게 나의 흥미를 끄네."
(Stoll, Friedrich Karl von Savigny, Bd.1(1927), S. 334) 참고로
덧붙이자면, 야콥 그림은 그의 동생 빌헬름과 함께, 유명한
『그림 동화집』의 編者인데(사실은 그림 兄弟는 그 책의 編著者
라고 하여야 한다는 것이 최근 주장되고 있다. 그만큼 그들이 수집
한 옛날이야기에 가필·수정을 많이 가하였다고 한다. 또한 그들이
수집한 것이 독일의 「순박한」 하층민중 사이에 구전되는 옛날이야

기라는 믿음은 거의 사실과 다르다는 것이 밝혀졌고, 대개는 교양
있는 부르조아 사이에서 서적에 의하여 전해 내려오던 것이라고 한
다), 사비니가 마르부르크 대학에 봉직하던 시절의 제자로서,
그 戀愛詩集을 보여 준 것이 계기가 되어 독일의 옛 문학이나
언어 등에 흥미를 가지게 되었다고 한다.

　　또 사비니는 1807년부터 1825년까지 네 차례에 걸쳐 괴
테가 있던 바이마르로 찾아가서 직접 만났다. 또 프랑크푸르
트에 남아 있던 괴테의 모친을 방문하거나 괴테의 아들과 사
귀었다. 그는 자신의 아들이 괴테의 생일과 같은 날에 태어났
다는 것을 매우 기뻐하였다고 한다.

　　후일 사비니는 일방적으로 괴테에 傾倒하던 태도는 더 이
상 가지지 아니하고, 어느 정도 비판적인 자세를 취하게 되었
다고 일컬어지고 있다. 그것은 점점 기독교와 성경에 기울어
진 사비니가 괴테의 자연적·계몽주의적, 말하자면「이단적」
측면을 용인할 수 없었기 때문이었다. 그러나 괴테에 대한 존
경은 기본적으로 유지되고 있었다.

Ⅲ.

　　사비니는 그의 저작에서도 괴테를 인용하고 있다.

　　1. 그의 主著『現代로마法體系』에서는『파우스트』로부터
다음과 같은 구절(제1부, 1972행부터 1979행까지)을 그대로 인

용하고 있다(Bd. 1, S. 42 Anm. b).

> "법률이라든가 법이라고 하는 것은
> 영원한 질환과 같이 유전되어 오는 것이야.
> 이 代에서 다음 代로 질질 끌려 내려오고
> 모르는 동안에 이곳에서 저곳으로 퍼지지.
> 그리하여 道理가 非理가 되고 善行이 고통의 씨앗이 되지.
> 후세에 태어난 것이 재난이야!
> 우리의 타고난 權利 따위는
> 문제조차 되지 않는다네, 유감스럽게도."

이것은 파우스트가 상담차 자신을 찾아온 학생을 만나고 싶어하지 않자 메피스토펠리스가 그의 가운을 빌어 입고 파우스트를 가장하여 학생과 나눈 대화의 일부이다. 학생이 "아무래도 법학은 할 생각이 나지 않는다"고 하자, 메피스토펠리스가 이를 받아 "자네가 그렇게 말하는 것도 나무랄 수는 없지. 이 학문의 實狀(wie es um diese Lehre steht)을 내가 아니까" 라고 맞장구를 치고서는 위와 같이 법학 또는 법에 대하여 어디까지나 경멸적으로 비꼬아 말한 것이다.

법의 「실상」에 대한 이러한 비판은 두 가지 내용으로 집약될 수 있다.

하나는, 전래되어 내려온 법이 후세를 구속하여, 즉 과거의 법이 현재도 규정하여, 「도리를 비리로, 선행을 고통의 씨앗으로(Vernunft wird Unsinn, Wohltat Plage)」 만든다는 것이다. 이는 법의 非力動性이라고 부를 만한 것에 대한 말이다.

다른 하나는, 「우리의 타고난 權利」가 무시되고 있다는 것이다. 이는 당시 이미 루소 등에 의하여 고창되고 있던 自

然的 人權의 사상을 연상시킨다. 그리하여 이를 도대체 문제로 삼지조차 않는「전래의 법」을 비판하는 것이다(Wieacker, Privatrechtsgeschichte der Neuzeit, 2. Aufl.(1967), S. 349 Anm. 4 참조).

2. 사비니가 위와 같이 괴테를 인용하고 있는 것은「立法(Gesetzgebung)」에 대하여 논의하면서이다(Bd. 1, S. 39ff.).

그에 의하면, "實定法에 외부적으로 인식가능한 존재를 주어서, 이로써 개별적 의견이 정리되고 불법한 의사를 쉽사리 유효하게 극복할 수 있게 하기 위하여" "언어에 의하여 형체가 주어지고 절대적 힘을 갖춘 실정법"이 바로 법률(Gesetz)이다. 그러한 법률의 내용을 이루는 것은 물론 그가 말하는「民族法(Volksrecht)」이고, 법률은 말하자면 민족법의「器官」이다.

그런데 법형성에 있어서 법률의 제정이 단지 형식적인 의미만을 가지는 것은 아니다. "실정법의 기초가 아무리 확실하여도 역시 개별적인 점에서는 상당히 많은 사항이 不確定일 수 있"으므로, 입법에 의하여서 이와 같이 불확정적인 민족법을 "신속하고 확실하게" 補足할 수 있다는 것이다.

그러나 그와 같이 하여 일단 형성된 실정법은 그 후에 "풍속, 견해, 욕구의 변화로 인하여" 변경이 필요하며, 또한 시간이 경과함으로써 전적으로 새로운 법제도가 필요하게 되기도 한다. 그런데 우선 이러한 새로운 요소들의 작용은 서서히 나타날 수밖에 없으므로, "불확정한 요소를 가지는 중간적 법의 시기"가 필연적으로 생기는데, 이러한 불확실함은 새로운 입법에 의하여 종결되어야 한다. 나아가 모든 법제도는 서로 관련을 맺고 있는바, 새로이 형성된 법규는 무의식적으로 기존의 다른 법규와의 사이에 모순을 내포할 수도 있다. 이러한 모순의 「조정」도 역시 입법에 의하여 행하여져야 한다.

사비니는 이와 같이 민족법의 「繼續形成」을 떠메고 나가는 하나의 형식으로서의 立法에, 다른 또 하나의 형식, 즉 慣習과 동등한 가치를 인정하여야 한다고 주장한다. 문제는, 종전의 법률에 의하여 일단 고착된 법이 그에 고유한 "일단 쓰여진 文字의 抵抗力(widerstehende Kraft des geschriebenen Buchstabens)"으로 인하여 "점차적으로 이루어지는 [민족법의] 內的 繼續形成(innere Fortbildung)"을 때로는 완전히 저지하고 때로는 부당한 정도로 제한한다는 것이다.

사비니에 의하면,『파우스트』로부터 앞서 인용한 구절의 「진정한 의미」는 바로 정당하게도 이와 같이 「과거의 입법에 의하여 固着된」 법의 맹점을 지적하는 데에 있다. 그런데도 이 구절은 "종종 誤用되어서", 그것이 마치 "실정법에 대한 **일반적인** 비난"을 담고 있는 것으로 또는 "**자연법**이 유일한 규준이 되지 못하고 있음에 대한 유감"을 표시한 것으로 받아들여지는 일도 드물지 않았다는 것이다.

3. 사비니의 괴테 이해가 과연 타당한 것인지를 판단할 능력을 필자는 가지고 있지 못하다. 또 사비니가 『파우스트』의 위 구절이 담고 있는 또 하나의 法批判, 즉 자연적 인권의 무시에 대하여 아무런 언급도 하지 않는 것을 어떻게 보아야

할 것인지에 대하여도 접어두기로 한다(다만 사비니가 프랑스
혁명의 참혹한 결과에 심대한 충격을 받았고 나아가「非歷史的」인
자연권의 사상 등을 부정하였음은 주지하는 대로이다).

　　그런데 흥미로운 것은, 사비니가『파우스트』의 위 구절의
「진정한 의미」를 설명하고 난 다음에 덧붙이고 있는 다음과
같은 코멘트이다. 이는 논의의 문맥을 잠깐 떠난 逸脫로도 읽
히는데, 오히려 자신의「일」에 대한 스스로의 인식을 드러내
는 것으로서 더욱 흥미롭다.

　　"나는, 詩人[즉 괴테]이 이 구절을 명료하게 내가 논의하고
　　있는 思考脈絡에서 생각하였던 것이라고 주장할 의도는 없
　　다. 그러나 우리가 생각을 서로 관련지어 계속 진전시켜 가
　　는 길고도 힘든 작업을 통하여서만 발견할 수 있는 그것을
　　내적 직관에 의하여 바로 제시하는 것이야말로 先知者의 專
　　權인 것이다."

　　아마도 이만큼 선명하게 시인·선지자의 즉발적인「내적
직관(innere Anschauung)」을 학자의「생각을 서로 관련지어
계속 진전시켜 가는 길고도 힘든 작업(auf dem langen und
mühevollen Wege fortschreitender Gedankenverbindung)」과 대
비시키는 발언은 찾아보기 어려울지도 모른다. 거인의 이 자
기성찰은 무겁게 두렵게 다가온다.

　　여기서 사비니는「시인」의 천품을 부러워하고, 학자의 일
을 예술보다 덜 귀한 것으로 은연중에 생각하고 있는 것일까?
아마도 아닐 것이다. 사비니는 낭만파의 여류작가 카롤리네
폰 귄데로데에게 보낸 1805년 11월 29일자의 편지에서 다음

과 같이 말하고 있다(그녀가 다음해에 자살하였다는 사실과 여기
서 지적하는「별난 것」은 아무런 관계가 없을까?).

"인간은 자신이 가진 능력을 의식함과 동시에 자신의 성격에
의하여 택하지 않을 수 없는 길을 가는 것입니다. 內省的 人
間에게는 자신의 감각을 獨自의 것으로 깊게 하는 것이 무엇
보다 중요하고, 그것 자체는 인간의 모습이나 소질이 各人各
色인 것과 마찬가지이므로 비난할 수 없습니다. 그러나 그러
한 성격의 사람은 대부분 단지 별난 것을 깊은 것, 뛰어난 것
이라고 잘못 생각하는 경향이 있습니다."

사비니는「자신의 능력과 성격」에 대한 자기통찰에 기하
여 의식적으로 냉철하게「법학의 개혁자(Reformator)」,「법학
의 칸트」에의 길을 간 것이다. 그리고 또한 그 스스로도 모든
위대한 학자들과 마찬가지로「내적 직관」과 무관한 사람이 결
코 아니었다.

[오늘의 法律, 110호(1998. 3), 3496면 이하 所載]

[後 記]

최근에 Rudolf von Jhering, Friedrich Carl von Savigny,
in: Jahrbücher für die Dogmatik des heutigen römischen und
deutschen Privatrecht, Bd. 5(1861), S. 354ff.를 읽다가, 예링
도 일찍이 사비니에 대한 追悼文에서 本稿 I.에서 말한 바 있
는 사비니와 괴테의 닮은 점을 지적하고 있음을 알게 되었다.

가령 다음과 같이 말한다. "프랑크푸르트는 괴테가 이 城 안
에서 이 세상에 생명을 얻은 지 30년 후, 즉 1779년에 이 위대
한 인물을 독일국민에게 선사하였다. 법학의 역사에서 이 인
물의 이름은 독일의 시와 문학에 있어서의 괴테의 그것과 조
금도 뒤떨어지지 않을 만큼 무게를 지닌다. 그리고 運命이 그
중 하나에 다른 하나를 옮겨박은 것은 아닌가 하고 생각될 만
큼 그들 두 사람의 生涯는 정확한 평행관계를 유지하고 있다."
(S. 356)

제2부 總   則

憲法制定 후 日政法令의 效力

1. 우리 나라가 일제의 식민지상태로부터 해방된 1945년 8월 이후에도 종전에 일제 하에서 시행되는 법령이 그대로 효력을 가지는가 하는 문제는 지금까지 충분히 다루어지지 아니한 테마라고 생각된다. 해방 직후인 1947년에 나온 金甲洙, "軍政과 日本法適用의 限界(一)-(五·完)", 法政 2권 2호 내지 10호가 있을 뿐, 그 외에는 이에 대한 문헌을 찾기 어렵다.

그런데 대법원은 大判(全) 94.5.24, 93므119(集 42-2, 336)에서, 이 문제에 대한 대법원의 태도를 엿볼 수 있게 하는 판단을 하고 있다. 동 판결의 직접적인 판단대상은, 그 전에는 확정적으로 허용되지 않는 것으로 되어 있던 異姓養子가 1939년 11월 10일 신설되어 1940년 2월 11일부터 시행된 朝鮮民事令 제11조의2 제1항("朝鮮人의 養子緣組에 있어서 養子는 養親과 姓을 같이할 것을 요하지 않는다. 그러나 死後養子의 경우는 그러하지 아니하다")에 의하여 허용되었다고 할 것인가 하는 점이다. 이 점에 대하여 대법원은 大決 67.4.24, 65마1163(集 15-1, 334)으로부터 大判 92.10.23, 92다29399(공보 934, 3230)

에 이르기까지 줄곧, 민법 시행 전일인 1959년 12월 31일까지
는 이성양자가 허용되지 않았었다고 하는 태도를 취하여 왔었
다. 그런데 위의 전원합의체 판결은 이를 변경하여서, 앞서 본
조선민사령 제11조의2가 시행됨으로써 이성양자가 허용되기
에 이르렀으며 이는 1959년 12월 31일까지 변함이 없다고 판
단하였다. 그리고 그와 태도를 달리한 종전의 무려 8개의 재
판에서의 견해를 폐기하고 있다.

2. 이 전원합의체 판결은 여러 가지 생각을 불러일으킨
다. 대법원이 25년 이상 지켜 온 태도를 전원일치의 견해로
변경하는 것은 매우 씁쓸한 뒷맛을 남긴다. 「확고한 판례의
태도」가 이와 같이 아무런 반대의견도 제기됨이 없이 하루 아
침에 폐기될 수 있는 것이라면, 그 확고함이란 도대체 무엇인
가. 「법」이란 이처럼 무상한 것인가. 종전의 대법원의 구성원
들은 별다른 그럴 듯한 이유도 없이 그토록 오랫동안 그 태도
를 취하여 왔다는 말인가.

3. 이와는 별도로, "이 사건이 대법원에 계속 중에 이를
검토한 바 있"어서 "이 판결의 의미를 해설"하고 있는 당시
대법원 재판연구관으로 있던 尹眞秀의 判例解說을 읽으면(同,
"民法 施行 前에 異姓養子가 허용되었는지 여부 및 민법 시행 전
入養의 要件에 대한 民法의 遡及適用", 判例月報 314호(1996.11),

44면 이하. 이상의 인용은 46면 註 1), 다음과 같은 견해를 읽을 수 있다. 즉 "위 개정 조선민사령의 규정이 왜정퇴각과 동시에 당연히 효력을 잃는다고 단정할 **아무런 근거가 없고**, 위 조선민사령이 효력을 잃게 된 것은 1960. 1. 1. 민법의 시행과 동시의 일이라고 보아야 할 것이다. 그 외에 대법원의 판결이나 사법부장의 통첩 또는 대법원의 통첩이 법규를 개폐하는 효력을 갖지 못함은 명백하다."(51면 좌단. 强調는 인용자. 이하 같다) 그러므로 앞서본 조선민사령 제11조의2 제1항은 여전히 민법이 시행되기 전까지는 효력을 가진다고 보아야 한다는 것이다. 여기서 「대법원의 판결이나 사법부장의 통첩 또는 대법원의 통첩」 운운하는 것은, 이성양자제도는 "朝鮮慣習上의 異姓不養 及 朝鮮姓名復舊令의 입법취지에 鑑하여" 타당하지 아니하므로 그 신고를 수리하지 말 것을 내용으로 하는 美軍政 司法部長의 1947년 11월 18일 통첩과 1942년에 신고된 婿養子關係를 애초부터 무효라고 한 大判 49. 3. 26, 4281民上348 (法曹協會雜誌 1-3, 95; 1-4, 93) 및 호적에서 이성양자의 기재를 말소하도록 한 1952년 5월 10일의 대법원장 통첩을 가리키는 것이다.

　위의 대법원 전원합의체 판결도 이러한 견해를 전제로 하여 위와 같은 판단을 내리고 있는 것으로 여겨진다.

　4. 筆者는, 대법원이 종전에 조선민사령 제11조의2 제1항의 존재를 알지 못하였기 때문에 이성양자는 허용되지 않는

다는 태도를 취하여 온 것이 아니라, 오히려 그 규정의 존재를 충분히 알고 있었지만 그 규정은 「왜정퇴각 후」에는 이제 더 이상 효력이 없다고 생각하였기 때문에 그러한 태도를 취하여 왔다고 믿는다. 이는 앞서 본 1952년 5월 10일의 대법원장 통첩이 "이성양자 및 서양자제도가 대법원판례에 의하여 무효가 되었다"는 것을 그 이유로 들고 있는 데서 명백히 드러난다.

그러므로 위의 전원합의체 판결에서 조선민사령 제11조의 2 제 1 항만을 들어 그 시행일인 1940년 2월 11일 이후에는 異姓養子가 허용된다고 한 것은 논의의 핵심을 충분히 부각시키지 못한 점이 있다고 생각한다. 왜냐하면 종전 판례의 재검토는 반드시 그 이유의 유무, 즉 그 규정이 과연 해방 후에도 효력이 있는가 하는 논점에 향하여졌어야 했을 것이기 때문이다.

5. 위의 判例解說은 종전의 대법원의 태도는 "결국은 위 대법원 1949. 3. 26. 판결에 근거를 둔 것이라고 할 수 있다"고 한다(50면 좌단). 아마도 이 점은 수긍할 수 있을 것이다. 문제는 대법원이 1949년 당시에 日政法令의 유효 여부에 대하여 판단할 권한이 있었는가, 만일 가지고 있다면 그 권한의 내용은 무엇인가, 나아가 그에 대한 대법원의 판단은 어떠한 효력을 가지고 있었는가 하는 점이다.

日政下에서의 法令이 대한민국에서 여전히 효력을 가지

는가에 대한 基準規定은 制憲憲法 제100조이다. 同條는 "現行
法令은 이 憲法에 저촉되지 않는 한 效力을 가진다"고 정하였
다. 그런데 「現行法令」이 憲法에 저촉되어 효력을 상실하는지
여부를 판단할 권한이 어디에 속하는가에 대하여는 당시의 憲
法에 아무런 규정이 없었다. 한편 헌법위원회에 의한 위헌법
률심사제도가 마련되어 있기는 하였지만(제81조 제 2 항 이하),
그 심사의 대상은 우리 국회에서 제정된 법률을 염두에 둔 것
으로 추측된다. 그것은 憲法의 기초과정에서 결정적인 역할을
한 兪鎭午가 제100조와 관련하여, 「現行法令」의 헌법에의
저촉 여부는 "앞으로 法院의 判例와 政府의 有權的 解釋에 의
하여 逐次 해결해 나갈 수밖에 없다"고 하고(同, 憲法解義
(1949), 207면), 헌법위원회의 결정에 의한다고 하지 않는 데
서도 드러난다.

　　이러한 법상태에서 일체의 법률적 쟁송을 심판할 司法權
을 가지는 法院(제헌헌법 제76조 참조)으로서는 구체적 사건을
심판함에 있어서 당연히 그에 적용할 추상적 법규를 확정하여
야 할 것이고, 그 작업의 일환으로 「現行法令」의 헌법에의 저
촉 여부를 판단하지 않을 수 없게 된다. 오히려 필자는 당시
의 대법원이 그 문제에 관한 한 最終的 全權을 가지는 것으로
스스로를 이해하지 아니하였던가 하고 추측하여 본다. 거기에
는 혹시 당시의 憲法 제81조 제 1 항이 「命令, 規則」등의 위
헌 여부에 대하여 대법원이 최종적으로 심사할 권한을 가지는
것으로 정하였던 것도 작용하지 아니하였을까. 「현행법령」이
었던 制令 등 총독부법령이나 미군정법령이 어쨌든 우리 국회

가 제정한「법률」이 아님은 명백하므로, 그 위헌 여부를 판단
한 권한에 대하여는 위의 제81조 제 1 항이 그 가장 가까이에
있는 규정이라고「느끼지」않았을까. 또한 위에서 인용한 兪
鎭午의 글에서 이 문제가 法院의 判例에 의하여 해결된다는
부분도 심상한 것은 아니다.

    이렇게 보면 위의 大判 49.3.26.은 대법원이 당시의 헌
법 제76조, 제81조 제 1 항에 입각하여,「現行法令」중 朝鮮民
事令 제11조 및 제11조의 2 중 婿養子에 관한 규정이 헌법에
저촉된다고 판단한 것이라고도 이해될 여지는 없을까. 물론
위의 판결은 그 이유에서 이 점을 말하지 아니하고, "婿養子
란 자는 養子로서 同姓系統에 不合할 뿐 아니라 妻父 媤父
養父 및 子 婿 女婦의 명분을 雜紊亂하고 그 결과 婚姻 또한
養兄妹 간 嫁娶로 귀속하여 一代亂倫行爲됨을 未免할 자로서
이러한 蠻夷的 婿養子制度는 倭政退却과 동시에 자연 소멸되
었음은 毋論이어니와 이에 의하여 성립된 婿養子關係는 上來
敍述과 같이 公序良俗에 위반되므로 그 성립 당초부터 無效
되는 바이다"라고 하여, 헌법에 저촉되는지 여부에 대하여는
일언반구의 언급도 없다. 그러나 그 정신 내지 의미를 선의
로 해석한다면, 요컨대 헌법질서를 포함하는 대법원이 이해
하는 바 公共의 社會秩序("公序良俗")에 婿養子制度가 부합
하지 않는다는 판단을 하는 것이라고 할 수는 없을까. 한편
이러한 판단을 할 권한이 대법원에게 있었다는 점은 적어도
객관적으로는 앞서 설명한 바에 의하여 정당화될 수 있을 것
이다.

6. 반복하거니와, 필자가 여기서 말하고자 하는 바의 주
안은, 위의 전원합의체 판결이 앞서 본 朝鮮民事令 제11조의2
제1항만을 들고서 1940년 2월 11일 이후에는 異姓養子가 허
용된다고 판단하고 그 근거로 "대법원의 판결이 법령을 개폐
할 효력을 가지지 못한다"고 잘라 말하는 것이 지나치게 單線
的인 見解임을 지적하고자 하는 것이다. 앞서 말한 제헌헌법
과 같은 법상황 아래서는 대법원이 「현행법령」의 헌법에의 저
촉 여부를 판단할 권한을 가진다고 하는 解釋도 설 수 있는
여지가 충분히 있으며, 실제로 대법원은 그러한 입장을 취하
고 있었지 않았는가 하는 것이다. 이에 대한 학설의 이해도,
가령 鄭光鉉, 韓國 親族相續法(上卷)(1955), 附錄 21면에서,
"本條[조선민사령 제11조의2]는 解放 당시까지 시행되었[으]
나 解放 後 婿養子無效에 관한 大法院判決에 의하여 폐지됨"
이라고 하여, 같은 입장에 서 있는 것으로 보인다.

　　그 외에도 과연 그러한 판단이 언제부터 어떠한 내용으로
「현행법령」의 효력에 영향을 미치는지, 또한 현재의 대법원이
그에 관한 종전의 대법원의 판단과 다른 판단을 할 수 있는
지, 만일 할 수 있다면 그 새로운 판단은 시간적으로 또는 내
용적으로 어떠한 효력을 가지는지 등의 어려운 문제가 잇달아
제기되나, 여기서는 우선 이 정도로 하여 두기로 한다.

　　　　　　　　[오늘의 法律, 97호(1997.2), 3080면 이하 所載]

成年者扶助制度

—— 限定治産·禁治産 ——

1. 序　說

(1) 민법은, 금치산자와 같은 정도의 정신장애는 없으나 통상의 사람보다는 판단능력이 뒤떨어지는 사람(心身薄弱者)과 浪費가 심한 사람(浪費者)에 대하여는 限定治産宣告를 하는 것을, 그리고 심신상실의 상태에 있는 사람에 대하여는 禁治産宣告를 하는 것을 인정하고 있다. 이와 같이 한정치산선고 또는 금치산선고를 받은 사람은 限定治産者 또는 禁治産者라고 한다. 限定治産者의 행위능력은 대체로 미성년자의 그것과 동일하다.

依用民法은 한정치산제도 대신에 準禁治産制度를 두고 있었다. 그 요건은 민법상의 한정치산의 경우보다 가벼워서, 가령 귀머거리·벙어리·장님에 대하여도 이를 宣告할 수 있었다(이 요건은 일본에서도 1979년의 민법개정에 의하여 삭제되었다). 그 대신 준금치산자의 행위능력은 일정하게 열거되어 있는 행위에 대하여 保佐人의 同意를 얻어야 한다는 한도에서만 제한되고 있었다(同法 제12조). 우리의 民法案도

"身體에 중대한 결함이 있는 경우"에 대하여도 한정치산선고
를 하여야 한다는 규정을 두고 있었으나(同 제8조), 審議過
程에서 그것은 한정치산자의 범위를 확대하는 것이어서 바람
직하지 않다는 이유로 삭제되었다(民法案審議錄, 上卷(1957),
11면 참조).

(2) 미성년자 외에 精神能力이 불충분한 사람에 대하여
그 행위능력을 제한하는 것에는 立法例가 일치한다. 그러나
우리처럼 그 不充分의 정도에 따라 이를 나누어 규율하는 태
도는 프랑스民法이나 1990년 9월 12일 개정 전의 獨逸民法에
서 발견할 수 있고, 그 개정 후의 독일민법이나 스위스민법에
서는 그러한 구별을 하지 않는다.

우리 민법이 정신장애를 이유로 하는 무능력제도로 금치
산과 한정치산의 제도를 두고 있는 것은 주로 나폴레옹民法의
태도를 이어받은 것이다. 立法論으로서는 한정치산제도를 금
치산제도와 통합하여 규정하고 거래의 안전을 위한 별도의 배
려를 하는 것이 바람직하다는 견해가 있다(郭潤直, 169면). 민법
의 제정과정에서도 그러한 論議가 없지 않았으나, "완전한 무
능력자와 제한된 무능력자는 당연히 구별되어야 한다"고 하여
위와 같은 견해는 채택되지 않았다(위 審議錄, 上卷, 11면 상단).

그러나 금치산 등 成年者扶助制度의 앞날을 생각함에 있
어서는 여러 가지 고려하여야 할 점이 많다. 유럽대륙에서의
그 후의 법발전은 우리에게 시사하는 바가 많다.

　　(a) 나폴레옹민법은 제1편의 끝에 "成年, 禁治産 및 法
院에 의한 保佐人"에 관한 제11장을 두어 成年者保護에 대하

여 규율하였다. 그에 의하면, 禁治産(interdiction)과 법원에 의하여 선임되는 保佐人(conseil judiciaire)에 의한 保佐(준금치산)의 두 제도를 둔다. 前者는 愚鈍, 心身喪失 및 躁暴(furteur)의 상태에 있는 사람에 대하여 선고된다(제489조). 법원은 금치산청구가 배척되는 경우에도 사정에 따라 보좌인을 선임할 수 있는데(제499조), 이는 浪費者에 대하여도 마찬가지이다(제513조). 그리고 명문의 규정은 없으나 판례는 심신박약을 이유로 하는 보좌인선임청구도 인정하였다. 금치산자는 전면적으로 무능력으로서 그의 행위는 소송에 의하여 무효가 되며(제502조), 그에게는 後見이 개시된다. 피보좌인은 보좌인의 보좌 없이는 讓渡, 抵當權設定, 借入, 訴訟 등 중요한 행위를 유효하게 할 수 없다(제499조).

그런데 1838년 6월 30일의 「精神病者에 관한 法律」은, 정신병원에 監置된 정신병자(aliéné interné)의 재산상 법률행위의 무효를 訴求하는 제도를 민법상의 금치산·준금치산과는 별도로 창설하였다. "정신병원에 유치된 사람이 그 금치산을 선고받거나 청구되거나 함이 없이 그 곳에 유치되고 있는 동안에 한 행위는 민법 제1304조에 좇아 심신상실을 이유로 공격할 수 있다"는 것이다(同法 제39조)(佛民 제1304조는 無效 또는 取消의 訴權(action en nullité ou en rescision)의 제척기간을 10년으로 하고, 금치산자의 행위에 대하여는 그 기간이 금치산선고의 취소로부터 진행함을 정하고 있다). 그리고 감치된 정신병자에 대하여는 臨時管理人(administrateur provisoire)을 두어 그 財産管理를 맡도록 하였다(同法 제31조). 원래 이 제도는 정신병자가 금치산선고를 받기까지 사이에 과도적인 재산관리를 가능하게 하기 위하여 마련된 것이었다. 그러나 금치산·준금치산의 제도는, 이를 위하여 裁判節次를 밟을 필요가 있고 또한 가족의 心理的인 抵抗이 강하여 별로 많이 이용되지 않았던 데 비하여, 이는 실제로는 정신병원에의 감치라는 사실만에 의하여 발생하는 일종의

法定無能力으로서 制度化되기에 이르렀다.

그 후 프랑스민법상의 성년자보호제도는 1968년 1월 3
일의 법률에 의하여 전면적으로 개정되었다(이 법률로써 제
1편 제11장의 제목은 "成年 및 법에 의하여 보호되는 成年
者(De la majorité et des majeurs qui sont protégés par la
loi)"라고 개정되었다). 그 주요한 내용은, 위와 같은 제도의
틀은 그대로 유지하면서도 그 상호간에 연속성을 주어 정신
장애의 정도나 그 진행에 상응하는 보호를 가능하게 하는 한
편, 능력제한의 정도나 보호의 내용 등에 관하여 후견판사
(juge des tutelles)에게 재량적 판단의 여지를 광범위하게 인
정하게 하는 데 있다.

성년자보호의 사유는 통일되어, 단순히 "정신적 능력이
정신병, 병약 또는 연령에 의한 쇠약에 의하여 감퇴하는 때"
또는 "육체적 능력의 감퇴가 의사의 표현을 방해하는 때"를
든다(제490조 제1항, 제2항). 그러나 이에 대처하는 제도
는 세분된다. 첫째는 法院의 監護(sauvegarde de justice)로
서, 이는 의사가 검사에게 "민사생활의 행위에 있어서 보호
될 필요가 있다"라는 뜻을 진술하거나 뒤에서 보는 후견이나
보좌의 절차가 개시된 경우 후견판사가 임시의 결정을 하면
바로 개시된다(제491조의 1). 피감호자는 행위무능력자는 아
니므로 그 행위는 의사능력이 없는 경우 외에는 무효가 되지
않는다. 다만 이는 "단순한 손실(simple lésion)을 이유로 취
소되거나 過度의 경우에는 감축될 수 있다"(제491조의 2 제
2항). 둘째는 保佐(curatelle)로서, 이는 "스스로 행사할 수
없지는 않으나 민사생활의 행위에 관하여 조언이나 감독을
받을 필요가 있는 때" 개시되는데(제508조), 피보좌인은 일
정한 중요한 행위에 대하여 보좌인의 보좌를 받아야 한다(제
510조 제1항). 그러나 후견판사는 피보좌인이 단독으로 행
할 수 있는 행위를 확장하거나 감축할 수 있다(제511조). 셋
째는 後見(tutelle)으로서, 이는 "민사생활의 행위에 있어서

계속적인 방식으로 대리될 필요가 있을 때"개시된다(제492
조). 피후견인은 舊法의 금치산자와는 달리 반드시 전면적인
행위무능력자인 것은 아니다. 후견판사는 단독으로 할 수 있
는 행위 또는 후견인의 후견을 받아 행할 수 있는 행위 등을
후견개시를 선고하면서 또는 그 후의 재판에 의하여 결정할
수 있다(제501조). 이와 같이 피후견인의 민사능력의 제한이
후견판사에 의하여 단계적으로 또 변동하면서 개별적으로 결
정될 수 있다는 것이 新法의 큰 특징이다. 이는 가령 후견이
청구되더라도 후견판사의 판단에 따라 직권으로 보좌를 개시
할 수도 있고, 단지 법원의 감호 아래 두는 데 그칠 수도 있
으며, 또 후견이 개시되더라도 재산관리에 관하여 다양한 결
정(제497조 내지 제499조 참조)을 내릴 수 있는 등으로 節次
上으로도 후견판사의 재량과 신축성을 크게 인정하는 것과도
상응하는 것이다.

  (b) 독일에서도 사정은 크게 다르지 않다. 종전의 민법은
能力剝奪宣告(Entmündigung)의 제도를 두고, ① 정신병 또
는 심신박약으로 자신의 사무를 처리할 수 없는 사람, ② 낭
비로 자기 또는 가족을 궁박하게 할 염려가 있는 사람, ③
음주벽이나 마약중독으로 인하여 자신의 사무를 처리할 수
없거나 자신이나 가족을 궁박하게 할 염려가 있거나 타인의
안전을 위태롭게 하는 사람에 대하여는 능력박탈선고를 할
수 있도록 하였다(제6조). 이 중에서 정신병으로 이 선고를
받은 사람은 완전행위무능력(geschäftsunfähig)으로, 그의 법
률행위는 무효(nichtig)이고(제104조 제3호, 제105조 제1
항), 그 이외의 사유로 이 선고를 받은 사람은 제한행위능력
자로서(beschränkt geschäftsfähig) 7세 이상의 미성년자와
동일한 행위능력을 가지고 있어서 법정대리인의 추인이 없는
한 그의 법률행위는 무효(unwirksam. 유동적 무효)이었다
(제114조, 제106조 내지 제113조). 그리고 이들은 모두 後見

에 붙여졌다(제1896조 이하). 다른 한편으로 능력박탈선고를 받지 아니하였어도, 따라서 後見에 붙여진 것은 아니라도, 신체나 정신의 장애로 인하여 그 사무를 처리할 수 없는 사람에 대하여는 障碍監護(Gebrechlichkeitspflegschaft)가 행하여졌다(제1910조). 이 장애감호는 원칙적으로는 장애자의 동의 없이는 행하여지지 않으나, 그와의 의사소통이 불가능한 경우에는 그 동의 없이도 가능하였다(同條 제 3 항).

그런데 1990년 9월 12일 공포된「성년자의 후견 및 감호에 관한 법의 개혁에 관한 법률(Gesetz zur Reform des Rechts der Vormundschaft und Pflegschaft für Volljährige)」(이 법은 1992년 1월 1일부터 시행되었으며, 통상 成年者扶助法(Betreuungsgesetz)이라고 불린다)은 이러한 능력박탈선고와 장애감호의 제도를 전면적으로 폐지하고, 이에 갈음하여「扶助(Betreung)」의 제도를 도입하였다. 우선 그「부조」의 사유는 단지 "성년자가 정신적 질병 또는 신체적·정신적 장애(Behinderung)로 인하여 자신의 사무의 전부 또는 일부를 처리할 수 없는 때"로 단일화되었다(제1896조 제 1 항). 그 경우에는 法定代理人으로서의 扶助人(Betreuer)이 선임된다(제1902조). 부조인의 업무집행은 후견법원의 광범위한 감독 아래 놓여진다. 가령 부동산에 관한 처분행위이나 그 처분에 대한 의무부담행위 기타 부조인에게 중대한 부담이 되는 행위에 대하여는 후견법원의 승인을 얻어야 한다(제1908조의i, 제1821조 이하 참조).

그런데 부조인이 선임되더라도 피부조인의 행위능력에는 원칙적으로 제한이 없다. 따라서 피부조인은 종전대로 스스로 법률행위를 할 수 있다. 다만 피부조인의 인격이나 재산이 중대한 위험에 처할 우려가 있는 때에는, 후견법원은 피부조인이 의사표시를 함에 부조인의 동의를 얻을 것을 명할 수 있다(제1903조 제 1 항. 소위 同意留保). 다만 婚姻과 死因處分(遺言 등)에 대하여는 동의유보를 할 수 없다(제

1903조 제 2 항). 그러한 동의유보가 있는 경우에 피부조인이
부조인의 동의 없이 법률행위를 한 때에는 그 행위는 扶助人
의 追認이 없는 한 無效(유동적 무효)이다(제1903조 제 1 항
제 2 문, 제109조 내지 제113조).

　　이 법률은 종전의 후견 또는 장애감호의 제도가 가지는
문제점을 해결하기 위하여 마련된 것이다. 그 문제점으로서
는, 첫째, 피후견인 등의 의사가 거의 고려되지 아니하여서
본인이 합리적인 의사를 표명할 수 있는 때에도 후견인 또는
감호인의 의사가 일차적으로 존중되는 점, 둘째, 본인의 재산
관리만이 중시되고 건강 등 身上監護에 대한 배려가 현저히
경시되고 있는 점(改正 후의 독일민법 제1904조 이하 참조),
셋째, 능력박탈선고의 재판절차가 극히 복잡하고 또 장애감
호의 경우에는 법원에 의한 감독이 소홀한 점 등을 들 수 있
었다. 그러므로 이 法律의 기본목적이 "거래의 안전을 보다
높이 확보하려는 데에 있다"고 하는 理解(가령 郭潤直, 156
면)에는 의문이 있다.

　이상에서 우리의 주위를 끄는 것은, 첫째, 성년자보호제
도의 적용을 받을 사람의 범위가 단지 精神能力이 부족한 사
람(또는 浪費者)에 한정되지 않는다는 점이다. 비단 정신장애
자가 아니더라도 고령으로 인한 육신의 쇠약이나 사고나 질병
등으로 인한 육체적 불구 기타 이와 유사한 사유로 말미암아
자신의 재산을 관리하거나 기타 자신의 身上(Person)에 관한
사무를 처리하는 것이 어려운 사람을 일시적으로 또는 계속적
으로 부조할 필요는 얼마든지 존재한다(민법은 이러한 경우에
대하여 개별적으로 재산관리제도를 인정하고 있다. 가령 부재자제
도 등). 위의 立法例는, 이와 같이 타인으로 하여금 자신의 사

무를 처리하도록 하여야 할 필요가 절실함에도 불구하고 임의
대리인을 선임하는 등으로 스스로 그에 필요한 조치를 취할
수 없게 된 경우를 전면적으로 視野에 두고 성년자보호제도
를 마련하고 있다. 그 부조가 필요한 事務도 단지 財産管理
에만 한정되지는 않는다. 財産管理 이외의 사항이라고 해서
이를 반드시 社會事業團體에만 맡겨야만 하는 것은 아닌 것
이다.

　둘째, 이들 나라의 成年者保護制度의 내용이 매우 탄력적
이고 개별적인 경우의 特性에 따른 대응을 가능하게 한다는
점이다. 그리고 이에 상응하여 후견법원은 광범위하고도 신축
가능한 監督權을 가진다. 우리 민법상의 한정치산·금치산제
도는 행위능력을 전체적으로 제약하는 것이다. 한정치산자라
고 하여도 스스로 독립하여 법률행위를 하는 데는 한정된 예
외(민법 제5조 제1항 단서, 제6조, 제8조 등. 이하 민법의 條項
은 法名을 붙이지 않는다)를 제외하고서는 원칙적으로 어떠한
경우에나 法定代理人의 同意를 얻어야 한다. 그러나 사정에
따라서는 부조가 필요한 개별적인 사무에 한정하여 법정대리
인으로서의 지위를 부여할 필요도 있다.

2. 限定治産宣告·禁治産宣告의 要件과 節次

　(1) 한정치산선고의 실질적 요건으로서는 心神이 薄弱한
사람이거나 또는 財産의 浪費로 자신이나 가족의 생활을 窮迫

하게 할 염려가 있는 사람이어야 한다(제9조).

첫째 경우의 '심신박약'이란, 통상적으로 의사능력이 없는 상태에 있는 것은 아니나 자신의 행위의 의미나 결과를 합리적으로 판단하고 행위의 내용을 결정할 정신적 능력이 부족한 상태를 말한다. 이러한 사람은 후견인의 조력을 받지 않으면 그 재산의 권리나 신상문제의 처리에 있어서 불이익을 받을 우려가 있는 것이다. 구체적으로 어떠한 경우가 이에 해당하는가는 법원이 醫師의 鑑定(家事訴訟規則 제33조는 이를 義務化하고 있다)의 결과를 참작하여 合目的的으로 판단할 일이다. 그러나 법원은 의사의 의견에 구속되지 않으며, 법적인 관점에서 독자적으로 결정하여야 한다(佛民 제490조의 1 참조: "① 治療의 態樣은 … 민사적인 이해관계에 적용되는 保護制度로부터 독립적이다. ② 반대로 민사적인 이해관계에 적용되는 制度는 의학상의 치료로부터 독립적이다. ③ 그러나 後見判事는 민사적인 이익보호제도를 설정하기 위한 재판을 함에 앞서서 치료의사의 의견을 듣는다").

또 둘째의 경우는, 분별없이 재산을 소비하는 습벽을 가진 것을 가리킨다. 반드시 비도덕적이거나 비합리적인 목적에 소비하는 데 한정되지 않으며, 자선이나 교육 등의 공익목적에 소비하는 것도 경우에 따라서는 이에 해당할 수 있다. "자기 또는 가족의 생활을 궁박하게 할 염려"가 요구되고 있는 것에서도 알 수 있듯이, 요컨대 본인과 가족의 資産狀態, 生活水準, 社會的 地位 등 모든 사정을 고려하여 개별적으로 판단되어야 한다.

⑵ 금치산선고의 실질적 요건은 본인이 心神喪失의 狀態
에 있는 사람이어야 한다(제12조). '심신상실'이란 意思能力이
없는 상태를 가리킨다. 그리고 비록 때때로 그러한 상태로부
터 회복하는 일이 있어도 대부분은 그 상태에서 벗어나지 못
하고 있는 사람이 이에 해당한다. 물론 위에서 본 바와 같이
의사능력이 없는 사람의 법률행위는 무효이나, 그와 같이 때
때로 정신능력이 정상으로 회복되는 일이 있는 사람에 대하여
는 문제가 되는 행위 당시 의사능력이 있었다는 입증이 곤란
한 경우가 있으므로, 금치산선고를 받아 일률적인 처리를 도
모할 필요가 생긴다. 그리고 무엇보다도 後見人을 두어 그의
사무를 대신 처리하게 함으로써 그의 복리를 보장할 필요가
있는 것이다. 그 요건의 충족 여부는 한정치산의 경우와 마찬
가지로 醫師의 鑑定結果를 참작하여 법원이 독자적으로 판단
할 일이다.

⑶ 한정치산이나 금치산이나 모두 그 절차적 요건으로서
는, 일정한 사람이 가정법원에 그 선고를 청구하여 그에 기하
여 法院이 그 宣告를 하여야 한다는 것이다.

⒜ 本人, 配偶者, 4촌 이내의 親族, 後見人 또는 檢事가
그 선고를 청구할 수 있다(제9조)(1990년 민법개정 전에는 戶
主도 청구권자에 포함되어 있었으나, 그 개정으로 削除되었다). 본
인의 청구는 그가 의사능력을 가지고 있는 동안에 행하여져야
한다. 검사가 포함된 것은 다른 청구권자가 없을 때, 있더라도

사실상 청구할 수 없거나 청구하려 하지 않을 때 등에 대비하여 公益의 代表者로서 청구할 수 있도록 한 것이다.

한편, 한정치산선고의 청구에 대하여는 몇 가지 문제가 있다.

첫째, 이미 限定治産宣告를 받은 사람에 대하여는 다른 이유로 다시 한정치산선고를 청구할 수 있는가? 否認할 것이다. 이미 行爲能力이 제한되어 있기 때문에 그렇게 할 實益이 없는 것이다. 그러므로 가령 浪費者임을 이유로 限定治産이 선고된 사람에게 心神薄弱을 이유로 다시 한정치산을 청구하는 것은 허용되지 않는다.

둘째, 未成年者에 대한 限定治産宣告의 청구가 허용되는가? 이는 한정치산선고를 청구할 수 있는 것으로 정하여진 '後見人'에 미성년자의 후견인이 포함되는가와도 관련되는 문제이다. 앞의 첫째에서 본 것과 같은 이유로 이를 否定하는 견해(郭潤直, 171면)와 성년을 바로 앞둔 미성년자에게는 한정치산선고를 받게 하여 保護上의 空白을 메꿀 수 있으므로 그 實益이 있다는 이유로 이를 긍정하는 견해(高翔龍, 124면; 金相容, 188면; 金容漢, 121면; 金疇洙, 119면; 金曾漢, 180면; 李英俊, 817면; 張庚鶴, 218면 등)가 대립한다. 한정치산선고의 청구가 있으면 법원이 본인의 療養이나 監護 또는 財産管理에 필요한 처분을 할 수 있으므로(家事訴訟法 제62조 참조) 미리 한정치산선고를 받게 할 필요가 없다고 생각할 수도 있으나, 그것만으로는 역시 保護上의 空白이 생길 수 있음은 부인할 수 없다. 그러므로 이를 긍정하여도 좋을 것이다. 그러나 그 경우 한정치산선고가 확정되더라도 그에 기한 後見人은 성년에 도달하기까지는 아무런 권한이 없으며, 그 때까지는 親權者 또는 종래의 後見人이 그대로 직무를 행한다고 할 것이다.

셋째, 禁治産者에 대하여는 다시 한정치산선고가 이루어져도 실익이 없으므로 그러한 청구는 할 수 없다. 다만 그것이 금치산선고의 취소와 함께 한정치산선고를 청구하는 의미라면, 이는 본인의 행위능력의 범위를 넓게 하기 위한 것으로서 당연히 허용된다.

(b) 한정치산이나 금치산의 선고는 그 취소와 마찬가지로 家事非訟事件으로서 家庭法院의 專屬管轄에 속한다(家事訴訟法 제2조 제1항 라類 제1호). 본인의 주소지의 가정법원이 이를 관할한다(家事訴訟法 제44조 제1호).

청구를 받은 법원은 심판을 하기 전이라도 직원 또는 당사자의 청구에 의하여 현상변경이나 권리처분 등의 禁止, 본인의 監護 등을 위한 처분, 기타 "적당하다고 인정되는 處分"을 미리 명할 수 있다(家事訴訟法 제62조 제1항). 그러한 事前處分의 하나로 법원이 財産管理人을 선임한 경우에는 그에 대하여는 後見人에 관한 규정을 준용한다(家事訴訟規則 제32조 제1항). 그리고 상당하다고 인정하는 때에는 언제든지 그 재산관리인에게 본인의 감호와 요양 또는 재산관리에 필요한 명령을 할 수 있다(同條 제3항 전단).

법원은 앞서와 같은 요건이 갖추어지면 審判으로 반드시 한정치산 또는 금치산의 선고를 하여야 한다(제9조, 제12조

말미: "… 하여야 한다"). 한정치산의 선고가 청구된 사람이라
도 그가 "心神喪失의 常態"에 있다고 판단되면 법원은 금치산
선고를 할 수도 있고, 그 반대의 경우도 가능하다(통설). 한정
치산이나 금치산의 선고를 할 경우에, 법원은 법률의 규정에
의하여 후견이 될 사람이 없는 때에는 민법 제936조에 규정한
사람의 청구에 의하여 그 선고와 동시에 후견인을 선임하여야
한다(家事訴訟規則 제34조). 한정치산이나 금치산의 선고의 심
판이 확정되면 그 뜻이 公告되며 戶籍簿에 기재된다(家事訴訟
法 제9조, 家事訴訟規則 제37조, 제7조 제1항 제2호, 戶籍法 제
7조).

3. 限定治産者 · 禁治産者의 行爲能力

(1) 限定治産者의 행위능력은 未成年者의 그것과 동일하
다(제10조에 의한 제5조 내지 제8조의 준용). 한정치산자의 경
우에도 詐術로써 능력자임을 믿게 하거나 법정대리인의 동의
가 있음을 믿게 한 때에는 무능력을 이유로 하는 취소는 배제
된다(제17조).

한편 勤勞基準法上 勤勞契約의 체결과 임금의 청구에 대
하여는(同法 제53조 제1항, 제54조 참조) 限定治産의 경우에는
미성년자와는 달리 법정대리인이 그를 대리하여 할 수 있다는
견해도 있으나(金容漢, 122면; 張庚鶴, 219면), 위 규정은 법정
대리인의 대리계약체결이나 임금수령으로 인하여 부당한 노

동을 강요당하거나 실질적인 생활보장을 받지 못하게 될 위험
으로부터 미성년자를 보호하고자 하는 것으로서, 이러한 취지
는 限定治産者의 경우에도 적용되어야 할 것이다. 그러므로
비록 법문은 '미성년자'라고만 하나, 이는 역시 限定治産者,
나아가 禁治産者에도 유추적용되어야 할 것이다(同旨; 高翔龍,
125면; 郭潤直, 172면; 金相容, 188면; 金容漢, 120면; 李英俊, 818
면 등).

　　민법은 分家(제788조. 미성년자에 대하여), 約婚(제800조 내
지 제802조), 婚姻(제808조 제 1 항, 제 2 항), 協議離婚(제835조.
금치산자에 대하여), 入養(제871조, 제873조), 協議罷養(제900
조, 제902조) 등 親族法上의 行爲에 관하여, 미성년자와 금치
산자에 대하여는 그 행위능력을 제한하는 규정을 두었으나 한
정치산자에 대하여는 그러한 규정이 없다. 이는 위와 같은 규
정의 反對解釋上 한정치산자는 법정대리인의 동의 없이도 위
와 같은 행위를 유효하게 할 수 있다고 할 것이다. 이를 "重大
한 立法의 不備"라고 하고, 그러한 행위에 있어서도 한정치산
자를 未成年者와 같게 다루어야 한다고 해석하여야 한다는 견
해도 있다(郭潤直, 173면). 그러나 위와 같이 身分關係에 직접
영향을 미치는 친족법상의 행위에 대하여는 가능한 한 本人의
意思를 존중하여야 할 것인데, 한정치산자는 비록 心神薄弱이
라고 하더라도 의사능력이 전혀 없는 것은 아니므로 그 의사
결정에 대하여 타인의 개입을 쉽사리 허용할 것이 아니다. 이
러한 법의 취지는, 재산적 의미가 강한 相續의 承認과 抛棄와
같은 상속법상의 행위에 대하여는 한정치산자에 대하여도 민

법총칙의 규정을 그대로 적용하는 데서도 드러난다(제1020조,
제1024조 제 2 항 참조).

(2) 금치산자는 원칙적으로 설사 법정대리인의 동의를 얻
었더라도 단독으로는 법률행위를 할 수 없다(스위스민법은 한
정치산·금치산의 구별 없이 정신장애가 있는 사람에게 능력박탈선
고를 하는데, 스民 제19조는 법정대리인의 동의가 있으면 그 선고
를 받은 사람은 단독으로 법률행위를 할 수 있다고 정한다). 따라
서 법정대리인이 그를 代理하는 방법에 의하여서만 법률행위
의 효과가 그에게 귀속될 수 있는 것이다.

금치산자가 단독으로 한 법률행위는 취소할 수 있다(제13
조). 금치산자도 스스로의 행위를 취소할 수 있으나(제140조
참조) 의사능력을 회복한 상태에서 하지 않으면 그 취소는 효
력이 없다. 금치산자가 詐術로써 능력자임을 믿게 한 경우에
는 무능력을 이유로 하는 취소는 배제된다(제17조 제 1 항). 다
만 법정대리인의 동의가 있음을 믿게 한 경우에는 여전히 취
소할 수 있다(同條 제 2 항).

그러나 친족법상의 법률행위에 대하여는 민법은 부모 또
는 후견인의 동의를 얻어 단독으로 법률행위를 유효하게 할
수 있다고 정하는 경우가 많다. 가령 約婚(제802조), 婚姻(제
808조), 協議離婚(제835조), 入養(제873조), 協議罷養(제902조)
등이 그러하다. 나아가 遺言은 의사능력이 있는 이상 후견인
등의 동의가 없어도 스스로 유효하게 할 수 있다(제1063조).
이러한 경우들에는 제13조가 적용되지 아니함은 물론이다.

(3) 한정치산자·금치산자의 행위능력을 보충하기 위하여 後見人을 두고, 후견인은 그의 법정대리인이 된다(제929조, 제938조). 후견인의 지정 또는 선임 등에 관하여는 민법 제933조 이하에 규정되어 있다.

후견인이 한정치산자가 하는 일정한 중요한 행위에 대하여 동의를 하려면 친족회의 동의를 얻어야 한다(제950조).

4. 限定治産宣告·禁治産宣告의 取消

(1) 한정치산선고나 금치산선고가 있은 후에 한정치산이나 금치산의 원인이 소멸하였을 경우에는 本人, 配偶者, 4촌 이내의 血族, 後見人 또는 檢事의 청구에 의하여 법원이 그 선고를 취소하여야 한다(제11조, 제14조). '원인의 소멸'이란 본인이 정신능력을 회복하거나 낭비의 습벽이 없어진 것을 말한다. 한편 한정치산선고가 있은 후에 정신능력이 더욱 저하되어 금치산선고의 요건이 갖추어진 경우, 반대로 금치산선고가 있은 후에 정신능력이 어느 정도 회복되어 단지 한정치산선고의 요건만을 갖추어진 경우에도 전의 宣告를 취소할 사유가 된다고 하겠다. 그 경우에는 그 취소와 동시에 현재의 상태에 맞는 능력박탈선고를 할 것을 청구할 수 있음은 물론이다.

그 취소의 절차에 대하여는 대체로 앞서 한정치산 등의 선고절차에 대하여 설명한 바가 타당하다(위의 2.(3)(b) 참조).

⑵ 법원이 한정치산선고나 금치산선고를 취소하면, 다른 능력박탈선고가 행하여지지 않은 한 본인은 장래를 향하여 완전히 행위능력을 회복한다. 물론 일단 취소된 후에라도 다시 한정치산이나 금치산의 원인이 있게 되면 다시 그 선고를 청구할 수 있고, 또 그 경우 법원은 다시 선고를 하여야 한다.

한편 한정치산선고 등의 원인이 소멸하였더라도 법원이 그 선고를 취소할 때까지는 行爲能力을 회복하지 못한다.

[考試硏究, 1994년 12월호, 62면 이하 所載]

[後　記]

1. 이 글은, 특히 후반 부분은 本書에 어울리지 않는 점이 있다. 그러나 프랑스와 독일에서의 成年者扶助制度의 전개를 개관하고 그로부터 약간의 「方向」을 얻어낸 전반 부분은 반드시 그렇지도 않다고 생각되어서, 주저 끝에 여기 수록하기로 하였다.

2. 독일에서는 1998년 7월 1일부터 민법 중 親族編 및 부속법률에 대한 大改正이 효력을 발휘하였다. 그러나 本稿에서 다룬 사항에 대하여는 별다른 변화가 없다.

第三者의 詐欺로 인한 法律行爲의 取消

I .

　　민법 제110조 제 1 항은 법률행위가 사기 또는 강박을 이유로 하여 취소될 수 있음을 정한다. 그리고 그 제 2 항은 "相對方 있는 意思表示에 관하여 第三者가 詐欺나 强迫을 행한 경우에는 相對方이 그 事實을 알았거나 알 수 있었을 경우에 한하여 그 意思表示를 取消할 수 있다"고 규정하고 있다.

　　우리 학설은 제110조 제 2 항에 대하여 별로 주의를 기울이지 않으며, 그 체계적 지위에 대한 이해도 반드시 공통되어 있다고 할 수 없다. 예를 들면 郭潤直은, 강박으로 인한 취소권 발생의 요건에 대하여 놀랍게도 "强迫者는 表意者의 相對方이든 또는 그 밖의 제삼자이든 이를 묻지 않는다"고도 하며(民法總則, 新訂版(1992), 425면), 위 규정을 「瑕疵 있는 意思表示의 效果」와 관련하여 다루어(李英俊, 民法總則, 全訂版(1995), 413면 이하도, 제110조 제 2 항을 사기·강박으로 인한 의사표시의 「효과」에 대한 설명 중에서 다룬다는 점은 같다) 그 효과를 「相對方의 詐欺·强迫의 경우」와 「第 3 者의 詐欺·强迫

의 경우」로 나누어 살펴보면서 後者 중「相對方 있는 意思表示」를 한 때에 대한 정함으로 다룬다. 그리고 위 규정에서의「제3자」의 내용에 대하여는 단지 "表意者의 相對方이 아니라 그 밖의 第3者의 詐欺·强迫으로 意思表示를 한 때"라고만 하는데, 이는 상대방 이외의 사람이 사기 등을 행한 때는 모두 제110조 제2항이 적용되는 것으로 일단 이해된다(이상 同所, 426면). 또 가령 李銀榮은 특이하게도 "相對方의 行爲 또는 認識可能性이 존재할 것"을 사기 또는 강박으로 인한 취소권 발생의 **일반적** 요건으로 내세우고 있다. 그리고「제3자」의 범위에 대하여는 제3자를 위한 契約(제539조)에서의 受益者와 상대방의 代理人에 대하여 언급할 뿐이다(民法總則(1996), 549면 이하).

II.

「제3자」의 사기 또는 강박에 대하여는 적지 않은 수의 재판례가 존재한다.

그런데 최근의 大判 98. 1. 23, 96다41496(공보 98상, 578)은 표의자(원고 회사)가 상호신용금고(피고 회사)에 대하여 한 담보제공행위(근저당권설정계약)의 취소를 긍정하였는데, 그것은 당해 신용금고의 **직원** 甲이 다른 제3자 乙 등과 공모하여 행한 기망행위를 이유로 하는 것이었다.

대법원은 다음과 같이 판시하였다. "상대방의 대리인 등

상대방과 동일시할 수 있는 자"가 아닌 단순히 당사자의 피용자에 그치는 사람은 민법 제110조 제2항에서 정하는「제3자」이다. 그러나 이 건에 나타난 제반 사정, 특히 "甲의 기망행위의 태양, 그의 피고 회사에서의 지위나 영향력, 피고 회사의 규모 등에 비추어 보면 피고로서는 자신의 영역 내에서 일어난 甲의 기망행위에 관하여 그 감독에 상당한 주의를 다하지 아니한 사용자로서의 책임을 져야 할 뿐 아니라 甲의 사기사실을 알지 못한 데 과실이 있었다고 봄이 상당하고 따라서 원고로서는 이처럼 과실로 사기사실을 알지 못한 피고에 대하여 甲의 기망으로 인하여 이루어진 근저당권설정계약을 취소할 수 있다"는 것이다.

　　원심판결도 계약의 취소를 긍정한다는 결론에 있어서는 마찬가지인데, 다만 그 이유에 대하여는, 甲은 제3자에 해당한다고 할 수 없으므로, 애초 피고는 甲의 기망행위를 과실없이 알지 못하였다는 주장을 할 수 없다고 판단하였던 것이다. 즉, "이 사건 근저당권설정계약은 피고 회사의 기획감사실 과장으로 근무하던 甲이 乙 등과 공모하여 원고를 적극적으로 기망함으로써 체결된 것이고, 더구나 甲은 여신 담당 직원 丙에게 그 대출을 부탁하였을 뿐만 아니라 피고 회사의 대출업무 전반에 관한 감사권한을 가진 자로서, 또는 丙의 상급자로서 대출 업무에 관하여 상당한 영향을 미칠 수 있는 지위에 있었던 점을 종합하여 볼 때, 甲의 원고에 대한 기망행위를 피고와의 관계에서 제3자의 기망행위로 볼 수 없다"는 것이다(그 외에 피고가 제3자의 기망행위라고 주장하

는 것은 신의칙에 반한다는 판단도 덧붙이고 있다). 결국 원심판
결이 제110조 제 1 항에 의하여 법률행위의 취소를 긍정한 데
대하여, 대법원은 同條 제 2 항을 적용하여 이를 긍정한 것
이다.

이 판결은 제 3 자의 사기 또는 강박으로 인한 법률행위에
서「제 3 자」의 의미를 다시 생각하여 보게 한다. 우리 민법에
서 극히 빈번히 나타나는「제 3 자」와 관련하여서는 많은 문제
가 숨어 있는데, 그 一端이 여기서도 고개를 내밀고 있다.

Ⅲ.

민법 제110조 제 1 항, 제 2 항의 규정은 대체로 의용민법
제96조 제 1 항, 제 2 항을 통하여 독일민법 제123조 제 1 항, 제
2 항에서 유래하는 것이다(다만 독일민법 제123조에는 우리 민
법 제110조 제 3 항에 해당하는 정함이 없다. 한편 일본민법 제96조
제 3 항은 법률행위의 취소를 선의의 제 3 자에게「대항」할 수 없는
것을 詐欺의 경우에 한정하며, 强迫의 경우는 그러하지 아니하다).
다만 독일민법은 의용민법과 마찬가지로「제 3 자」의 詐欺의
경우에만 취소를 제한하고「제 3 자」의 强迫에 대하여는 그러
한 규정을 두지 않는데, 우리 민법은 사기와 강박을 같이 취
급한다

이하에서는 독일에서의 논의, 그러니까 제 3 자의 詐欺에
관한 논의를 간략하게 소개하기로 한다.

IV.

사기로 인한 의사표시가 취소될 수 있는 이유가 "自由이어야 할 意思가 他人의 違法한 干涉으로 말미암아 방해된 狀態下에서 자유롭지 못하게 행하여졌기" 때문이라면(郭潤直, 前揭書, 421면), 사기가 의사표시의 상대방에 의하여 행하여졌건 상대방 아닌 사람에 의하여 행하여졌건 상관없이 表意者는 법률행위를 취소할 수 있어야 할 것이다. 그런데도 「제 3 자」가 사기를 행한 경우에는 법률행위의 취소를 제한하는 이유는 무엇인가?

독일민법의 『理由書』는 다음과 같이 말한다.

"의사결정의 자유가 의사표시 유효의 요건이라고 한다면, 위법한 간섭이 법률행위의 당사자에 의하여 행하여졌건 비당사자에 의하여 행하여졌건 그 자체 아무런 차이를 둘 수 없다. 그러나 이 원칙을 엄격하게 실행하면, 어떠한 사람에 대하여 행하여져야 하고 또 행하여진 의사표시에서 그 간섭이 제 3 자로부터 유래하는 경우에 그 간섭에 참여하지 아니한(bei der Beeinflussung nicht betheiligt war) 의사표시의 수령자가 이를 알지 못하였고 또한 알았어야 하는 것이 아닌 때에는, 가혹한 결과가 된다."(Motive I, S. 206 = Mugdan I, S. 466)

결국 사기를 당한 표의자와 사기에 가담하지 아니한 의사표시 수령자의 "서로 대립하는 利益들 사이의 衡量"(Motive I, S. 207 = Mugdan I, S. 466f.)이 문제되는 것이다.

V.

상대방의 대리인이 제3자에 속하지 않음은 일찍부터 帝國法院의 판례가 인정하고 있으나, 나아가 독일민법 제정 후의 학설은 일치하여, 제123조 제2항에서의 「제3자」의 범위를 축소하여 예외의 적용범위를 줄이고, 원칙으로 돌아가 사기에 있어서 취소가 인정되는 범위를 확장하고 있다. 이는 법원의 실무에서도 마찬가지이다(이에 대하여는 뒤의 Ⅵ. 참조). 그 경계는, 실제로 기망행위를 한 사람이 "의사표시 상대방의 의사에 좇아 실제로 계약교섭에 관여하였는지", 즉 의사표시 상대방의 계약체결보조자 또는 계약교섭보조자(Abschluß- oder Verhandlungsgehilfe)에 해당하는지 여부이다. 이와 같이 "[의사표시] 상대방을 위하여 법률행위의 성립을 목표로 하는 교섭을 수행할 권한이 있는 사람은 「제3자」가 아니며, 그러한 권한이 없는 사람만이 「제3자」이다." 그 경우에 의사표시의 수령자는 "[표의자의 의사표시에 대한 제3자의] 간섭에 참여하지 아니하였다"고 할 수 없으므로, 결국 그 제3자의 행위를 그에게 귀책시킬 수 있는 것이다.

이는 履行補助者의 過責에 대한 채무자 본인의 책임을 정하는 독일민법 제278조(우리 민법 제391조와 일치한다)를 위 규정의 해석에 유추적용하는 것에 그 근거가 있다고도 설명된다(무엇보다도 Werner Schubert, Unredliches Verhalten Dritter bei Vertragsabschluß, in: AcP 168, S. 466ff. 참조).

VI.

이러한 이론적 설명보다도 흥미로운 것은 실무에서 어떠한 사람의 사기행위에 대하여 의사표시의 상대방이 무조건으로(다시 말하면, 자신이 그 사기를 알지 못하였고 또 알 수도 없었다는 주장을 할 여지 없이) 책임을 지는 것으로 다루어지는가 하는 점이다(이하에 대하여는 MünchKomm/Kramer, §123 Rn. 19a(3. Aufl., 1993, S. 990f.); Staudinger/Dilcher(12. Aufl., 1980), §123 Rn. 30 이하 참조).

1. 판례상으로 「제 3 자」에 속하지 않는 것으로 인정되는 것은, 우선 소위 「金融附 割賦賣買」의 소위 B型(이에 대하여는 梁彰洙, "西獨消費者信用法制의 槪觀", 民法硏究 제 1 권(1991), 428면 이하 참조)의 경우, 즉 할부매매에서 물건 구입을 위한 자금의 대차계약은 금융기관과 매수인 사이에 행하여지나 매도인이 금융거래의 위탁을 받아 대출신청서류의 작성에 보조·관여하고 나아가 이를 접수하는 경우에, 그 매도인은 금융기관의 체약보조자로서 독일민법 제123조 제 2 항에서 말하는 「제 3 자」에 속하지 아니한다(최근의 大判 98. 4. 10, 97다55478(공보 98상, 1297)이, 자동차의 할부매매에서 할부매수인과 보험회사 사이에 체결되는 할부판매보증보험계약에 관하여 자동차판매회사의 영업소 직원의 역할에 대하여 한 다음과 같은 판시는 바로 여

기에 해당한다. 즉 "보험회사가 아닌 자동차판매회사의 영업소 직원이 자동차 구매자나 그의 연대보증인으로 하여금 할부판매보증보험 청약서를 작성하게 하고 이를 보험회사에 제출하는 등의 역할을 하는 것은 단순히 자동차 구매자의 편의만을 위함이 아니고 … 보험회사를 대리하여 계약 체결을 하는 것이거나 보험회사의 계약 체결을 보조하는 것으로 볼 여지가 충분히 있"다고 한다).

나아가 金融리스에서 리스계약은 리스업자와 리스이용자 사이에서 체결되는데, 그 경우 리스업자의 의사와 의욕 아래 금융리스계약의 성립에 관여한 리스물건공급자는 역시 리스업자의 체약보조자로서 「제 3 자」에 속하지 않는다. 그러므로 리스이용자는 리스물건공급자가 자신에게 행한 기망행위를 이유로 리스업자에 대하여 리스계약을 취소할 수 있으며, 리스업자는 자신이 그 사실을 몰랐다는 등의 사유를 주장할 수 없는 것이다.

2. 그 외에 문제가 되는 것은 다음과 같다.

우선 순수한 중개업무(reine Mäklerdienste), 즉 단지 계약에 관심 있는 사람들을 서로 연결시키거나 계약체결의 기회를 소개하는 데 그치는 경우에는 그를 「제 3 자」라고 하여야 한다. 한편 중개상이 계약교섭에 관여하는 경우에도 단지 雙方의 利益을 조정하는 때에는 어느 한편의 보조자라고 할 수 없으므로, 이는 「제 3 자」라고 하여야 한다.

한편 종전의 재판례는 保證契約에서 주채무자를 「제 3

자」가 아니라고 한 적이 있다. 그러나 학설은 이에 대하여 비
판적이고, 그 후의 판례는「제 3 자」임에 대하여 부정적이라고
한다.

　　또한 組合契約에서 조합원들끼리는 서로「제 3 자」이다.
株主는 회사와 외부인 간의 계약에 있어서「제 3 자」인가? 1인
주주의 경우에 주식회사가 단지 자신의 이익을 추구하기 위한
도구에 불과한 경우에는 부정된다.

　　　[오늘의 法律, 114호(1998. 7), 3624면 이하 所載]

自己契約의 禁止

──由來와 規定目的──

1. 序

민법 제124조 본문은 "代理人은 本人의 許諾이 없으면 本人을 위하여 自己와 法律行爲를 하거나 同一한 法律行爲에 關하여 當事者 雙方을 代理하지 못한다"고 정하고 있다.

여기서 前段의 경우, 즉 어떤 사람이 한편으로는 대리인의 자격으로 본인을 대리하여 행위하고 다른 한편으로는 스스로가 당사자가 되어 행위하는 경우를 自己契約(Selbstkontrahieren) 또는 自己代理라고 부른다. 가령 어떤 부동산의 소유자 甲을 대리하여 그 부동산을 매도할 권한을 가지는 乙이 甲의 대리인의 자격으로 위 부동산을 乙 자신에게 매도하는 매매계약을 체결하는 경우가 그것이다.

그리고 後段의 경우, 즉 그가 법률행위의 당사자 쌍방을 대리하여 행위하는 경우를 雙方代理(Mehrvertretung)라고 부른다. 가령 위의 예에서 乙이 丙으로부터 丙을 대리하여 위 부동산을 매수하는 권한을 아울러 부여받고, 한편으로는 甲의

대리인의 자격으로, 다른 한편으로는 丙의 대리인의 자격으로
위 부동산의 매매계약을 체결하는 경우가 그것이다.

2. 民法 제124조의 由來

민법 제124조는 의용민법 제108조("누구라도 동일한 법률
행위에 관하여 그 상대방의 대리인이 되거나 당사자 쌍방의 대리
인이 될 수 없다. 그러나 채무의 이행은 그러하지 아니하다")와 같
이 독일민법 제181조(보다 정확하게는 독일민법 제2초안 제149
조. 둘 사이에는 아무런 변경이 없다)에서 유래하는 것이다.

(1) 플루메(Werner Flume)에 의하면, 독일에서는 19세기
에는 자기계약이라고 하는 개념 자체를 인정할 것인가부터 다
투어졌다고 한다. 일부의 학설은 자기계약이 "개념상" 있을
수 없다는 의견을 취하였다는 것이다. 그 이유는 계약은 대립
하는 두 당사자를 전제로 하는 것인데, 위와 같은 경우에 있
어서는 당사자는 하나이고 그의 내심에서 의사결정이 일어날
뿐 의사표시가 교환되는 일은 없다는 데 귀착되는 듯하다. 그
러나 통설과 판례는 법적 규율의 대상으로서 자기계약이라는
개념을 승인하였다고 한다(이상 Flume, Das Rechtsgeschäft, 3.
Aufl.(1979), S. 815).

(2) 독일민법 제정과정에서 소위 제1위원회는 우선 위와

같은 이론상의 다툼에 얽매어 자기계약이 "논리적으로" 허용
되느냐 하는 관점에서 문제를 다루었다. 그 결과 통설에 좇아
그것을 "일반원칙에 좇아" 긍정하는 태도를 취하였다. 즉, 대
리인이 내심으로만 양 당사자의 의사결정을 하였거나 독백의
방식으로 이것을 구두 또는 서면으로 표현하였을 때에는 그것
은 계약의 개념에 반한다. 그러나 계약 체결을 제 3 자로 하여
금 인식할 수 있게 하는 "외적인 사실"이 부가되었을 때에는
계약의 성립을 인정할 것이라고 한다.

     그러나 독일민법 제 1 초안은 이에 대하여 규정을 두지 않
았다. 그 이유는 이러한 대리행위도 일반적인 규정, 가령 반사
회질서의 법률행위를 무효로 하는 제 1 초안 제106조에 반하
지 않는 한 일반적으로 허용된다고 하여야 할 것이기 때문이
다. 물론 이익충돌의 가능성은 농후하나, 다른 한편으로 그러
한 행위를 허용하지 않게 되면 "참을 수 없는 거래상의 곤란"
을 발생시키고, 본인에 이익이 되기보다는 그를 해칠 것이다.
그리고 이러한 원칙적인 허용을 부정할 특별한 이유가 있는
경우에는 특별규정을 두는 것으로 대처하면 족하다는 것이다
(이상 Mugdan, Bd. 1, S. 476).

     그러한 특별규정으로서 제 1 초안은 다음과 같은 조항을
마련하였다. 주의할 것은 이러한 규정들은 모두 法定代理에
관한 것이라는 점이다.

     ① 社團法人(Körperschaft)과 그 이사회의 구성원("이사")
간의 법률행위(채무의 이행을 제외한다)나 그 사이의 소송에
있어서 당해 이사는 법인을 대표할 권한이 없다(제45조 제 1

문). 이와 같은 특별규정을 두는 이유는 法人과 대리인을 둔 본인과의 사이에는 본질적인 차이가 있다는 것이다. 즉 "사단법인은 대개 이사회를 감시하거나 그 권한 남용을 방지할 수 있는 처지에 있지 않다." 그리고 경우에 따라 법인에게 인정될 이사에 대한 손해배상청구권만으로는 법인의 보호에 충분하지 않다는 것이다. 그리고 당해 이사가 이 규정에 반하여 행위를 한 경우에도 그 행위는 당연무효인 것은 아니고, 무권대리행위에 관한 규정이 적용된다고 한다(Mugdan, Bd. 1, S. 407f.).

② 위 규정은 社團法人과 淸算人 사이에도 적용된다(제50조 제4항 제1문).

③ 위 규정은 역시 財團法人과 그 理事 사이에도 준용된다(제61조).

④ 後見人은 다음과 같은 사항에 대하여는 被後見人을 대리할 권한이 없다. 첫째, 후견인 자신이나 그의 배우자 또는 그의 직계혈족과 피후견인과의 사이의 법률행위(역시 채무의 이행은 제외된다)나 소송, 둘째, 피후견인과 후견인에 의하여 대리되는 다른 사람과의 사이의 소송, 셋째, 피후견인이 후견인에 대하여 가지는 담보권이나 보증인에 의하여 담보된 채권의 양도, 그 채권에 대한 부담설정, 그 담보의 소멸이나 제한, 또는 피후견인의 그러한 양도·부담설정·소멸·제한에의 의무부담을 내용으로 하는 법률행위 또는 소송(제1651조 제1호 내지 제3호).

그 이유는 후견인이 스스로의 이익을 도모하는 것으로부터 피후견인을 보호하는 데 있다. 그리고 후견인과 피후견인 사이의 거래를 제한하는 많은 입법례에 의하여 이러한 규율의 정당성은 뒷받침된다(Mugdan, Bd. 4, S. 577f.).

　⑤ 親權者와 子와의 관계에 있어서도 위 제1651조의 규정이 준용된다(제1503조 제 1 항).

　⑶ 그러나 그 후 뤼멜린(Max Rümelin)이 이에 관한 "기본적인 문헌"(플루메의 표현이다)인 『독일보통법상의 자기계약(Das Selbstkontrahieren nach gemeinem Recht)』(1888)에서 자기계약을 인정할 것이냐, 또 어느 범위에서 인정할 것이냐 하는 것은 실정법의 문제임을 지적한 바 있다. 소위 제 2 위원회는 명백히 이 주장의 영향을 받아, "그것을 허용하는 것이 去來安全과 조화될 수 있는가, 또는 去來의 必要가 이를 요청하고 있는가" 하는 관점에서 문제에 접근하였다. 그리하여 결국 "자기계약은 여러 이익이 서로 충돌할 위험 그리고 일방 또는 상대방에게 해를 끼칠 위험을 그 자체 항상 안고 있으므로, 법률이나 대리권수여에 의하여 —— 명시적 또는 묵시적으로—— 허용되지 않은 이상 금지되어야 한다"는 결론에 도달하였다.

　또한 제 2 위원회는 이러한 자기계약의 금지를 임의대리에 한정하자는 제안을 받아들이지 않았다. 왜냐하면 "이 규정에 관하여 결정적인 의미를 가지는 논점", 즉 이익충돌의 위험을 회피하여야 한다는 점은 임의대리에 있어서나 법정대리에 있어서나 동등하게 적용되어야 할 성질의 것이기 때문이다. 따라서 제 1 초안에 있어서와 같이 법정대리의 특정한 경우에 한정하여 개별적으로 자기계약을 금지하려는 태도는 채택될 수 없다는 것이다. 또 자기계약의 경우와 쌍방대리의 경우를 구별하여 전자에 대하여만 이를 금지하자는 제안도 마찬가지의 이유로 거부되었다.

이에 따라 우리 민법 제124조와 문언상도 완전히 일치하는 독일민법 제2초안 제149조가 탄생된 것이다. 그리고 주목할 것은 이 조항이 신설됨에 따라 제1초안에서 대리인과 본인 사이의 거래에 관하여 마련되었던 "특별규정"들은 제2초안에서는 삭제되었다는 사실이다. 즉 법인과 이사 또는 청산인 사이의 거래에 관한 제1초안 제45조 제1문 등의 규정은 전면 삭제되었고, 후견인이나 친권자 등 법정대리인의 대리권에 관한 조항에 대하여서도 그러한 법정대리인 자신과 본인 사이의 거래에 대한 부분은 삭제되고 법정대리인의 근친자 등과 본인 사이의 거래에 대한 부분만이 제2초안 제1675조, 제1525조 제2항에서 규정되기에 이르렀다(한편 제2초안 제1675조 제2항 = 현행 독일민법 제1795조 제2항은 제2초안 제149조가 그 경우에 적용된다고 명문으로 정하고 있다)(이상 Mugdan, Bd. 1, S. 759, 617; Bd. 4, S. 970, 1065f.).

(4) 일본민법 제108조에 대한 이유서라고 부를 수 있는 문헌은 다음과 같이 말하고 있다.

"무릇 대리인이 본인을 위하여 대리를 함에 있어서는 충실로써 그 일을 행하여야 한다. 그런데 만일 대리인이 본인에 대리하여 자기와 법률행위를 할 수 있다고 하면, 본인의 이익과 자기의 이익이 저촉되는 결과가 생기는 일도 없지 않다.

이 경우에 대리인은 본인의 이익을 뒤로 미루고 자기의 이익을 앞세울 것은 피할 수 없을 것이다. … 대리인이 제3자의 대리인으로서 법률행위를 하는 경우에도 역시 거의 동일한 곤란을 발생시켜서, 그 일방의 본인을 이롭게 하는 때는 다른 일방의 본인의 이익을 고려하지 않게 되는 일이 많을 것이다. 따라서 本案에 있어서는 독일민법 제2독회초안의 主義에 좇아 대리인은 본인의 이름으로 자기와 법률행위를 하거나 동일한 법률행위에 관하여 당사자 쌍방의 대리인이 될 수 없음을 원칙으로 한다."(未定稿本 民法修正案理由書, 102면)

　　요컨대 그 취지는 독일민법 제2초안 제149조의 성립과정에 있어서의 설명과 다를 바가 없는 것이다.

　　(5) 우리 민법의 제정과정에 있어서는 우선 외국의 입법례로 독일민법 제181조, 중화민국민법 제106조, 만주국민법 제120조가 지적된다. 그리고 초안 제119조가 의용민법과는 달리 "본인의 허락"이 있으면 자기계약 등도 허용된다고 명문으로 정하고 있는 것에 대하여는 "종래에 해석상 도달한 결과를 법문으로 명백히 하는 의미에서 타당하다"라는 이해가 표시되고 있다(民法案審議錄, 上卷(1957), 82면).

3. 民法 제124조의 規定目的

　　(1) 이상의 연혁에서 본 바와 같이 민법 제124조가 자기

계약을 원칙적으로 금지하는 취지는 무엇보다도 利益衝突의 危險을 피하려는 데에 있다고 할 것이다. 그리고 그러한 입법 목적은 수긍할 수 있는 것이라고 생각된다.

최근 자기계약 금지의 「근거」를 묻고 이를 다음과 같이 설명하는 견해가 있다(이것은 Flume, aaO., S.816에 의거한 것으로 추측된다). "계약이라고 하는 것은 2인 이상의 자가 그 의사결정에 의하여 하나의 법적 규율(Regelung)을 형성한다고 하는 데 그 본질이 있다. 그런데 자기계약 쌍방대리의 경우에는 '계약'이라는 형식 속에 단순히 1인에 의한 법적 규율이 존재하고 있을 뿐이므로 이에 의한 '계약'은 계약이 아니다. 그러므로 자기계약과 쌍방대리는 '대리'라고 하는 형식을 빌린다 하더라도 계약을 성립시킬 수 없는 것이다. 우리 민법이 자기계약과 쌍방대리를 원칙적으로 금하는 것도 이 때문이다."(李英俊, 民法總則(1987), 516면).

요컨대 자기계약은 계약의 「본질」과 애초부터 조화되지 않는다는 것이다. 이에 대하여는 다음과 같은 의문이 있다

첫째, 민법 제124조에 위반하여 대리인이 그 자격으로 자기와 법률행위를 한 경우에도 그 법률행위는 전적으로 무효인 것이 아니라 無權代理行爲로 보아야 한다는 것이 우리 나라는 물론이고 독일에 있어서도 통설이다. 그리고 무권대리행위라면 그것은 이미 계약으로서 성립하였음을 전제로 하는 것이고, 단지 그 효과가 본인에게 귀속되지 않음을 의미하는 것이다. 그렇기 때문에 본인이 후에 단지 「追認」의 의사표시(이것은 계약이 아니라, 일방적 의사표시이다)만을 하면 그 계약의 효과가

본인에게 미치게 되는 것이다. 그런데 자기계약이 「계약」이 아니라면 이러한 점을 어떻게 설명할 수 있을까?

둘째, 자기계약도 本人의 許諾을 얻은 경우에는 아무런 흠이 없음은 법문상 명백하다. 만일 자기계약이 계약이 아니라면 이와 같이 본인의 허락이라는 일방적인 의사표시에 의하여 바로 그 계약의 효과가 본인에게 미치는 것은 어떻게 설명할 수 있을까? 이에 대하여 위의 견해는, 역시 플루메에 좇아, "본인의 허락이 있는 경우에 이를 허용하는 것은 민법이 사적 자치의 원칙에 의하여 자기계약과 쌍방대리를 계약과 동일한 것으로 선언하는 것이다. 즉 이것은 … 다만 법률이 허용한다고 규정하고 있는 때문인 것이다"라고 설명한다. 그러나 계약의 본질과 조화될 수 없는 것이 법률이 허용한다고 하여 갑자기 계약으로서의 효과를 취득할 수는 없는 것으로 생각된다. 법은 여기서 당사자 사이에 아무런 계약적 관계가 없는 無의 상태에서 법의 힘에 의하여 계약에 유사한 법률관계를 돌연 창설하는 것이 아니고, 위에서 본 바와 같은 이익충돌의 위험을 일반적으로 회피하기 위하여 대리인이 한 일정한 대리행위의 효력은 본인으로부터의 「허락」이 있는 경우에만 본인에게 그 효력이 미치도록 하고 있는 것이다.

요컨대 契約의 「本質」에 비추어 자기계약의 금지를 설명하는 것은 자기계약에 관한 구체적인 법리와는 직결되지 않는 말하자면 先驗的인 說明이라고 할 것이다.

(2) 위에서 본 바와 같은 이익충돌의 위험은 비단 자기계

약의 경우에만 존재하는 것이 아니다. 법은 그 이외에도 그러한 위험이 있는 경우에 대하여 개별적으로 일정한 규율을 하고 있다.

가령 민법 제64조는 "法人과 理事의 利益이 相反되는 事項에 대하여는 理事는 代表權이 없다"고 정하고 있다. 또 민법 제921조는 "法定代理人인 親權者와 그 子 사이에"(제1항의 경우) 또는 "法定代理人인 親權者가 그 親權에 服從하는 數人의 子 사이에"(제2항의 경우) 각기 이해상반되는 행위를 함에 있어서는 법원에 그 子 또는 일방의 子의 특별대리인의 선임을 청구하여야 한다고 한다. 민법 제951조가 후견인이 피후견인에 대한 제3자의 권리를 양수함에는 친족회의 동의를 얻어야 한다고 정하는 것도 마찬가지의 취지일 것이다. 뿐만 아니라 商法은 상사회사의 사원 또는 이사와 회사와의 사이의 거래에 관하여 일정한 제한을 설정하고 있다(합명회사의 사원에 관한 제199조, 주식회사의 이사에 관한 제390조, 유한회사의 이사에 관한 제564조 제3항 등).

(3) 결론적으로 다음과 같이 말할 수 있다.

이상과 같이 보면, 일반적으로 타인을 위하여 업무를 수행하는 자에 대하여는 그 업무수행에 있어서 그 본인의 이익을 해하지 못하도록 하기 위하여 특히 본인과의 거래에 대하여 일정한 제한이 가하여져야 한다는 것은 일반적인 法의 理致(ratio legis)에 속하는 것이라고 보아도 좋을 것이다.

그러나 그러한 법리가 실정법에 발현됨에 있어서는 위에

서 본 규정들에 나타나는 대로 여러 가지 형태를 취함에 주의
하여야 할 것이다. 그 중에서도 어떤 類型에 있어서는 본인과
대리인 사이의 거래행위의 효력을 일정한 외적 요건, 가령 본
인의 허락이나 이사회의 승인 등에 걸리게 하는데, 이 때 그러
한 제한의 대상이 되는 것은 보다 一般的으로 본인과 대리인
사이의 거래이기만 하면 그것이 具體的으로 본인에게 불이익
을 가하는 것이었든지를 불문한다. 한편 다른 類型에 있어서
는 그러한 제한이 가하여지는 행위 자체를 "利益相反하는 事
項"에 관한 것에 한정하고 있다. 말하자면 前者의 경우에는
이익충돌의 추상적 위험이 있다는 사정만으로 그러한 제한이
정당화되는 것이다.

　　이러한 이해는 민법 제124조의 適用對象을 정함에 있어
서도 일정한 시사를 준다.

　　　　　　　　　[考試界, 374호(1988.4), 67면 이하 所載]

표견대리냐, 표현대리냐?

　　民法 제125조, 제126조 그리고 제129조의 규정에 의하여
본인에게 대리행위의 효과가 미치는 경우를 「表見代理」라는
개념 아래 통일적으로 파악한 것은 일본의 나까지마 다마요시
(中島玉吉)가 처음이라고 한다. 아마 당시 일본의 민법학을 규
정하였던 독일민법학에서 전개된 Scheinsvollmacht의 개념에
영향을 받았으리라고 추측된다(이에 대하여는 우선 安永正昭,
"表見代理", 星野英一 編集代表, 民法講座 1 : 民法總則(1984), 500면
참조). 表見代理라는 말은 民法典上의 用語는 아니고 단지 위
조항들의 表題에 쓰여지고 있을 뿐이다. 그러나 이 개념이 이
제 민법학이나 실무의 공통재산에 속하게 되었음을 부인하는
사람은 없을 것이다.

　　대학 2학년 1학기 때 金曾漢 선생님의 민법총칙 강의를
들으면서 그분과 安二濬 編著의 『民法總則』에서 처음 이 말
에 접하였을 때에는 이것을 그냥 「표견대리」라고 읽었고, 거
기에 아무런 의심을 두지 않았다. 그런데 언젠가 친구녀석이
말하기를 그것은 「표현대리」라고 읽는 것이 옳다고 한다. 왜

그런고 하니 이 때의 「見」은 「볼 견」이 아니라, 「나타날 현」이 기 때문이라는 것이다. 玉篇을 찾아보니 과연 그렇게 되어 있어서, 그렇지 않아도 이해하기 어려운 법률용어인데 이런 데 까지 주의를 기울여야 하는가 하고 한심하게 생각한 일이 있었다. 대법원판결을 보아도 「표현대리」라고 하고 있다. 가령 멀리는 大判 66. 9. 6, 66다981(集 14-3, 9)이나 최근의 大判 86. 9. 9, 84다카2310(集 34-3, 1)을 보라.

年前부터 학교로 일터를 옮겨서, 민법총칙을 포함한 민법 강의를 맡게 되었다. 그런데 아직까지도 表見代理를 어떻게 읽는 것이 좋을지 확실한 생각을 가지지 못하고 있다. 우선 의문의 계기가 된 것은 그렇다면 外見은 왜 「외현」이 아니고, 「외견」이라고 읽는가 하는 것이다. 外見이나 表見代理나 우리 말은 아니고 아마도 일본에서 들어온 한자말인 것으로 생각된다. 그러나 그 때 「外見」과 「表見」의 두 말이 같은 의미임은 거의 의심할 여지가 없다. 그것은 玉篇에서 表를 찾아보면, 그 뜻 중의 하나가 「겉 外也」라고 되어 있는 것을 보아도 알 수 있다. 요컨대 두 말은 일관되게 발음되어야 할 것이다. 둘째로 「표견대리」로 읽는 분들이 아직도 상당히 많다. 가령 李熙昇 편저, 國語大辭典(1981)을 보면 「표견대리」라고 하고, 「표현 대리」에 대하여는 表現代理라는 한자가 쓰여지고 있다. 또 법 문사의 法律學辭典(제1보정판, 1976)을 보아도 「표견대리」라 고 되어 있다. 한편 한글학회의 새한글사전(1965)에는 표견대 리도, 표현대리도 수록되어 있지 않다. 셋째로 「표현」이라는 말에 대하여는 表現이라는 한자를 통상 쓰고 있다. 그리고 이

때의 現도 역시「나타날 현」이다. 그렇다면 굳이 表見代理의
「見」을 쓸 이유는 무엇일까 하는 의문이 드는 것이다(우리 대
학 학생들의 試驗答案 중에도「表現代理」라고 하는 경우가 종종
있다). 보다 기본적으로는 만일 表見代理를 일반 사람들에게
내밀고 무엇이라고 읽느냐고 묻는다면 대부분은「표견대리」
라고 할 것이다. 법률은 역시 가능하면 상식에 좇는 것이 좋
고 상식에 맞지 않는 경우에는 오히려 법률가 쪽에서 재고하
여 볼 점이 있다고 하여야 하지 않을까 생각한다. 表見代理를
「표현대리」라고 읽어야 한다고 하면, 보통사람들은 또 법률에
서 기묘한 이론을 꺼내 들어 상식 밖의 이야기를 한다고 생각
할는지도 모른다.

　　어떻게 읽어야 하는지 알 수 없다고 해서 민법총칙에서
정하는 중요제도 중의 하나인 表見代理에 대하여 강의하지 않
을 수도 없고, 또 강의는 글로 하는 것이 아니라(글로 한다면
혹 이 말을 모두 漢字로 씀으로써 곤경을 면할 수 있을 것이다) 말
로 하는 것이므로, 어쨌거나 태도를 결정하여야 한다. 나는 일
단「표견대리」로 읽는 편을 택하고 있다.

　　玉篇에는 과연 見의 뜻 중에「나타날 현顯也」또는「드
러날 현露也」라는 것이 있다. 그런데 表見代理를 대리권이 있
는 것처럼「보인다」는 의미라고 할 때, 앞서의 顯也 또는 露
也가 그「보인다」라는 것에 바로 들어맞는 뜻인지가 의심스럽
다. 이 때「나타날 현」이나「드러날 현」이란 원래 존재하는
어떠한 사물이 감추어져 있거나 숨어 있다가 겉으로 나타나는
것 또는 겉으로 모습을 드러내는 것을 말하는 것이 아닐까?

가령 潛在의 對를 이루는 말로서의 顯在나 暴露 또는 露出과
같이. 그런데 表見代理에서는 원래 존재하지 않는 대리권이
존재하는 것처럼「보이는 것」이다. 따라서 見을「나타날 현」
이나「드러날 현」으로 읽는 경우가 있다고 하여 그것이 表見
代理의 의미에 적합한 것인지 의문이 없지 않다.

또, 통상 見을「현」으로 읽는 예로 드는 謁見(알현)의 경
우는 위와 같은 뜻의「…처럼 보인다」가 아니라, 옥편에도 있
듯이「뵈일 현」즉 뵙거나 남에게 보여준다는 뜻이다. 따라서
「표현대리」로 읽기를 주장하는 경우에라도 이것을 증빙으로
끌어들여서는 안 될 것이라고 생각된다.

그렇다면, 窮餘之策으로 表見代理를 곁에서「보기에」즉
대리행위의 상대방이 보기에(볼 視也) ——원래는 없는—— 대
리권이 있다는 의미라고 하여「표견대리」라고 우선 불러두는
것이다. 그러나 이것도 썩 마음에 차는 것은 아니다. 잘 알 수
는 없으나, 表見代理라는 한자말의 문법적 구조에 맞지 않는
것으로 생각되기 때문이다. 즉「보다」는 것은 타동사이므로
그냥 표견대리라고 하면 어떠한 對象을 전제로 하는 것인데,
表見代理라는 말에는 그러한 대상이 있는 것은 아니기 때문
이다.

이와 같이 表見代理라는 말을 그대로 사용하는 한 아무래
도 석연찮은 점이 남는다. 그래서 아예 表見代理라는 말 대신
外觀代理라고 하는 것이 어떨까 하는 생각까지도 해 본다. 대
리권 존재의 외관을 신뢰한 자를 보호한다는 表見代理制度의
취지에 비추어서도 그렇고, 또 表見代理라는 말의 原型이라고

보여지는 독일민법학상의 Scheinsvollmacht라는 말의 번역으로서도 그 편이 무난한 듯도 하기 때문이다.

이즈음까지 생각하다 보니, 도대체 한자말의 읽기는 어떠한 절차로 어떠한 원칙에 좇아 결정되고 있는가 하는 의문이 솟는다. 그러나 이러한 의문을 파헤쳐 가기에는 나의 시간과 힘이 충분하지 못하다. 따라서 개운치 않은 마음을 가만히 눌러둘 수밖에 없다.

이상 末端의 瑣事에 불과한 일에 상세한 지식도 없으면서 주제넘는 의견을 말하여 보았다. 이 글을 읽으면서 그 無知함을 비웃는 분이 있더라도 辯明의 여지는 없다.

[法律新聞, 1782호(1988.9.15), 4면 所載]

[後 記]

1. 법률가들이 쓰는 말에 대하여 흥미로운 여러 가지 지적을 하는 김용호 부장판사의 『아빠는 판사라면서』(1997), 145면 이하도 表見代理의 발음에 대하여 언급한다(대법원판결에서의 用例의 推移도 알 수 있다. 그에 의하면 1960년대 초에는 압도적으로 「표견대리」이었다). 同所는 "표현은 속에 있는 것을 겉으로 드러내는 것이다. 표현대리라면 속에 있는 대리권을 겉으로 나타내는 것이니, 겉보기에 대리 같으나 실제는 무권대리(無權代理)인 경우 즉 표견상 대리의 책임에 관한 제도라

면 표견대리라고 함이 자연스럽다"고 하면서(146면), 本稿를 인용하고 있다.

2. 이 글을 보고 다음과 같은 의견을 표명하는 이도 있었다. 즉 일본에서 見은 けん과 げん의 두 음으로 읽히는데 現과 같은 의미인 경우에는 げん으로 읽고 나머지는 けん으로 읽는다. 그런데 表見代理의 「表見」은 ひょうけん으로 읽으니, 우리도 이것에 대응하여 이를 표견대리로 읽어야 한다는 것이다(위『아빠는 판사라면서』, 145면 주 80도 참조). 그럴 듯한 견해이기는 한데, 과연 한자 발음에 관하여 일반적으로 우리와 일본 사이에 그러한 對應關係가 있는지를 잘 알지 못하겠다.

3. 저자는 1996년 여름에 사법시험위원으로 민법 문제를 출제하였는데(本書 355면 이하도 참조), 그 중 하나가 "민법 제125조의 表見代理"였다. 나중에 우연한 기회에, 그 때 응시하였던 우리 대학의 한 학생으로부터, 表見代理만이 漢字로 되어 있어서 출제위원이 저자가 아닐까 생각해 보기도 했다는 놀라운 말을 들었다. 수험생들의 注意란 이런 것에조차 미치므로, 출제에서는 어떠한 사소한 個人色도 배제되어야 함을 절감하였다.

제 3 부　物　　權

公共福利와 財産權

——土地政策의 方向設定과 法學者의 役割——

　　그 동안 土地公槪念 문제가 제기되고 난 다음부터 지금
여러 제도가 갖추어지고 있고 또 조금 지나치다라는 말이 있
었습니다만, 그런 얘기가 나오는 과정을 살펴보면서 느끼는
所感을 말씀드리겠습니다.

　　이 토지공개념 문제 및 여러 제도를 형성하는 데 있어서
法學을 하시는 분들이 많이 참여하셨습니다. 여기 계시는 金
南辰 교수님이나 金相容 교수님도 一助를 담당하신 걸로 알고
있습니다만, 법학을 하신 분들이 이와 같은 제도를 마련하고
정책을 세우는 데 관여할 때 어떠한 思考의 틀을 가지고 접근
을 하고 있는지 관심을 갖고 보았습니다.

　　김상용 교수께서 발표하신 주제논문에서도 그와 같은 단
어가 반복이 되고 있습니다만, 가령 社會正義라든지 人間다운
生活, 私的自治, 人間의 尊嚴과 價値, 公益性 등의 단어들이
계속 원용이 되고 있습니다.

그런데 제가 느끼는 것은 그와 같은 많은 단어의 뜻이 과연 무엇이냐 하는 것입니다. 어떤 학자의 글에는 公共福利라는 것은「옳은 것」이라는 말을 달리 표현한 것 뿐이라고 쓰여 있었습니다. 무엇이 옳은 것이냐에 대해서 각각 다른 의견을 가지고 있는 터이므로, 예를 들면 공공복리라는 것이 私有財産權을 제한하는 가치지표요 이념이라고 한다면, 도대체 논의가 空虛하지 않느냐는 것입니다. 사회정의, 인간다운 생활, 사적 자치의 원리 등이 구체적으로 어떠한 내용으로 이해되고 원용되고 있는가 하는 관점에서 생각해 보면, 이 논의를 이끌고 정책을 세우시는 분들 사이에서 컨센서스가 형성되어 있지 않지 않느냐 하는 느낌을 받습니다. 그리고 그와 같은 점이 바로 지금 김상용 선생과 김남진 선생님이 조금 다른 뉘앙스로 말씀하시는 배경에 혹시 있는 것은 아닌지 하고 생각해 봅니다.

또 가령 私的 自治의 原則으로부터 여러 가지 폐해가 나오는데 그 폐해를 시정하는 것은 중요한 일이라고 하면서 다른 한편으로, 사적 자치를 지나치게 제한하는 것은 옳지 않다고 합니다. 그런데 도대체 사적 자치의 폐해가 구체적으로 어떤 것인지 알아내는 것도 문제이거니와 나아가서 지나치게 制限하는 것은 안 된다 할 때, 도대체 어디까지가 지나친 것이고 어느 한도 내에서는 허용되는 것이냐는 것입니다. 이와 같이 規制를 강화하고자 하는 쪽에서도 원용할 수 있고, 규제를 완화하자는 편에서도 원용할 수 있는 立論은, 결국 일종의 정치구호나 선전구호와 같은 것으로 濫用될 수 있는 것이 아니냐는 생각입니다.

　　지금까지 법학을 하신 분들이 土地公槪念에 관련된 제도
를 마련할 때 참가해 온 樣式을 살펴보면, 政府에서 하고자
하는 일에 대해 과장된 논리를 제공하는 것이거나 制度의 지
엽말단적인 내용에 대해 再考를 바란다는 내용에 그친다는 느
낌을 받곤 했습니다.

　　우리 憲法에 재산권은 보장하도록 되어 있고, 나아가서
土地에 대해서는 필요한 規制와 義務를 가할 수 있도록 규정
하고 있습니다. 토지가 가지는 여러 가지 특성 때문에 토지에
대하여는 특수한 制限을 할 수 있고, 이것이 헌법에 규정되어
있는 것입니다.

　　그런데 그와 같은 限界 내에서 政策을 입안하시는 분의
裁量의 餘地가 있는 것은 틀림이 없는 것 같습니다. 그 한계
내에서 A와 B라는 두 가지의 선택이 있을 수 있는데, 법학을
하는 사람이 해야 할 일은 그와 같은 限界를 명확하게 해주어
야 하는 것이 아니냐는 것입니다. 말하자면 원리와 관련하여
비례의 원칙이라든지 여러 가지 말씀이 있었습니다만, 그것보
다도 도대체 우리 사회의 현재 상황 하에서 비례에 맞는 규제
는 어떤 것이고 비례에 맞지 않는 것은 어떤 것이라는 구체적
인 기준이 제시되어야 할 것입니다. 특히 국민들이 절대적인
利害를 갖고 있는 土地問題에 접근하는 사람으로서는 긴요한
자세가 아닌가 생각합니다.

　　각도를 달리하여 생각하여 보면, 법학을 하는 분들은 전
통적으로 현재 행하여지고 있는 實定法의 해석과 論理의 體系
化에 주력을 해오신 것이고, 어떤 정책구상을 하는 작업은 지
금까지 많이 하지 않았다는 생각이 듭니다.

　　公法하시는 분들은 그와 같은 제도구상 내지 정책결정에
관계하는 일이 많을지도 모르겠습니다. 예를 들면, 헌법을 만
드는 일은 가장 차원높은 政策決定에 속하는 일이 아니겠습
니까. 그에 비해서 私法을 전공하시는 분들은 로마법 이래 이
천년 동안 존재해 온 기존제도의 내용을 풀어가는 작업을 주
로 했기 때문에 그와 같은 정책적 문제에 관한 접근에 있어서
는 자기제한적인 겸허한 자세가 필요하다고 생각합니다.

　　법학자로서 政策問題에 접근하는 것이 과연 어떠한 의미
를 가지고 있느냐 하는 것에 대한 반성이 없이는 이미 기본적
인 틀이 결정되어 있는 제도에 뒷북을 쳐주거나 말단적인 문
제에 대해 의견을 제시하는 데 그치고, 그 제도를 총괄적으로
평가하는 일은 공허한 것이 되고 말 것입니다. 예를 들면, 어
떤 것은 지나치게 사적 자치를 제한한다고 하는데, 그러면 지
나치지 않은 것은 어떤 것이냐라고 하는 의문은 지금 당장 토
지문제가 눈앞에 현실로 와 있기 때문에 제기되지 않을 수 없
습니다.

　　제가 지적하고 싶은 것은 이러한 立論方式으로는 토지문
제에 대한 해결책이 적극적으로는 제시될 수 없다는 것이고,
또한 법학자들은 적어도 현재는 그러한 입론방식 외에는 낯설

다는 점입니다. 그래서 보다 자기억제적인 자세가 필요한 것
이 아닌가, 이것이 제가 전체적으로 말씀을 드리고자 하는 것
입니다.

그 다음에 일반적으로 토지의 法的 規制와 관련한 문제에
관해서 제가 생각한 것은 여러 선생님들이 아까 말씀하신 것
과 大同小異합니다. 가령 부동산등기를 의무화하는 것이 토지
문제의 해결에 올바른 수단이 될까 하는 의문을 가지고 있습
니다. 의문을 가진다고 해서 그것이 안 된다라고 얘기할 수는
없습니다. 왜냐하면 그와 같은 것이 가질 수 있는 여러 가지
사실적인 영향에 관해서 끝까지 생각, 조사를 하지 않았기 때
문입니다. 적어도 지금까지는 法學하는 사람들은 그와 같은
문제를 끝까지 생각해 보는 것을 本職으로 하지 아니하였습
니다.

따라서 어떤 제도가 옳으냐 그르냐에 관해서 법학을 하는
사람들에게 대답을 하라고 하면 그냥 상식적인 얘기만 합니
다. 이 문제에 관해서 여러 가지 사회과학적인 접근을 하시는
분들로부터 정책적 사고를 배우고 그 의미를 비판적으로 흡수
하는 자세가 필요하지 않을까 하고 생각합니다.

여러 가지 土地政策에 관해서 제 나름대로의 생각을 가지
고 있습니다만, 그것이 과연 학문적 뒷받침이 있는 주장이 될
수 있느냐 하는 점에 대해서는 제 스스로 의문을 가지고 있기
때문에, 오늘 토론회의 토론자로 임하면서도 토지정책의 내용
에 관해서는 더 이상 말씀드릴 수가 없고 이상 말씀드린 것으

로 토론자의 직책을 면할까 생각합니다.

[土地政策의 方向과 課題, 全經聯文庫 38(1990), 105면 이하 所載]

[後　記]

이 글은 1990년 9월 5일에 당시 한창 행하여지고 있던 소위 土地公槪念論議와 관련하여 전국경제인연합회(「全經聯」)에서 개최한 「土地政策의 方向과 課題」라는 政策討論會에서 「公共福利와 財産權」이라는 제 2 주제의 토론자로서 행한 토론 내용을 錄取한 것이다. 말이 중복되고 논리가 거친 점이 있다.

不動産登記特別措置法案의 問題點

1. 글머리에

이미 알려져 있는 대로 政府는 지난 6월에 不動産登記 申請義務의 도입과 實去來内容에 부합하지 않는 일정한 登記 申請行爲에 대한 刑事處罰規定의 신설을 주된 내용으로 하는 "不動産登記特別措置法案"(이하 단지 "法案"이라고만 한다)을 국무회의의 의결을 거쳐 국회에 제안하였다. 신문보도에 의하면, 政府와 與黨은 이번 임시국회에서 이를 통과시킬 방침이라고 한다. 이 法案을 준비하는 과정에서 정부는 지난 달 5일 公聽會를 여는 등 나름대로 각계의 의견을 듣는 節次를 밟았다. 그럼에도 불구하고 이번 국회에 제출된 法案의 내용을 보면 쉽사리 그 타당성을 납득하기 어려운 몇 개의 規定을 담고 있다.

소위 不動産投機를 막기 위한 정부의 노력을 이해하지 못하는 바는 아니다. 그러나 그 方法에 있어서 法案의 내용과 같이 不動産登記節次에 强制的 내지 刑罰的 要素를 도입하는 것이 과연 合目的的인가에 대하여는 의문이 있다. 不動産登記制

度는 원래 당사자들 자신의 의사에 맡겨 처리하는 私人의 부동
산에 관한 權利關係를 그에 대하여 利害關係를 맺고자 하는 私
人을 위하여 公示하는 데 그 일차적인 存在理由가 있고, 그리하
여 그 제도의 전체적인 구조가 利害當事者 자신이 스스로 그
절차 등을 주도해 나간다는 바탕 위에 서 있기 때문에, 法案이
정하는 바와 같은 强制的 要素의 도입은 자칫 異質物의 무리한
混和이기 쉬운 것이다. 아닌게아니라 이 法案도 그러한 무리를
부분적으로 범하고 있는 것으로 생각된다.

　　또한 이번 法案의 궁극적인 의도는 실제의 去來內容이 충
실히 등기부에 반영되도록 함으로써 課稅資料를 확보하고자
하는 데 있다고 하겠다. 그러나 과세자료는 원래 국가가 나서서
확보하여야 하는 것인데, 개인이 이를 위하여 국가에 협력하지
않는 것만을 가지고 조세포탈 등의 사실이 없는데도 원래 납부
하여야 할 租稅 이외에 過怠料, 나아가서는 刑罰 등의 不利益을
과할 수 있겠느냐 하는 憲法 차원의 문제도 제기될 여지가 있
다고 생각된다.

　　나아가 이 法案이 법률로 성립된다고 하여도 그것이 不動
産投機를 막는 데 어느 만큼의 실효성을 가질 것인지 의문이다.
이 法案에 의하더라도 당사자들이 합의하여 그 去來의 目的을
公權力에 대하여 은폐하는 한 공권력이 이를 탐지해낼 장치가
없기 때문이다. 그런데 市場經濟 아래서의 去來는 당사자 쌍방
이 契約條件에 합의하는 것, 즉 그 雙方의 滿足을 전제로 하여
이루어지는 것이 원칙이다. 따라서 이 法案은 다른 土地去來規
制法律들과 마찬가지로 수많은 「潛在的 犯人」만을 만들어낼

뿐 당사자들이 그 거래의 내용에 모두 만족하는 한 不動産投機
를 막을 수는 없지 않을까 하는 것이다.

　　이상과 같은 점을 포함하여 기타의「總論的」問題點에 대
하여는 이미 大韓辯協이 지난 달 15일에 개최한 "不動産登記特
別措置法案에 대한 討論會"에서 주제발표를 하신 柳鉉錫 변호
사께서 남김없이 지적하셨으므로 여기서는 더 이상 논급하지
않기로 한다(그 주제발표의 要旨는 당일 배포된 참고책자에 수록되
어 있다). 여기서는 논의를 法案의 각 규정의 타당성에 대한
「各論的」檢討만을 하기로 하되, 그에 있어서도 위 주제발표
의 내용과 중복되지 않는 한도에서 특히 문제가 있다고 생각
되는 몇 개의 사항에 한정한다. 그러한 의미에서 本稿는 극히
단편적인 素描에 그치는 것임을 미리 밝혀 둔다. 그리고 論議
의 편의를 위하여 賣買와 같은 雙務契約이 체결된 경우만을
상정하기로 한다.

2. 法案 제 6 조 後段

　　이에 의하면 契約의 履行이 완결되어 所有權移轉登記를
신청할 수 있는 자는 소유권이전등기만을 신청하여야 하고,
그 이외의 등기, 가령 소유권이전등기청구권 보전을 위한 假
登記를 신청하여서는 안 된다. 그리고 이에 위반하는 때에는
3년 이하의 懲役이나 1억원 이하의 罰金에 처하여진다(法案
제 8 조 제 2 호). 그러므로 가령 부동산매매계약의 이행을 모두

끝낸 당사자들이 어떠한 이유로 우선 假登記를 신청한 경우에
는 그들에게 그 신청 자체만에 의하여 위와 같은 형벌이 과하
여질 수 있는 것이다. 그러나 假登記制度 자체를 폐지하거나
애초 假登記할 수 있는 경우를 제한하는 것은 몰라도, 假登記
를 할 수 있도록 허용하여 놓고서는(뿐만 아니라 不動産登記法
제37조는 특히 假登記假處分制度를 두어, 가등기권리자의 일방적
신청으로 간이하게 가등기를 할 수 있는 길을 열어 두고 있다) 그
에 따라 가등기를 신청하였다고 하여 위와 같이 엄한 형벌을
과하는 것은 도저히 이해하기 어렵다. 아마도 정부는 不動産
投機가 가등기를 이용하여 행하여지고 있다고 보고 이를 막기
위하여 위와 같은 규정을 두려는 것으로 추측된다. 그러나 投
機를 목적으로 부동산을 거래한 경우에 대하여는 法案이 따로
制裁規定을 두고 있다. 즉, 法案 제 2 조에서 정하고 있는 登記
申請義務는 바로 所有權移轉의 本登記의 신청의무를 말하는
것이므로, 假登記만 하고 本登記를 하지 않은 경우에는 同條
에 정하는 申請義務의 懈怠 또는 未登記轉賣를 이유로 하는
제재를 가할 수 있고(法案 제 8 조 제 1 호 참조), 또 그로써 충
분하다. 反對給付가 완전히 이행된 후라고 해서 假登記를 하
지 못할 이유가 없는 것이다.

3. 法案 제 9 조 제 2 호

法案은 소위 名義信託登記에 대하여 이를 엄격하게 禁壓

하는 태도를 취하여서, 租稅의 免脫, 投機 및 法律의 回避라는
세 가지의 위법목적(法案이 刑事罰을 가할 수 있는 것으로 정하
는 行爲類型에는 대부분 이 3종의 위법목적이 있을 것이 요구되고
있다. 그 예외 중의 하나가 앞서 본 法案 제6조의 경우이다)이 없
음을 大法院規則에 의하여 疎明하는 경우에만(이 법안이 그대
로 국회를 통과하는 경우 大法院이 이 疎明에 관하여 어떠한 내용
의 規則을 정할 것인지 자못 흥미로운 바 있다) 예외적으로 이를
허용하고 있다(法案 제7조 제2항). 이러한 例外의 규정방식
기타에도 의문이 없는 것은 아니다. 그러나 특히 문제가 되는
것은 法案이 비록 명의신탁등기를 신청함에 있어서 앞서 본
세 가지의 違法目的이 없는 경우에도(違法目的이 있으면 法案
제8조 제1호에 의하여 3년 이하의 징역이나 1억원 이하의 벌금
에 처하여진다), 그와 같이 違法目的이 없음을 疎明하지 않은
경우에는 그것으로써 1년 이하의 懲役 또는 3천만원 이하의
罰金에 처할 수 있도록 하고 있는 점이다(法案 제9조 제2호).
이는 부당하다. 가령 宗中이 宗中代表者에게 그 명의를 신탁
하여 등기를 한 경우에(이러한 경우에는 違法目的이 없다는 것이
擔當實務者의 견해이다. 法案에 대한 금년 6월 8일자의 黨政協議
資料 8면 참조), 단지 위법목적이 없음을 소명하지 아니한 채
등기신청을 하였다고 해서 宗中代表者를 벌하여야 할 것인가.
實體的으로 可罰性의 근거를 이루는 違法目的이 없다면 그 疎
明의 절차를 밟지 않은 것만을 가지고 刑事罰을 가하는 것은
다른 法定節次 위반의 경우와 비교하여 보아도 극히 過渡한
制裁를 가하는 것으로서 부당하다.

4. 法案 제11조 但書

法案은 제2조에서 소유권이전을 내용으로 하는 契約을 체결한 당사자 쌍방에 대하여 일정한 경우에 소유권이전등기를 신청하여야 할 의무를 부과하고, 제11조 본문에서 登記權利者가 "正當한 事由 없이" 그 登記申請을 해태하면 그에게 登錄稅額의 5배 이하에 상당하는 금액의 過怠料를 부과할 수 있도록 정하고 있다. 그리고 제11조 단서는 "다만 登記義務者의 責任 있는 事由로 登記를 申請하지 못한 때"에는 登記權利者가 아니라 登記義務者에게 과태료를 물린다고 정한다. 이는 곧 登記節次에 협력할 義務의 債務不履行(예를 들면 매도인이 대금을 다 지급받고도 등기이전에 필요한 서류를 매수인에게 교부하지 않은 경우 등)이 모두 過怠料賦課事由가 됨을 의미한다. 이는 한편으로 과태료 부과 여부를 民事上의 債務不履行 유무의 판단에 걸리게 하여 法體系에 혼란을 가져 오고 過怠料裁判의 신속하고 효율적인 進行을 불가능하게 할 뿐만 아니라, 다른 한편으로 왜 不動産所有權移轉義務의 불이행에 대하여서만 過怠料가 부과되는가 하는 衡平의 문제를 제기하게 한다. 또한 法案의 입법취지라는 면에서도 登記義務者는 일반적으로 부동산투기와 관계없는데 그에게 과태료를 과할 이유가 없다.

5. 其　　他

(1) 法案 제2조 제1항은 契約이 取消, 解除되거나 無效인 때에는 登記申請義務가 없다고 정하는데, 그 경우에는 實體法上의 登記義務 자체가 없으므로, 이는 단지 注意的으로만 의미 있는 규정일 것이다(가령 解除條件이 성취된 경우 등을 생각하여 보라). 오히려 문제되었어야 할 것은 (i) 당사자 일방에게 取消權 또는 解除權이 있으나 아직 取消 등의 意思表示를 하지 않고 있는 경우에도 등기신청의무를 과할 것인가(장차 取消 등의 의사표시를 하면 결국 말소되어야 할 登記를 신청하도록 강제할 필요가 있는가), (ii) 權利移轉型 擔保契約의 경우는 어떠한가 등이다(이 後者의 경우에 대하여는 法案 제3조 제1항 제4호 후단이 檢印을 받아야 할 契約書에 기재하여야 할 事項의 하나로서 "評價額 및 그 差額의 精算에 관한 事項"을 들고 있어서, 이 法律이 이 경우에도 適用됨을 전제로 하고 있는 것으로 생각된다. 그러나 그러한 계약에 대하여 이 법률을 어떠한 범위 내에서 어떠한 내용으로 적용할 것인가에 관하여는 많은 의문이 있다).

(2) 法案 제2조 제2항은 가령 買受人이 대금을 다 지급하고나서 다시 "第3者에게 契約當事者의 地位를 移轉하는 契約을 締結하고자 할 때"에는 그 계약 체결 전에 먼저 체결된 계약에 따라 所有權移轉登記를 신청하여야 한다고 정한다. 그러나 계약당사자의 지위를 이전하는 계약이 유효하게 체결되

고 나면 前當事者는 이미 계약당사자로서의 권리의무를 부담하지 않으므로, 實體法上의 登記移轉義務도 부담하지 않는다. 반대로 契約當事者의 지위를 제 3 자에게 이전하려고 하는 자가 위 규정에 따라 먼저 체결된 계약에 따른 所有權移轉登記를 받았다면 이로써 그 契約上의 權利義務關係가 이미 종결된 경우가 대부분일 것이므로 더 이상 그 계약당사자의 지위를 이전하는 계약을 유효하게 체결할 수 없다(移轉의 目的物이 不存在하여 그 이행이 原始的으로 不能인 契約이다). 그런데도 위 規定이 마치 그러한 계약을 有效하게 체결할 수 있는 것처럼 정하고 있는 것은 앞뒤가 모순된다.

(3) 法案 제 2 조 제 4 항은 所有權保存登記의 申請義務를 부담하는 자로서 "所有權移轉을 내용으로 하는 契約을 체결한 者"라고 하여 그 당사자 쌍방을 지칭하고, 제12조는 이를 해태한 登記權利者에게 과태료를 부과할 수 있다고 한다. 그러나 保存登記를 신청할 수 있는 자는 不動産登記法 제130조, 제131조에 의하여 제한되어 있으므로, 아무리 契約當事者에게 등기신청의무를 부과하여 보아도 同條의 요건을 갖추지 못하는 한 그 實行이 불가능하다. 그러므로 위 不動産登記法 規定과의 調整이 필요하다. 또한 保存登記의 경우에는 원래 登記權利者의 개념이 인정되지 않으므로 이 경우 過怠料義務者를 정할 때 이에 대한 고려가 있어야 한다.

(4) 위에서 본 대로 法案은 刑事罰을 가할 수 있는 行爲類

型들에 관하여는 대부분 위의 3종의 위법목적이 있을 것을
요구하고 있다. 그 중에서 投機目的의 경우는 이를 "다른 時
點 간의 價格變動에 따른 利得을 얻으려 할 目的"이라고 표현
하고 있다. 그러나 이 표현은 그 內容이 지나치게 불명확하고,
따라서 恣意的인 運用의 우려가 있다고 생각된다.「投機」라는
말 자체 그 내용이 명확하다고는 할 수 없는 데 따르는 불가
피한 어려움이라고 할 것인가.

　　　　　　　　　[法律新聞, 1952호(1990. 7. 16), 14면 所載]

[後　記]

　1. 부동산등기특별조치법은 국회에서 별다른 수정 없이
통과되어 1990년 8월 1일 법률 제4244호로 공포되었다. 本文
의「法案」은 모두 그대로「法」으로 바꾸어도 무방하다. 따라
서 本稿는 오히려 현행법에 대한 입법론적 비판으로 읽을 수
있겠다.

　2. 本文의 1. 말미에서 언급한 大韓辯協의 토론회 내용은
주제발표문을 포함하여 同會의 기관지인「人權과 正義」의
167호(1990. 7)에 수록되어 있다. 그 토론회에는 著者도 토론
자로 참가하였다.

　3. 本文의 3.에서 말한 바 있는 大法院規則(제1128호)

제 2 조는 法 제 7 조 제 2 항에서 정하는 "他人의 名義를 빌려 所有權移轉登記를 하고자 하는" 경우의 登記申請에 대하여 규정하고 있다. 거기에는 명의신탁자와 명의수탁자가 기명날인한 서면을 등기신청서에 합철하여 제출하도록 하였는데, 그 서면에는 다른 사항과 아울러 "명의신탁의 등기를 하는 사유"를 적도록 하였다. 이 규정은 「명의신탁의 등기」가 신청되는 경우, 즉 명의신탁약정을 등기원인으로 하여 등기신청을 하는 경우만을 규율하는 것인지 등 의문이 없지 않았다. 그러나 뒤의 4.에서 보는 대로 그 후 法 제 7 조 제 2 항이 삭제되었으므로, 이를 전제로 하였던 위 규칙 규정도 효력을 잃었다고 하겠다.

4. 그 후 1995년 공포·시행된 「不動産實權利者名義登記에 관한 法律」은 위법목적의 유무와는 무관하게 명의신탁을 금지하고 있고, 이로써 명의신탁의 금지 및 처벌에 관한 부동산등기특별조치법 제 7 조, 제 8 조 제 3 호, 제 9 조 제 2 호는 삭제되었다.

占有離脫動産의 所有權讓渡

──動産所有權變動과 占有와의 關係에 관한 一問題──

1. 問題의 提起

민법 제188조 제 1 항(이하 민법의 조항은 그 法名을 붙이지 않고 인용하기로 한다)은 "動産에 관한 物權의 讓渡는 그 動産을 引渡하여야 效力이 생긴다"고 규정하여, 動産物權變動에 관한 大原則으로 소위 引渡主義를 선언하고 있다. 여기서 「引渡」란 점유의 이전을 의미함은 의문의 여지가 없는바, 민법은 동산물권양도의 요건으로서의 引渡에는 「現實의 引渡」이외에, 소위 簡易引渡(제188조 제 2 항), 占有改定(제189조), 目的物返還請求權의 讓渡(제190조)와 같은 「意思表示만으로 하는 引渡」(郭潤直, 物權法, 再全訂版(1985), 193면 및 金曾漢, 物權法講義(1985), 84면의 표현) 또는 「觀念上의 引渡」도 포함되는 것으로 규정하고 있다. 동산물권양도에 있어서 이와 같은 형태의 引渡가 문제될 수 있는 것은 동산소유권에 한한다고 하는 것이 일반적인 이해이다. 왜냐하면 점유권은 두말할 필요도 없고 기타의 동산물권, 즉 留置權이나 質權에 있어서는 점

유가 권리의 발생요건 내지 존속요건으로서, 소유권에서보다
더욱 엄격하게 현실적인 지배가 요구되고 있으며, 또 각각 特別
規定, 즉 유치권에 관하여는 제320조, 제328조, 질권에 관하
여는 제330조, 제332조의 적용을 받기 때문이다(이에 관하여는
郭潤直, 위 책, 191면; 金容漢, 物權法論, 全訂版(1985), 154면
참조). 따라서 이하에서는 동산소유권의 양도만을 문제삼기로
한다.

    그러나 가령 소유자가 그 動産의 점유를 그 의사에 기하
지 아니하고 상실한 경우, 가령 분실하였다거나 도난당한 경
우 그 소유권의 양도는 어떠한 방법으로 가능한가 또는 이러
한 경우에는 아예 소유권을 양도할 수 없는 것이 아닌가 하는
의문이 생긴다. 왜냐하면 위에서 본「의사표시만으로 하는 引
渡」의 경우에는 소유권 양수인이 直接占有 또는 間接占有를
취득하는 것이 원칙이어서(그 예외에 대하여는 후술한다 2.(3)
참조), 동산소유권양도에 관한 占有要件은 유지되고 있다고
할 것인데(占有要件의 機能 내지 任務와의 관련에서의 평가는 후
술한다 3.(2) 참조), 위와 같은 占有離脱動産에 있어서는 그러
한 占有關係를 설정할 여지가 없고, 따라서 그에 관한 소유권
의 양도가 인정된다면 동산물권변동에 관한 引渡主義가 전혀
지켜질 수 없다고 할 것이기 때문이다.

    이러한 문제에 대하여는 현재까지 별로 논의된 일이 없으
므로 간단히 살펴보기로 한다.

2. 第190條의 適用範圍

(1) 제190조는, "第三者가 占有하고 있는 動産에 관한 物權을 양도하는 경우에는 讓渡人이 그 第三者에 대한 返還請求權을 양수인에게 讓渡함으로써 動産을 引渡한 것으로 본다"고 정하고 있으므로, 위와 같이 분실 또는 도난된 동산을 점유하는 자가 있는 한, 양도인이 그 자에 대하여 가지고 있는 所有權返還請求權(제213조)을 양도함으로써 同條의 요건을 충족할 수 있는 것처럼 생각되기도 한다. 그러나 (2)에서 설명하는 바와 같이 통설은 同條의「返還請求權」이란 채권적인 청구권을 말하는 것이고, 소유물반환청구권과 같은 物權的 請求權은 이에 포함되지 않는다고 하므로 문제는 그리 쉽지 않다.

그리고 가령 소유자가 동산을 분실하였으나 아직 아무도 습득하지 않은 경우와 같이 그 동산을 점유하는 자가 현재 없는 경우에 대하여는, 위 규정의 적용이 논의될 여지가 처음부터 없으므로(우리 제190조와 동일한 내용의 독일민법 제931조의 해석과 관련하여, 이러한 경우에도 將來의 所有物返還請求權, 즉 장차 이를 습득하는 자에 대한 rei vindicatio의 讓渡의 문제로서 同條의 적용 여부를 논하는 입장도 있다. 가령 Eichler, Institution des Sachenrechts, 2. Bd., 1. Halbb.(1957), S. 146 참조), 역시 문제는 남는다.

(2) 通說은 제190조의「반환청구권」에 物權的 請求權은

포함되지 않는다고 한다(郭潤直, 위 책, 195면; 金容漢, 위 책,
157면; 金曾漢, 위 책, 88면. 독일의 경우에도 마찬가지이다). 왜냐
하면 이러한 경우에는 所有權移轉의 合意와 返還請求權의 讓
渡에 의하여 所有權이 이전함으로써 物權的 請求權도 이전하
기 때문이라고 한다. 말하자면 소유권이전이 있기 때문에 양
수인이 소유자로서 당연히 물권적 청구권을 행사할 수 있는
것이지, 물권적 청구권이 양도됨으로써 소유권이 이전되는 것
은 아니라는 것이다. 그러나 단순히, 물권적 청구권은 物權으
로부터 파생하여 물권에 의존하는 權利이어서 물권과 분리하
여 이것만을 따로 양도할 수는 없기 때문에(大判 80. 9. 9, 80다
7(공보 643, 13162)은 이 점을 분명히 하고 있다. 이 사건에서, 原
告는 자기 소유의 대지 위에 권한 없이 건물을 소유하고 있는 被告
에 대하여 물권적 청구권에 기하여 건물철거 등을 청구하는 訴를
제기한 후, 그 垈地를 제3자에게 매도하고 등기를 이전하였다. 原
審은, "매도인의 매수인에 대한 목적물인도의무를 이행하기 위하여
당사자 사이의 契約으로 물권적 청구권을 매도인, 즉 原告에게 유
보한 것으로 봄이 상당하다"고 하여 原告의 청구를 인용하였다. 大
法院은 "물권적 청구권은 소유권과 분리하여 이를 前所有者에게
유보시킬 수는 없으며, 이는 前所有者에게 目的物引渡義務가 있다
고 해도 마찬가지"라고 判示하여 原審判決을 파기하였다. 그 외에
이미 大判(全) 69. 5. 27, 68다725(集 17-2, 103) 참조), 소유권 양
도에 관한 合意와는 별개로 소유물반환청구권만의 양도란 생각
할 수 없기 때문이라고 설명할 수도 있을 것이다(가령 Münch-
Komm/Quack, § 931 Rdnrn. 10, 24 참조).

(3) 그런데 이 경우「반환청구권」이란 채권적 청구권만을 말한다고 하여도, 그것을 반드시 間接占有의 기초가 되는 法律關係(제194조 참조)로부터 발생하는 채권적 청구권만에 한정(가령 金容漢, 위 책, 156면이나 金曾漢, 위 책, 88면은 이러한 취지인 것처럼 보인다)할 필요는 없고, 법률의 규정에 기한 반환청구권, 가령 不當利得을 이유로 하는 占有의 返還請求權도 포함한다고 볼 것이다(Soergel/Mühl, 10. Aufl., § 931 Bem. 4(S. 264) 참조. MünchKomm/Quack, § 931 Rdnr. 11은 占有回收請求權 등도 이에 포함된다고 한다). 요컨대 소유권을 양도하는 자에게 점유를 취득할 法的 可能性을 부여하는 것이면 충분하기 때문이다.

그러면 분실 또는 도난된 동산을 제3자가 점유하고 있는 경우에 소유자는 제3자가「점유」를 부당이득하고 있다고 하여 반환청구를 할 수 있는가. 만일 이를 할 수 있다고 하면 所有者는 이 청구권을 양도함으로써 제190조에 의하여 動産物權을 양도할 수 있게 될 것이다.

이는 소위「占有의 不當利得」의 문제로서, 더 깊은 검토를 요하는 것이나, 결론적으로는 비록 점유가 재산적 가치가 있는 것이라고 하더라도 위와 같은 경우에는 소유자는 점유자에 대하여 不當利得返還請求權을 가지지 못한다고 할 것이다. 왜냐하면 占有離脫物에 대한 所有者의 占有回復關係는 전혀 物權法的 규율(가령 제201조 내지 제203조)에 의함이 타당하다고 생각되기 때문이다. 다시 말하면,「損失者(不當利得請求權者)의 意思에 기하지 않은 財貨移轉」에 관하여 인정되는 不當

利得類型 중에서 타인의 법익의 침해(주관적인 귀책사유를 필
요로 하지 않는다)에 기한 이득의 반환을 내용으로 하는 소위
侵害利得返還請求權(Eingriffskondiktion)은, 소유권을 그 원형
으로 하는 物權 기타 법적으로 보장된 이익의「財貨配屬機能」
을 보충·실현하는 역할을 담당하는 것이므로(第3者가 자기
소유의 물건, 가령 食品을 점유하고 있으면 소유물반환청구권을 행
사할 수 있으나, 그가 이를 먹어 버렸을 때는 이미 이를 행사할 수
없고 그 대신으로 부당이득에 기하여 價額返還請求權이 발생한다
는 것을 생각하여 보라), 일단 물권법에서 그와 같은 기능을 담
당하는 法的 裝置를 마련하고 그 행사가 가능한 이상 이에 더
하여 부당이득반환청구권을 인정할 필요가 없는 것이다(만일
점유가 損失者의 意思에 기하여, 가령 履行行爲로 양도되었을 때
그 반환을 위하여 기능하는 不當利得返還請求權, 즉 소위 給付利得
返還請求權(Leistungskondiktion)의 경우는 이와 다른 고려를 요
한다).

3. 占有離脱動産의 所有權 讓渡

(1) 그렇다면 점유이탈동산의 소유자는 그 소유권을 자신
의 의사에 의하여 처분할 수 없는가. 앞서 본 대로 제188조
제 1 항은 "인도하여야" 動産物權이 양도된다고 하므로 도대
체 제190조가 정하는 반환청구권의 양도와 같은 소위 觀念的
인 引渡조차 불가능한 경우에는 인도가 있을 수 없어 所有權

讓渡가 불가능한 것이 아닌가 하는 의심이 든다.

　그러나 꼭 그렇게 해석하여야 하는가. 양도할 수 없는 所有權이란 실제로 큰 의미가 없다고도 할 수 있는데, 당사자들이 양도를 의욕함에도 引渡가 불가능하다고 해서 양도 자체가 불가능하다고 할 것인가? 引渡要件은 소유권의 讓渡性을 무색하게 할 수 있을 만큼의 의미를 가지는가?

　(2) 動産所有權의 讓渡에 引渡, 즉 占有의 이전을 요구하는 취지는 무엇인가. 흔히 다음과 같이 설명되고 있다.

　즉 물권에는 排他性이 있기 때문에 어떤 물건에 대하여 어떤 사람이 가령 소유권을 가지면 다른 사람은 같은 소유권을 가질 수 없다. 그런데 近代法에 있어서 所有權은 現實的 支配를 요소로 하지 않는 觀念的 權利로 구성되어 있으므로 그 취득에 관한 불안 없이 소유권 거래를 하려면 그 권리의 귀속과 내용을 외부에서 인식할 수 있도록 하는 일정한 表象, 즉 公示方法이 필요하다. 그리고 물권의 완전한 취득은 이러한 공시방법을 갖춤으로써 비로소 가능하게 된다는 것이다. 그런데 不動産의 경우에는 앞서 본 관념적 권리로서의 소유권의 개념에 부응하여 현실적 지배와 상관없는 공시방법, 즉 登記制度가 마련되어 있으나, 동산의 경우에는 원칙적으로 그와 같은 방법이 마련되어 있지 않다(또는 마련할 수 없다). 그러므로 근대의 物權去來의 理想에는 미흡하나마, 物件을 점유하는 자는 本權도 가지고 있는 경우가 많다는 生活經驗에 따라 占有를 동산에 관한 공시방법으로 인정한다는 것이다. 이와 같

이 동산물권의 공시방법으로서의 점유는 처음부터 內在的인
限界를 가지고 있는 것이다.

그런데 民法은 動產物權讓渡에 관하여 요구되는 占有移
轉, 즉 引渡의 요건을 현실의 인도에 한정하지 않고 위와 같
이 관념적인 인도로도 족하다고 한다. 이것은 결국 동산물권
의 양도에 있어서는 위와 같은 공시방법에의 요구를 극도로
완화함을 의미한다. 특히 動產物權의 讓受人이 현실적인 점유
를 취득함이 없이 거래당사자 사이의 의사만에 의한 물권변동
을 인정하는 占有改定 및 目的物返還請求權의 양도에 의한 引
渡看做制度는 物權變動에 대한 外部的 表象의 필요라는 공시
주의의 취지를 포기하는 것이다. 왜냐하면 그 경우에는 당해
거래의 당사자 이외의 사람은 물권의 변동을 인식할 가능성이
없기 때문이다(독일의 통설과는 달리 返還請求權讓渡의 경우 讓
渡通知를 요구하는 우리 通說의 태도는, 가능한 한 對第3者關係
에 대한 고려를 베푼다는 입장에서 수긍할 만한 점이 있다). 민법
은 이와 같이 하여 발생한 점유와 실제의 권리관계와의 乖離
를, 선의의 거래자에게 善意取得을 인정함으로써 메꾼다는 취
지인 것이다(그러나 善意取得制度도 당해 物件에 관한 去來만을
보호하고, 다른 去來當事者의 信賴까지도 보호하는 것은 아니다.
가령 그 물건이 現占有者의 責任財產에 속한다고 잘못 믿고 그의
資力을 신뢰하여 그와 신용거래한 자를 생각하여 보라. 이러한 一
般債權者의 利益에의 고려는 일반적으로는 무시될 수 없는 利益衡
量要素이다).

(3) 위와 같이 動産物權變動에 있어서 引渡라는 요소가 가지는 의미가 미약한 것이라고 한다면, 占有離脫動産에 대하여 그 인도가 불가능하다고 하여 그 물권양도의 가능성을 박탈하는 것은 가혹한 것이 아닐까 생각된다. 오히려 이러한 경우에는 物權的 合意만으로 그 소유권이 양도된다고 하면 어떨까.

(a) 그와 같이 해석하지 않으면, 引渡不可能한 상태의 動産에 관하여 일단 所有權讓渡의 意思表示를 한 자가 가령 후에 다시 동산의 점유를 회복할 경우에는 이를 원칙적으로 유효하게 다시 처분할 수 있게 되는 부당한 결과가 된다. 즉 그 경우 그는 無權利者로서 처분한 것이 아니라 자기의 소유물을 이중으로 처분한 것이 되어 그 동산을 後의 讓受人에게 인도하면, 이 자가 선행하는 처분에 관하여 惡意라도 원칙으로(즉 判例의 立場에 따른다면 第2의 處分이 反社會的인 法律行爲로서 무효가 아닌 한) 그 자가 소유권을 취득하게 된다. 先行處分 당시 현실의 인도이든 관념적인 인도이든 점유의 이전을 할 수 없었던 자(이러한 引渡의 主觀的인 不能은 원칙으로 그가 책임져야 할 領域에 속한다)가 후에 점유를 회복하였다고 하여 그에게 이와 같이 유효한 處分可能性을 인정하는 것은 타당하지 않은 것으로 생각된다.

或者는, 점유이탈동산의 소유권을 양수하는 物權的 合意를 한 자는 위와 같은 양도인의 이중처분에 관한 危險을 스스로 引受한 것이 되므로 위와 같은 결과도 감수할 수밖에 없다고 할지 모른다. 그러나 이러한 주장은 논의의 先後를 뒤바꾼 것이 아닌가 생각된다. 왜냐하면 讓渡人의 二重處分의 위험은 바로 占有離脱動産에 관하여도 그 所有權讓渡에 대해서 引渡要件을 과하는 태도를 취함으로써 발생하게 된 것이기 때문이다.

또한 위와 같이 소유권이 인도 없이 이전된다고 해석하더라도, 후에 점유를 회복한 원소유자로부터 그 동산을 善意·無過失로 양도받은 자는 선의취득의 규정에 의하여 보호받으므로 그러한 第3者의 信賴保護라는 측면이 특히 무시되는 것도 아니다.

그리고 다른 한편으로 占有離脱動産에 관하여는 일반적으로 原所有者의 一般債權者들의 利害, 가령 그로 인한 辨濟能力에 대한 信賴의 保護 등이 요구되는 경우란 거의 상정할 수 없다.

(b) 또한 문제의 동산을 점유하는 자가 있을 경우(애초에는 누구의 점유에도 속하는 일이 없었으나 후에 拾得 등으로 이를 점유하는 자가 생긴 경우도 마찬가지이다)에도 讓受人이 所有者로서 바로 所有物返還請求權을 가진다고 하는 것이 법률관계를 간명하게 한다.

이 때 讓受人이 소유권을 취득하지 못하였으므로, 그가 權限 없는 占有者로부터 점유를 회복하려면, 자신의 讓渡人에 대한 目的物引渡請求權을 보전하기 위하여 그가 점유자에 대하여 가지는 所有物返還請求權을 대위하여 행사하여야 한다고(제404조 참조) 해석하는 것은 불필요한 우회로라고 생각된다. 이와 같은 해석에 의한다면 讓渡人과 占有者 사이의 關係의 推移에 따라서는, 讓受人에게 난처한 문제가 발생할 수도 있다. 가령 讓受人이 제405조 제 2 항에 의한 通知를 하기 전에 讓渡人이 占有者와의 사이에 그에게 "占有할 權利"(제213조 단서)를 부여하는 내용의 법률관계를 맺은 경우에는 이미 讓渡人은 占有者에 대하여 점유의 이전을 청구할 수 없는 것이다.

이에 관련하여서는 바우르의 다음과 같은 지적이 타당한 것으로 생각된다. "만일 소유자가 간접점유도 가지지 못할 경우에는 그의 소유권이란 것은 기본적으로 소유물반환청구권 이상의 내용이 없다. 따라서 그가 소유권 양도에 合意하였다면 그에는 思考必然的으로 그 반환청구권의 양도도 포함된다."(Baur, Lehrbuch des Sachenrechts, 12. Aufl.(1983), §51 Ⅵ 1 (S. 475))

따라서 마치 債權讓渡에 있어서와 마찬가지로 이 경우에도 이미 양도인은 占有者에 대한 權利行使를 하지 못한다고 할 것이다.

(c) 다음과 같은 의문이 제기될지도 모른다. 즉 부동산의 경우에는 소유자 이외의 사람 앞으로 등기가 되어 있으면 소유자가 그 등기명의를 회복하거나 현재의 등기명의자와의 사이에 讓受人 앞으로 직접 등기하여 주기로 약정하지 않는 이상 所有權移轉은 불가능하고, 그 때 부동산소유권양도에 관한

합의만으로 소유권이 양도되는 일은 있을 수 없다. 그렇다면 동산에 있어서도 마찬가지라고 해야 할 것이 아닌가 하는 것이다.

물론 不動産과 動産을 포함하는 모든 權利對象에 적용될 수 있는 단일한 物權變動理論을 세우는 것은 思考의 經濟를 위하여서도 바람직한 일이다. 그러나 민법 자체가 부동산물권변동과 동산물권변동에 관하여 각기 별도의 條文을 두고 있다. 특히 公示方法에 관하여서는 전혀 별개의 장치를 채택하고 있으며 물권변동에 있어서 그와 같은 공시방법이 차지하는 의미도 상당한 차이가 있음은 위에서 본 대로이다. 여기서 문제되고 있는, 動産物權讓渡의 要件으로서의 引渡는 민법의 규정상으로도 이미 形骸化되어 있는 반면, 부동산물권변동에 있어서 登記의 역할은 특별한 정함(가령 제187조 본문과 같은)이 없는 한 함부로 이를 축소 내지 제한할 것은 아니다.

그렇다면 부동산물권변동에 관한 法理를 들어 위와 같은 해석을 비난할 수 없는 것이 아닐까.

"反對의 見解는, 所有者로 하여금 어떠한 종류의 公示性에 대한 配慮 없이도 處分을 용이하게 또는 가능하게 한다는 규정(독일민법 제931조[= 우리 民法 제190조])의 목적을 간과하고 있다."(MünchKomm/Quack, § 951 Rdnr. 6.)

(d) 동산의 물권변동에 관하여 우리 민법과 유사한 규정을 두는 독일에 있어서도 다수의 학설은 위와 같이 해석하고 있다(가령 Baur, Wolff/Raiser, Westermnan, Soergel/Mühl, Münch-

Komm / Quack 등).

[考試界, 348호(1986. 2), 201면 이하 所載]

[後　記]

近者에 독일에서 占有離脱動産의 所有權讓渡를 다룬 Martin Avenarius, Übereignung besitzloser Sachen und Vindikationszession, JZ 1994, 511은, 다음과 같은 에피소드를 소개하면서 이것이「현재의 문제」임을 말하려고 한다. 즉 1994년 초에 뉴욕에서 열린 소더비社의 競賣에서, 옛 소련이 달에 착륙시킨 宇宙船이 10만 마르크 이상의 가격으로 팔렸다고 한다. 그 우주선은 아직 달에 있고 그것을 다시 지구로 가져올 전망은 아예 없는데도 말이다. 법 공부도 때로는 꿈을 가질 필요가 있는지 모른다.

他人의 土地 위에 있는 建物

1. 序　說

(1) 우리 民法이 建物을 土地와는 별개의 物件으로 다룬다는 원칙 위에 서 있음은 주지하는 대로이다. 民法典에서 그 점을 명문으로 정하는 규정은 없으나, 간접적으로 이를 전제로 하는 규정은 드물지 않다. 그 대표적인 예로서는 민법 제279조 이하의 地上權에 관한 규정들(가령 제279조는 "地上權者는 他人의 土地에 建物 … 을 所有하기 위하여 그 土地를 使用하는 權利가 있다"고 정하여, 土地所有權과 建物所有權이 별개의 것임을 전제하고 있다), 傳貰權에 관한 일부의 규정들(가령 제304는 "他人의 土地에 있는 建物에 傳貰權을 設定한 때…" 운운하여 건물에 대하여 토지와는 별도로 전세권이 설정될 수 있음을 정하고 있다), 法定地上權에 관한 제366조("抵當物의 競賣로 인하여 土地와 그 地上建物이 다른 所有者에 속한 경우…"), 그리고 賃貸借에 관한 일부의 규정들(가령 제622조는 "建物의 所有를 목적으로 한 土地賃貸借"에 관하여 정한다)을 들 수 있을 것이다. 따라서 不動産登記法이 건물에 대하여 토지와는 별도로 登記簿

를 두는 것도 당연한 일이다(同法 제14조 제1항 등).

이러한 우리 民法의 태도가 立法例로 보아서는 예외적인 경우에 속한다고 하는 것도 역시 널리 알려져 있다(그렇다고 하여 外國에서 建物을 별도로 거래의 객체로 하는 方途가 애초 봉쇄되어 있다고 하는 것은 아니다. 독일이나 프랑스에서도 土地所有者 이외의 자가 土地利用權, 즉 地上權(Erbbaurecht; droit de superficie)에 기하여 建物을 소유하는 경우에는 그 利用權者는 건물을 이용권과 함께 처분할 수 있다. 이 경우 土地所有者는 垈地所有權(Grundeigentumsrecht; droit de tréfonds)을 처분할 수 있다. 그러나 이들 나라에서는 土地所有者가 建物을 소유하고 있는 경우에는 각기 처분할 수 없고, 각기 처분하려면 地上權의 設定이라는 迂遠한 방도를 취하여야 한다). 그리고 立法論으로서는 建物을 토지와는 별개의 物件으로 할 필요가 없으며, 이를 토지의 "本質的 構成部分"으로 다룸이 옳다는 견해도 있다(예를 들면 郭潤直, "現行 不動産登記法의 問題點", 서울대 法學 29권 1호 (1988), 92면 이하 참조).

(2) 이와 같이 建物을 土地와 별개의 물건으로 다루는 태도를 택하는 경우에는, 가령 甲 소유의 토지 위에 乙 소유의 건물이 존립할 수 있다. 이와 관련하여 다음과 같은 사례를 생각하여 보자.

　　　甲은 서울 관악구 신림동 100번지의 토지 100평의 소유자이다. 그리고 그 토지 위에는 1층으로 된 30평의 주택 1동이 존재하고 있다. 이를 전제로 다음의 각 물음에 답하라.

　　　1) 위 주택은 甲의 동의를 얻거나 기타 그 토지를 이용
할 권리 없이 乙이 그 비용으로 건축한 것이고, 乙은 이 건물
을 미등기인 채로 丙에게 매도하고 그 대금을 다 받은 후 丙
에게 인도하여 주었다(현재도 未登記이다). 丙은 그 주택의
일부를 丁에게 인도하여 주었다. 그리하여 현재는 丙과 丁이
그 가족들과 같이 살고 있다.

　　　甲은 자신의 이익을 보다 잘 관철하기 위하여 누구에 대
하여 어떠한 請求를 할 수 있는가(使用利益 返還이나 損害賠
償의 문제는 제외).

　　　2) 위 주택은 甲 명의로 소유권등기가 되어 있는 甲의
소유물이다. 甲의 채권자인 A가 위 토지를 강제경매에 붙인
바 그 경매절차에서 乙이 이를 경락받아 그 소유권을 취득하
였다. 그 후 甲의 다른 채권자인 B가 위 주택을 강제경매에
붙여서 그 경매절차에서 丙이 이를 경락받아 그 소유권을 취
득하였다.

　　　(a) 乙은 위 토지의 소유권을 매매계약에 기하여 丁에게
양도하였다. 丁은 丙에 대하여 그 주택의 철거를 요구하는데,
그 요구는 법적으로 관철될 수 있는가.

　　　(b) 丙은 위 주택의 소유권을 매매계약에 기하여 戊에게
양도하였다. 乙은 戊에 대하여 그 주택의 철거를 요구하는데,
그 요구는 법적으로 관철될 수 있는가.

이상은 이번 학기의 期末考査 問題에 최소한의 변경을 가
한 것이다(筆者의 이와 같은 소위 「事案解決型 問題」에 대한 기본
적인 생각에 대하여는 梁彰洙, "負擔 있는 不動産의 賣買", 考試硏
究 1989년 11월호, 70면 이하(本書 381면 이하 所載)를 보라). 筆
者는 이에 대한 학생들의 答案紙를 보면서, 建物이 他人의 土
地 위에 존재하는 경우의 法的 問題의 어떤 점들에 관하여서
명확하게 해 둘 점이 있는 것으로 생각되어, 위 問題에 대한

探點의 「일응의 基準」(이에 대하여는 위 글, 71면(本書 382면)
참조)을 겸하여 위 事例를 풀어 보기로 한다(아래 2.는 위 문제
1)에 대응하고, 아래 3.은 위 문제 2)에 대응한다).

2. 未登記建物에 대한 撤去請求 등

(1) 他人의 土地 위에 地上權이나 傳貰權 또는 賃借權과
같은 利用權原 없이 建物을 건립한 경우에는 그 建物이 土地
에 부합한다고 보아야 하지 않는가 하는 問題가 제기된다(민
법 제256조, 특히 단서 참조). 만일 이를 긍정한다면 위 事例에
서 甲은 그 建物의 소유권을 취득하므로, 단지 不當利得規定
에 의한 補償義務(민법 제261조), 즉 不當利得返還義務를 부담
하는 데 그치게 된다.

우선 不動産에의 附合이 인정되는 것은 동산에 한하는가,
아니면 부동산도 포함되는가. 이에 관하여는 견해가 나뉜다.
多數說은 動産에 한정한다고 하고(郭潤直, 316면 이하; 金曾漢,
161면; 李根植, 313면; 李英俊, 465면; 張庚鶴, 480면), 少數說은
不動産도 포함된다고 한다(金顯泰, 164면 이하). 한편 判例(大
判 62. 1. 31, 4294民上445(郭潤直, 判例敎材 物權法(1973), 358면)
는 抽象論으로서는 後說을 취하는 듯하나, 그 事案은 窯場에
존재하는 煙突, 즉 굴뚝에 관한 것으로서 이를 不動産이라고
할 수는 없지 않을까 생각된다(다시 말하면 소위 「判例의 態度」
는 아직 확정적인 것이 아니라고 할 것이다).

이 점에 대하여 前說을 취한다면 建物이 土地에 부합할 수는 없으므로, 결국 위 問題는 부정적으로 답할 수밖에 없다. 그러나 後說을 취하는 입장에서도, 특히 建物은 土地에 부합하지는 않는다고 인정되고 있다.

土地와 建物을 별개의 물건으로 보는 태도는 우리가 이를 依用民法에서 이어받은 것이다(그 전의 우리 慣行은 그렇지 않았다고 한다. 郭潤直, 위 글, 93면). 한편 他人의 토지 위에 권원 없이 건물이 건립된 경우에 관하여 日本民法의 起草者들은 그 건물이 토지에 부합한다는 태도를 취하였다고 한다. 그러나 그 후 日本의 學說은 "日本의 慣習"을 내세워 이에 반대하였고, 현재는 이를 부인하는 데 異論이 없다고 한다(이 점 瀨川信久, 不動産附合法の硏究(1981), 10면 참조). 우리 法에서도 判例와 通說은 이 점에 대하여 확고히 土地에의 附合을 부인하는 태도를 취하고 있다(가령 李英俊, 465면. 實務에 있어서의 수많은 建物撤去請求事件이 이를 반증하여 준다).

따라서 위 사례에서 乙은 그 비용으로 건물을 건축함으로써 그 소유권을 별도로 原始取得한 것이라고 하여야 하고, 그 건물이 토지에 부합되는 것은 아니다(참고로 말하면 이 점을 誤解하여 乙이 지은 건물이 甲 소유의 토지에 부합한다고 답한 경우가 의외로 많았다).

(2) 이와 같이 위 사례에서 비록 토지에 대한 利用權原이 없이 건축된 경우라 할지라도 建物이 土地에 부합하지 않는다고 하면, 土地所有者 甲으로서는 다음의 두 가지 방도 중의

하나를 선택할 수밖에 없다. 즉 그 건물의 존재를 容認하여 이를 위한 土地利用權을 설정하여 주고 그 對價를 받든가, 아니면 이를 撤去하고 그 土地를 인도받음으로써 土地所有權의 원만한 사실적 실현을 도모하든가의 선택이 그것이다. 그런데 前者의 方途는 당사자 간의 새로운 합의를 요구하는데, 建物所有者에 대하여 이러한 合意를 법적으로「請求」할 수는 없는 일이므로, 여기서 論議할 바가 되지 못한다. 그러므로 後者에 논의를 집중하기로 한다.

(a) 만일 건물의 존속에 새로운 利害關係를 가지는 丙이나 丁이 나타나지 않았다면 法律關係는 비교적 단순하다. 즉 甲은 建物의 소유자인 乙을 상대로 그 철거와 대지의 인도를 청구하면 족하다(민법 제214조, 제213조). 建物의 所有者는 현실로 그 건물을 사용하지 않고 있더라도 그 所有 자체로써 그 垈地를 占有하는 것으로 보아야 할 것이다(大判 67. 9. 19, 67다1401(카드 2067); 大判 81. 9. 22, 80다2718(공보 668, 14373) 등 判例도 同旨).

(b) 그런데 위 사례에서는 乙이 그 건물을 丙에게 매도하고 대금까지 다 받은 다음 이를 丙에게 인도하여 주었다. 이러한 경우에 甲은 누구를 상대로 위와 같은 청구를 하여야 할 것인가. 이와 관련하여서는 우선 위 건물의 소유관계를 명확하게 하여 둘 필요가 있다.

위 (1)에서 본 乙의 建物所有權 取得은 민법 제187조에서 말하는 "法律의 規定에 의한"것으로서 그 登記가 없어도 효력이 있다(新築建物의 所有權 取得에 관하여는 우선 梁彰洙, "登記 없이 일어나는 不動産物權變動", 司法行政 1990년 6월호, 68면 이하 참조). 그러나 그가 이 소유권을 양도(또는 기타 처분)하려면, 즉 法律行爲에 의하여 이전하려면, 원칙으로 돌아가서 讓受人이 所有權登記를 얻어야 하고, 단지 意思表示만으로 所有權讓渡의 효력이 발생하는 것은 아니다(이것이 민법 제187조 단서의 의미이다. 그 외에 가령 그 讓渡의 原因行爲(위 事例에서 乙과 丙 간의 채권적 매매계약)의 效力에는 乙의 所有權登記 여부가 아무런 영향을 미치지 않는다. 이 점에 대하여는 梁彰洙, 위 글, 71면 참조). 그런데 위 사례에서 丙은 乙로부터 위 건물을 매수하고 인도까지 받았으나, 아직 그 所有權登記를 하지 못하였다. 따라서 丙은 아직까지 위 건물의 소유권을 취득하지 못하고 있다.

그런데 建物撤去는 建物所有權을 소멸시키는 종국적인 處分(處分에는 사실적 처분과 법률적 처분(소위 處分行爲)의 두 종류가 있는데, 建物撤去는 前者에 속한다)이므로, 處分할 권한이 있는 사람을 상대로 이를 청구하여야 하는 것이 원칙일 것이다(垈地引渡請求에는 별다른 문제가 없다. 뒤에서 보는 大判 88. 5. 10, 87다카1737(공보 826, 947)도 참조). 그렇다면 위와 같은 경우에도 甲은 乙을 상대로 청구하여야 하는가. 이에 관한 判例의 태도에는 변화가 있었다고 할 수 있다. 民法이 시행된 후 얼마 되지 않아서 大判 66. 6. 15, 65다685(集 13-1, 196)은, 제3자 명의로 所有權保存登記가 되어 있는 건물의 철거를 청구한 事件에서, "건물과 같이 토지와 독립하여 소유권의 대상이 되는 물건의 철거를 구하는 소송에 있어서는 그 현재의 소유자를 상대로 하여야 할 것이고, 그 현재의 소유자라 함은 부동산물권변동에 관하여 형식주의를 채택하고 있는 신민법 아래에서는 등기가 통모에 의한 가장 등 무효한 것이 아닌 이상 일응 현재의 등기상의 소유권자를 말한다 할 것이고, 등기부상의 소유권자에 대하여 내부적으로 소유권을 주장할 수 있는 것에 불과한 사실상의 소유자를 말한다 할 수 없는 것"이라고 판시하여 그 請求를 棄却하였었다. 여기서「사실상의 소유자」란 구체적으로 등기명의자와 어떠한 관계에 있는 사람을 말하는 것인지 분명하지는 않으나, 위 事例에서 丙과 같은 지위에 있는 자는 아마도 이에 포함된다고 해야 할 것이다. 그러나 그 1년 뒤에 未登記建物을 매수하고 점유하고 있는 자에 대하여 建物의 撤去를 청구한 사건에서 大判 66. 10. 18, 66다1538(總覽 2-2(A), 458-3)은 다음과 같이 판시하여 그 청구를 인용하였다.

"원래 建物의 撤去는 그 소유권의 종국적인 處分에 해당되는 事實行爲인 만큼 原則的으로는 所有者(현행 민법 하에서는 원칙적으로 登記名義者)에게만 그 收去處分權이 있다고 할 것이나, 入住使用중인 未登記建物의 소유권을 前主로부터의 買受에 의하여 채권적으로 취득하였고 前主의 引渡에 의하여 이를 占據하게 되었다면 그 취득한 권리의 범위 내에서 그 점거중인 건물에 대하여 法律上 또는 事實上 이를 처분할 수 있는 지위에 있다고 할 것이므로 所有權을 부당하게 침해받고 있는 所有者로서는 위와 같은 자에게 그 점거중인 未登記建物의 撤去를 구할 수 있다고 할 것이다."

이러한 趣旨의 판결은 그 후에도 반복되고 있다. 가령 大判 67. 2. 28, 66다2228(集 15-1, 179); 同 69. 7. 8, 69다665(集 17-2, 310); 同 88. 5. 10, 87다카1737(공보 826, 947) 등이 그러하다. 이러한 一聯의 판결들은 모두 未登記建物에 관하여 매도 기타 양도의 원인행위가 이루어지고, 그 양수인이 "前主의 引渡에 의하여" 현재 그 건물을 점유하고 있는 경우에 대한 것이었다(그러나 大判 86. 12. 23, 86다카1751(공보 794, 233)은 登記된 建物에 대하여도 이러한 法理를 인정하고 있다).

이러한 判例의 태도는 정당한 것이라고 생각된다. 그것은 未登記買受人이 그 건물을 "법률상 또는 사실상 처분할 수 있는 지위"에 있다는 法律論을 액면 그대로 수긍하기 때문이 아니다. 建物撤去 및 垈地引渡訴訟의 被告가 누구가 되어야 하는가 하는 문제에 관한 한 위와 같은 태도가 合目的的이기 때문이다. 말하자면 訴訟의 當事者가 누구이어야 하는가의 문제는 반드시 實體法의 관점(가령 處分權의 귀속)만이 그 기준이 되는 것은 아니며, 가령 누가 그 訴訟物에 대하여 가장 잘 그 利益을 주장할 지위에 있는가 하는 관점도 더불어 고려되어야 하는 것이다. 만일 위 사례와 같은 경우 乙을 피고로 하여야 한다면, 첫째, 乙은 이미 건물을 매도하고 그 대금까지 다 수령한 자이므로 訴訟遂行에 불성실할 우려가 있고, 둘째, 丙은 그 철거로 말미암아 일단 직접적인 손해를 입게 되는 자인데 소송에서 자신의 이익을 방어할 기회를 놓치게 되며, 셋째, 土地所有者인 원고 甲으로서도 乙의 주소 등을 알지 못하면 소송을 진행시키는 데 어려움이 있을 수 있다.

결국 甲은 丙을 상대로 하여 위 建物의 撤去와 그 垈地의 引渡를 청구할 수 있다. 그리고 이것이 乙을 상대로 하는 것(乙을 상대로 하여서도 그 청구를 할 수 있는가 하는 것도 음미를 요하나, 일단 긍정하여야 할 것으로 생각된다)보다 甲의 "이익을 보다 잘 관철"하는 것임에는 의문의 여지가 없다. 왜냐하면 甲으로서는 그 訴訟相對方의 수를 보다 적게 하는 것이 有利하다고 할 것인데, 만일 乙을 상대로 한다면, 이와 아울러 丙도 그 상대방이 되어야 하므로(그는 현재 위 建物의 일부를 直接占有하고 있으므로 그를 상대방으로 일정한 청구를 하지 않을 수 없다) 被告의 숫자만 많아질 것이기 때문이다.

(3) 土地에 대한 利用權이 없이 존재하는 建物을 임차하여 이용하고 있는 자에 대하여 土地所有者는 어떠한 청구를 할 수 있는가(참고로 말하면 이 점에 대하여는 아예 言及조차 하지 아니한 答案이 상당수 있었다).

그 賃借人이 賃貸人에 대한 관계에서 어떠한 地位에 있는지(가령 그 賃借權이 對抗力이 있는 것이든 아니든, 또는 소위 少額保證金의 보호를 받는 임차인인지 아닌지)에 상관없이, 建物의 賃借人은 그 賃借權을 土地所有者에게 대항할 수는 없다. 물론 건물임차권은 건물 자체만을 대상으로 하는 것이 아니라, 그 건물의 이용에 필요한 범위 내에서 그 건물의 대지도 이용할 수 있다고 할 것이다. 그러나 그것은 어디까지나 賃貸人에 대한 관계에서 가지는 權利이지, 그와 관계없는 土地所有者에 대하여 그 권리를 대항할 수는 없는 것이다.

　이러한 建物 占有는 결국 土地所有權을 "방해"하는 것이라고밖에 할 수 없다. 따라서 위 事例에서 土地所有者인 甲은 建物의 賃借人인 丁에 대하여 그 방해의 除去, 즉 보다 구체적으로는 退去를 청구할 수 있다(大判 65. 9. 28, 65다1571등(카드 1726)은 "대지소유자는 그 대지 상에 건물을 존치할 수 있는 정당한 권원을 가지지 아니하는 건물소유자에 대하여 그 건물을 철거하고 그 부지인 대지의 반환을 청구할 수 있고, 그 경우에 대지소유자는 건물거주자에 대하여도 직접 그 건물로부터 퇴거하고 대지를 반환할 것을 청구할 수 있다"고 한다).

3. 法定地上權

　(1) 어떠한 土地 위에 建物이 존재하고 그 兩者가 모두 동일한 사람에게 소유되고 있다가, 일정한 事由(그 중에 强制競賣가 포함됨은 물론이다)로 그 각 소유자가 달라지게 된 경우에는, 다른 특별한 사정이 없는 한, 建物所有者가 그 建物의 所有를 위하여 그 垈地에 대한 法定地上權을 가지게 된다는 것이 확고한 判例이고, 이러한 判例의 집적에 의하여 이 법리는 慣習法이 되었다고 하겠다(판례는 애초부터 이것을 「慣習上의 法定地上權」이라고 이름붙이고 있으나, 이는 단지 민법 제185조에서 요구하는 物權法定主義를 만족시키기 위한 言辭에 불과하다. 筆者의 생각으로는 위와 같은 法定地上權은 민법 제366조의 擴張適用의 결과라고 하면 족할 것이었다).

따라서 위 사례에서 乙이 土地에 대한 競賣節次에서 이를 경락받아 그 소유권을 취득하게 됨과 동시에 그 당시 建物의 所有權을 가지고 있던 甲은 그 대지에 대하여 法定地上權을 취득한다. 이와 관련하여서는 두 가지 주의할 것이 있다.

첫째, 이 경우에 대하여는 민법 제366조가 적어도 직접 적용되지 않는다. 同條는 토지 또는 건물(또는 兩者 모두)에 대한 抵當權의 實行으로 그 각 소유자가 달라진 경우에 대하여 정하고 있는 것이고, 위 사례에서와 같이 一般債權者에 의하여 개시된 强制競賣에서 달라진 경우에 대하여 정하는 것은 아니기 때문이다.

둘째, 法定地上權은 乙이 토지소유권을 경락취득하는 때에 甲이 취득하게 되는 것이고, 후에 건물에 대한 강제경매가 진행되어 丙이 이를 경락취득하였을 때 비로소 丙을 위하여 설정되는 것은 아니다(이 점을 誤解한 答案이 대다수였다). 만일 그렇지 않다면, 위 사례에서 甲이 건물소유권을 계속 보유하였다면 그는 건물을 위하여 그 대지를 이용할 권리가 없어 이를 철거하여야 한다는 결과가 되는 것이다.

丙은 위와 같이 그를 위하여 法定地上權이 존재하는 建物(甲 소유)의 所有權을 B에 의하여 개시된 競賣節次에서 취득한 것이다. 그러면 이 때 甲의 法定地上權은 어떻게 되느냐. 判例는 "경락인이 건물을 경락한 후 철거하거나 헐어버리거나 하는 등의 賣却條件 하에서 경매가 되는 등 특별한 사정"이 없는 한은 그 법정지상권도 그 건물의 소유권과 함께 경락인에게 당연히 이전되며, 이는 "위 건물의 경매에 의해서 당연히 동 건물과 같이 그에 부수해서 이루어지는 것이므로 그 이전에 등기를 요한다고 할 수 없다"고 한다(大判 76. 5. 11, 75 다2338(集 24-2, 33). 그 후의 大判 79. 8. 28, 79다1087(공보 619, 12193); 大判 85. 2. 26, 84다카1578등(공보 750, 469) 등도 同旨). 이는 즉 甲의 法定地上權 취득이 민법 제187조에서 말하는 "法律의 規定에 의한 不動産物權變動"임에는 의문의 여지가 없고, 나아가 丙도 이 法定地上權을 위 競落에 의하여 취득한 것으로서 역시 민법 제187조에 의하여 그 移轉登記 없이도 이를 취득한다는 취지라고 할 것이다(마치 土地의 相續人이 相續登記를 하기 전에 사망함으로써 재차 相續이 일어난 경우와 같이).

결국 乙은 丙의 法定地上權의 부담이 있는 土地所有權을 보유하고 있는 것이며, 이는 그 法定地上權이 등기되었는지 여부에 의하여 영향을 받지 않는다. 물론 이 경우 丙은 土地所有者인 乙에 대하여 地上權登記請求權을 가진다(丙은 단지 甲에 대하여 地上權移轉登記請求權만을 가지고 이를 보전하기 위하여 甲이 乙에 대하여 가지는 地上權登記請求權을 대위행사할 수 있는 것에 불과하다는 見解도 있을 수 있다).

(2) 그렇다면 위 사례 2) (a)에서, 그 후 乙이 위 토지의 소유권을 丁에게 양도하였더라도, 丁은 이미 法定地上權의 부담이 있는 土地所有權을 취득할 수 있을 뿐이고, 物權인 法定地上權을 가지는 丙은 당연히 이를 土地轉得者인 丁에게 대항할 수 있다(同旨: 大判 67. 6. 27, 66다987(카드 1222); 大判 88. 9.

27, 87다카279(集 36-2, 154) 등). 따라서 丁은 그 法定地上權이
소멸하지 않는 한 丙에 대하여 그 建物의 철거를 청구할 수
없다.

　　물론 이 때 丁은 그 讓受의 원인행위인 賣買契約에 기하
여 다른 요건이 갖추어졌다면 乙에 대하여 擔保責任(민법 제
575조 제1항 참조) 등을 물을 수 있다.

　　⑶ 나아가 위 사례 ㈎에 대하여 본다.

　　⒜ 丙이 위 건물을 戊에게 매도하고 소유권을 양도하였
더라도 이는 어디까지나 건물에 대한 소유권이 양도된 것이
고, 丙이 가지는 法定地上權이 법률행위에 기하여 이전되려면
양수인인 戊 앞으로 地上權登記가 이루어지지 않으면 안 된다
(위 2.⑵⒝ 冒頭의 민법 제187조 단서에 관한 설명 참조). 이 점
에 대하여는 法定地上權은 오로지 건물의 소유를 목적으로 하
는 것이므로, 그 移轉登記 없이도 建物所有權의 처분에 당연
히 附從된다는 견해도 있다(가령 高翔龍, "法定地上權 讓受者의
法的 地位", 法律新聞 1612호(1985. 11. 11), 12면; 특히 徐敏, "法
定地上權 讓受人의 法的 地位", 民事判例研究 6집(1984), 61면 이
하. 이 견해에 찬성하는 입장으로는 金俊鎬, "法定地上權 讓受人의
法的 地位", 延世大 梅芝論叢 4집(1988), 249면 이하). 만일 이
견해에 따른다면, 戊는 法定地上權에 관한 登記를 경료함이
없이도 法定地上權을 취득하게 된다.

　　그러나 위와 같은 견해를 취하지 않는다고 하는 경우에

는, 아직 地上權登記를 경료하지 아니한 戊로서는 토지소유자 乙의 건물철거를 물리칠 방도가 없는가.

(b) 이에 대하여는 乙은 戊가 法定地上權을 아직 취득하지 못하였다고 해도 그 建物의 撤去請求를 관철할 수는 없다는 것이 최근의 확고한 判例의 태도이다(다른 한편 法定地上權을 가지는 建物所有者로부터 그 建物所有權을 讓受한 자는 민법 제213조 단서에서 정하는 "占有할 權利"를 가진다는 관점에서 동일한 결론에 도달하는 견해도 있다. 가령 尹眞秀, "法定地上權 성립 후 建物을 취득한 자의 地位(下)", 司法行政 1986년 7월호, 42면. 이미 徐敏, 위 글, 66면 참조). 그 이유는 다음과 같다.

등기되지 아니한 法定地上權을 가지는 建物所有者가 그 건물을 매도한 경우에는 "다른 특별한 사정이 없는 한 建物과 함께 地上權도 양도하기로 하는 채권적 계약이 있었다고 解釋할 것"이다(大判 81. 9. 8, 80다2873(集 29-3, 29); 위 大判 88. 9. 27. 등). 그러므로 建物買受人은 그 賣渡人에 대하여 그 地上權의 移轉登記를 청구할 수 있다. 그리고 만일 建物賣渡人이 현재 地上權登記를 갖추지 못하고 있는 경우에는, 매수인은 위 移轉登記請求權을 보전하기 위하여 매도인이 가지는 權利, 가령 土地所有者에 대한 地上權登記請求權을 代位行使함으로써 매도인 앞으로 地上權登記가 경료되도록 할 수 있다(위 大判 81. 9. 8. 및 同 88. 9. 27. 등).

그러므로 위 사례 (b)에서 法定地上權을 가지는 丙으로부터 建物을 매수한 戊는 丙에 대한 地上權移轉登記請求權을 보

전하기 위하여 丙을 대위하여 土地所有者 乙에 대하여 丙 앞
으로 地上權登記를 할 것을 청구할 수 있다. 이러한 경우에
地上權의 負擔을 용인하고 그 設定登記節次를 이행할 의무 있
는 乙이 그 權利者 戊에 대하여 그 건물의 철거를 구하는 것
은 信義則에 반한다는 것이다(大判(全) 85. 4. 9, 84다카1131등
(集 33-1, 174) 등. 그 전의 判例는 위와 같은 경우에 乙의 戊에 대
한 建物撤去請求를 인용하였었다. 가령 大判 82. 10. 12, 80다2667
(集 30-3, 118)).

　(c) 위와 같은 결론에 반대하는 견해도 없지 않다. 가령
이와 같은 방법으로 法定地上權을 강화한다면 건물이 있는 抵
當垈地만을 경락받고자 하는 사람이 없을 것이고 이는 곧 抵
當權者의 지위를 약화시키는 결과가 된다는 것이다(가령 黃迪
仁, "法定地上權 讓受人의 法的 地位", 考試硏究 1987년 4월호,
188면 참조). 그러나 이 견해에 의하더라도, 건물이 있는 抵當
垈地만을 경락받은 사람이 建物所有者에 대하여 法定地上權
의 부담을 진다는 데는 의문이 없을 것이다(이는 민법 제366조
가 정면으로 명하는 바이다). 그렇다면 그 한도에서 抵當權者의
지위는 애초부터 약한 것이라고 할 것이다. 오히려 문제는, 建
物所有者가 바뀐 경우에, 새로운 건물소유자가 地上權登記를
얻지 못하였다고 해서 垈地所有者가 종전에는 그 청구할 수
없던 建物의 撤去를 돌연 청구할 수 있게 될 이유는 도대체
무엇인가 하는 점에 있다고 생각된다.

　다른 한편 建物이 있는 垈地만을 경락받으려는 사람으로

서는 이러한 점을 감안하여 競買申請價格을 정하면 족한 것이고, 또 건물이 있는 경우에 그 垈地만에 대하여 抵當權을 설정받는 사람으로서도 이 점을 고려하여 信用提供의 額을 정할 것이므로 별다른 弊害는 없다고 할 것이다(同旨: 金俊鎬, 위 글, 249면 주 12).

[考試界, 408호(1991. 2), 92면 이하 所載]

[後 記]

本文의 3.(3)(a)에서 다룬 문제, 즉 법정지상권을 가지는 건물소유자가 건물을 양도한 경우에 법정지상권이 그에 관한 登記 없이도 당연히 讓受人에게 이전되는가 하는 문제에 대하여, 著者는 이는 부정하는 것이 옳으며 역시 등기가 필요하다는 입장을 취한다. 이를 긍정하는 입장에서는 민법 제100조 제 2 항("從物은 主物의 處分에 따른다")을 그 근거로 든다. 물론 이 규정이 權利 상호간에도 준용됨은 물론이나, 이는 일차적으로 당사자의 의사해석을 위한 것으로서, 從物 또는 從된 權利의 처분에 인도나 등기와 같은 당사자의 意思 이외의 要件이 필요한 경우에 그 요건이 충족되지 아니하고도 종물에 대한 권리변동이 당연히 일어난다는 의미는 아니다. 또 이 규정을 내세워 지상권이 등기 없이도 건물양수인에게 이전된다고 해석하는 것은 지상권이라는 별도의 물권관계에 대한 公示의 必要를 외면하는 것이고, 민법 제187조 단서의 취지에도 맞지 않는다. 本文의 3.(3)(b)에서 본 대법원의 裁判例도 건물 소유를 위한 법정지상권의 양도에 관하여 별도의 등기를 요한다는 태도를 전제로 하는 것이며, 특히 최근의 大判 96. 4. 26, 95다52864(공보 96상, 1702)은 법정지상권 있는 건물을 그 경락인(그는 등기 없이도 법정지상권을 취득한다. 민법 제358조 본문, 제187조 참조)으로부터 다시 양수한 사람은 지상권이전등기 없이는 "지상권자가 아니"라고 정면으로 판단하고 있다.

惡意의 無斷占有와 自主占有

　　부동산취득시효나 자주점유 추정에 관한 우리 민법의 관
련규정은 그 연원이 프랑스민법에 있다고 생각되는데, 프랑스
민법의 제정과정에서 논의된 바에 비추어 보면 이성호 판사님
이 말씀하신 대로 악의의 점유자에 대하여도 부동산 소유권의
취득시효를 인정한다는 태도를 전제로 하였음을 부정할 수 없
겠습니다. 그러나 그로부터 2백년 가까이 지난 지금, 다른 나
라에서의 입법적 결단이 현재의 우리에게도 그대로 타당하다
고 해야 하는지 의문입니다.

　　우선, 적어도 **입법론적으로** 보면, 등기된 토지에 대하여
장기의 점유를 원인으로 소유권의 취득을 인정하는 제도는 부
인함이 옳습니다. 독일이나 스위스도 그러한 입장입니다. 프
랑스에서와는 달리 우리 민법에서 등기가 부동산물권관계 전
반에서 가지는 일반적 의미가 정당하게 고려되고 관철되어야
합니다. 소유권을 가지는 자가 등기부에도 소유자로 기재되어
있는데 이를 제쳐 놓고 점유의 반환청구를 게을리하였다고 하
여 소유권 그 자체가 박탈된다고 하는 것은 부동산물권관계에

서 등기와 점유가 각기 가지는 기능 내지 지위를 전도한 것이
라고 생각합니다.

또한 우리 민법에서 제245조 제 1 항과 제 2 항 사이에는
불균형이 있다고 보입니다. 제 2 항의 요건을 충족할 수 있는
것은, 실제로는 만일 등기에 공신력이 인정된다면 바로 소유
권을 취득하였을 사람 이외에는 상정하기 어렵습니다. 제245
조 제 2 항과 동산선의취득을 정하는 제249조를 대비하여 읽
어보면 그 사이의 類緣性이 바로 드러납니다. 그러한 사람에
게도 10년간의 점유를 요구하면서, 제 1 항에서는 선의·무과
실의 점유자도 아니고 자기 명의의 등기도 되지 아니한 자,
따라서 등기 없는 악의의 점유자에게 단지 20년을 점유하면
그대로 소유권이전등기청구권을 인정하는 것은 평가상 불균
형이 있다고 생각합니다. 이러한 불균형을 어느 방향으로 시
정하는가가 문제입니다.

그러한 문제시각에서 보면, **해석론적으로** 제197조 이하의
추정규정이 제245조 제 1 항에의 적용에 있어서 문언대로, 기
계적으로 대입될 수 없다는 결론에 도달하게 됩니다. 그러므
로 1983년의 전원합의체판결의 입장에 대하여는 의문이 있습
니다.

장기간 점유하는 자에게 소유권을 주는 것이 부동산의 사
용가치를 제대로 살리는 것으로 정당화된다고 하는데, 사적
자치를 기본원리로 하는 민법에서는 사용가치의 극대화가 추
구되어야 할 第一義的인 價値가 될 수 없다고 생각합니다. 예

를 들면 민법은 아무리 가치 있는 물건이라도 소유자라면 이를 마음대로 처분할 수 있는 권능을 주어 가령 깨부수어 버리는 것도 허용하고 있는 것입니다.

또 부동산의 경우에는 점유를 통한 사용가치의 실현만이 문제될 수 없으며, 등기를 통하여 행하여지는 교환가치의 발현이라는 측면이 도외시되어야 할 이유가 없습니다. 가령 아무런 점유 없이도 행하여지는 저당권의 설정 등도 당당한 소유권의 행사입니다. 소유자가 타인이 점유하고 있는 동안에 저당권을 설정하여 자신의 권리를 행사하였음에도 왜 이와는 상관없이 점유자의 소유권 취득이 긍정되어야 하는지 이해되지 않습니다.

나아가 제197조 제1항에 관하여 본다면, 추정이란 외부에서 파악하기 어려운 내심의 의사와 같은 사실을 그야말로 쉽게 인지될 수 있는 객관적 사실로부터 미루어 짐작하는 것입니다. 그 배후에는 그 객관적 사실이 있으면 통상 그 추정되는 사실이 인정된다는 생활경험이 자리잡고 있어야 합니다. 그런데 타인 명의로 등기된 부동산을 점유하는 자에게 통상적으로 「그 부동산을 소유자와 같이 지배하려는 의사」가 있다고 말할 수 있겠습니까? 이를 긍정한다면 이는 선의를 추정하는 등으로 사람의 「온전한 의사」와 「적법한 행동」을 출발점으로 하는 법의 기본원칙에 반한다고 생각합니다.

점유자가 소유권 취득의 원인이 되는 행위, 가령 매매·증여 등에 기하여 점유를 취득한 경우에는, 그리고 그 경우에만 통상 그러한 소유의 의사가 있다는 것이 우리의 생활경험이 아닙니까? 그러므로 제197조 제1항은 그와 같은 소유권취득의 원인이 되는 행위가 있는 경우에만 적용된다고 해석되어야 할 것입니다. 그리고 그러한 행위의 존재는 제197조 제1항의 적용을 주장하는 자가 입증하여야 한다고 생각합니다. 또 그 추정은 그 원인행위가 무효인 경우에도 적용된다고 할 것입니다. 다만 점유자가 그 원인행위의 무효를 알았음을 상대방이 입증하였을 경우에 추정의 번복을 인정할 것인가는 별개의 문제입니다.

현재의 판례의 태도 중에서 가령 지방자치단체가 도로부지로 사유지를 점유하는 경우에 소유권의 취득시효를 인정하는 것도 문제입니다. 사용권의 인정만으로 족한 것 아닙니까? 판례는 타인의 토지 위에 분묘를 설치한 경우에는 자주점유를 부정하고 지상권 유사의 권리의 취득시효만을 긍정하고 있는데, 이것과 앞의 경우를 구분할 근거가 있는지 의문입니다. 국유지에 건물을 지은 경우나 자치단체가 도로시설을 유지하고 있는 경우는 분묘의 경우와 마찬가지가 아닙니까?

단지 소송에서 추정의 번복을 쉽게 하는 것만으로는 한계가 있습니다. 권원을 아예 밝히지 아니하거나, 밝히고 입증하려고 하다가 실패한 후 침묵하는 경우에도, 제197조의 추정을 적용한다는 것이 1983년 전원합의체의 태도가 아닙니까? 결국 제197조의 추정을 실체법적으로 제한적으로 해석하여야 할 수밖에 없다고 생각합니다.

　　그러한 의미에서 그 전원합의체판결에 반대합니다. 그 판결에서 폐기된 종전의 판결들이 옳다고 생각합니다. 거기서는 점유자가 자주점유의 권원이 되는 매매 등을 주장하였으나 그 입증에 실패한 경우 소유의 의사로 하는 점유가 인정되지 않는다고 하여 점유자를 패소시켰습니다. 앞서 말한 대로 이러한 경우는 점유자가 소유권 취득의 원인행위의 존재를 입증하지 못한 것이므로 제197조의 추정을 주장할 수 없고 달리 자주점유의 입증이 없으므로 당연히 패소되어야 하는 것입니다.

　　그리고 귀속재산 매수의 경우, 공유자 중 1인의 점유, 타인의 물건을 매수한 경우, 사립학교법 등 강행법규에 반하는 매수의 경우 등은 오히려 자주점유의 추정이 인정되어야 한다고 생각하는데, 판례가 반드시 그와 같은 태도를 취한 것이 그 경우에는 진정한 권리자의 권리주장을 유보하고(또는 예기하고) 점유하는 것이므로 이를 자주점유라고 할 수 없기 때문이라고 설명한다면, 바로 그 이유야말로 소유자 명의로 등기된 부동산을 점유하는 자 모두에게 적용된다고 하여야 하지 않을까요?

[判例實務硏究[Ⅰ](1997.9), 397면 이하 所載]

[後　記]

　　本稿는 1996년 7월 19일에 比較法實務硏究會에서 있었던 「惡意의 無斷占有와 自主占有」에 관한 제3회 세미나에서 著

者가 토론한 내용에 약간의 수정을 가한 것이다. 그 후 大判 (全) 97. 8. 21, 95다28625(集 45-3, 84)은, "점유자가 점유 개시 당시에 소유권 취득의 원인이 될 수 있는 법률행위 기타 법률요건이 없이 그와 같은 법률요건이 없다는 사실을 알면서 타인 소유의 부동산을 무단점유한 것이 입증된 경우에는 특별한 사정이 없는 한 점유자는 타인의 소유권을 배척하고 점유할 의사를 갖고 있지 않다고 보아야 할 것이므로 이로써 소유의 의사가 있는 점유라는 추정은 깨어졌다고 할 것"이라고 하여, 종전 판례의 태도를 전면적으로 버리는 획기적인 판단을 하였다. 그리고 이 태도에 기한 그 후의 수많은 裁判例에 의하여 自主占有의 推定을 정하는 민법 제197조 제 1 항은 이제 그 적용범위가 현저하게 축소되고 있다.

優先辨濟權 있는 賃金債權의
滿足으로 인한 後順位權利者의 法的 地位

    1. 근로기준법 제30조의 2 제 2 항은 "최종 3 월분의 임금과 퇴직금 및 재해보상금은 사용자의 총재산에 대하여 질권 또는 저당권에 의하여 담보된 채권, 조세·공과금 및 다른 채권에 우선하여 변제되어야 한다"고 정한다. 이와 같이 담보권에도 우선하여 변제를 받을 수 있는 권능(이를 「최우선변제권」 이라고 부르기로 하자)은 그 외에도 주택임대차보호법 제 8 조에 의하여 소액보증금임차인의 보증금반환채권에도 인정되고 있다. 이러한 우선특권은 법률이 일정한 종류의 채권을 가지는 자의 생존확보를 도모한다는 사회법적인 고려 등에 기하여 특별히 인정하는 예외적인 존재이다.

    그런데 위의 근로기준법 규정이 특이한 것은, 임금채권의 최우선변제권이 「사용자의 총재산」에 미치도록 한 점이다. 이는, 소액보증금임차인이 단지 임대차목적물인 주택과 그 대지에 대하여만 우선특권을 가지는 것과 현저한 대조를 이룬다.

2. 이와 같이 우선특권이 「사용자의 총재산」에 미치게 되면, 여러 가지 복잡한 문제가 발생하게 된다. 그 중의 하나가, 최우선변제권 있는 임금채권이 사용자의 어느 재산으로부터 만족을 얻은 경우에 바로 그 재산에 대하여 담보권을 가지는 사람은 어떠한 법적 지위에 놓이게 되는가 하는 것이다.

가령 사용자 S가 갑, 을 두 부동산을 가지고 있는데, 갑은 A은행을 위하여, 을은 B은행을 위하여 저당권을 설정하여 주었다고 하자. 그 후 근로자들의 최우선변제권 있는 임금채권이 갑 부동산의 경매절차에서 만족을 얻는다면, A은행은 그 한도에서 자기 채권의 만족을 얻을 수 없게 될 소지가 있다. 한편으로 임금채권이 소멸됨으로써 B은행은 A은행의 희생으로 그만큼 이익을 얻게 된다. 그 경우에 A은행은 어떠한 방법으로 자기 채권의 만족을 도모할 수 있는가, 특히 B은행에 대하여 어떠한 권리를 가지게 되는가? 말하자면 사용자의 재산에 후순위의 권리가 다수 설정된 경우에 그 후순위권리자들 사이에 어떻게 衡平을 확보할 것인가의 문제인 것이다.

3. 최우선변제권을 가지는 임금채권자가 사용자의 어느 한 재산으로부터 자기 채권의 만족을 얻은 경우에 그 재산에 대한 후순위권리자(A은행)가 다른 재산에 대한 후순위권리자(B은행)에 대하여 아무런 청구도 할 수 없다고 한다면, 이는 임금채권자의 우연한 결정에 의하여 각각의 후순위권리자의

법적 지위가 좌우된다는 결과가 된다. 이것이 용납될 수 없이
不當함은 명백하다.

　　이러한 경우에 나중에 B은행이 배당받은 돈을 부당이득
으로 반환청구할 수 있다고 하면 족하다고 할는지 모르나, 이
는 을 부동산에 대한 경매절차에서의 배당을 기다려서 하는
사후적인 구제에 불과하다. 뿐만 아니라, A은행의 부당이득
반환청구권이 긍정되려면, 나중에 행하여진 B은행에의 배당
으로 인하여 침해를 당하는 바의(따라서 그 침해로 인하여 얻은
B은행의 이익이 "법률상 원인 없는" 이득이 되게 하는 바의) A
은행의 권리가 무엇인지가 오히려 先決的으로 확정되어야 할
것이다.

　　4. 그런데 민법 제368조에서 정하는 共同抵當에 있어서
의 後順位抵當權者의 代位는 바로 이러한 경우에 후순위권리
자 사이의 형평을 달성하기 위하여 마련된 규정이다. 이 규정
은 비록 공동저당권의 경우에 대하여만 정하고 있으나, ① 우
선특권과 저당권의 성질상의 유사성, 특히 복수의 목적물("사
용자의 총재산")을 대상으로 하는 임금채권에 기한 우선특권과
공동저당권과의 유사성에 비추어, 또한 ② 동일한 이익상황에
서 동일된 결론이 내려져야 한다는 正義의 요청("같은 것은 같
게, 다른 것은 다르게 취급되어야 한다")에 의하여, 위의 예에서
와 같이「여러 목적물을 대상으로 하는」우선특권의 경우에도
유추적용되어야 할 것이다.

(1) 민법 중 유치권·질권·저당권에 관한 규정은 담보물권 일반에 적용되는 경우가 많다. 가령 留置權의 不可分性에 관한 제321조는 질권과 저당권에 준용되며(제343조, 제370조), 質權의 物上代位에 관한 제342조는 저당권에 준용된다(제370조).

이 점을 고려하여 보면, 민법 제368조는 저당권에 관한 규정이지만, 그것은 민법이 정하는 3가지 종류의 담보물권 중에서 목적물 위에 여럿이 성립하여 순위를 달리하는 복수의 권리자가 있을 수 있는 것이 저당권에 한정되고 나머지 유치권이나 질권의 경우에는 일반적으로 「후순위권리자」라는 것이 있을 수 없기 때문이라고 생각된다. 그러므로 민법 이외의 법률이 정하는 담보물권 중에 「후순위권리자」라는 것이 생길 수 있는 담보물권이 있다면, 비록 그 법률 중에 명문으로 정하지 않더라도 역시 민법 제368조가 준용 내지 유추적용되어야 할 것이라고 하겠다.

그런데 大判 90. 7. 10, 89다카13155(集 38-2, 163)은 "근로기준법 제30조의 2 제 2 항에 규정된 근로자의 최종 3 월분 임금에 대한 우선특권은 이른바 법정담보물권에 해당하는 것"이라고 성격규정하고 있다. 그런데 근로자의 우선특권에 대하여는 우선변제권이 있음을 정하는 위의 근로기준법 규정 하나가 있을 뿐이고, 그 권능의 내용이나 순위, 다른 권리자와의 관계 등에 대하여는 아무런 정함이 없다. 그러므로 근로자의 우선특권에 대한 법리를 민법이 정하는 규정들로써 보충할 필요가 발생하게 된다.

(2) 지금까지 근로자의 우선특권이나 소액보증금임차인의 우선특권 등에 관하여 나온 판례는 대체로 그 우선특권을 가진 채권자가 그 특권에 기하여 채권의 만족을 도모하는 차원에 관한 것이다. 가령 앞서 본 大判 90. 7. 10.도 그러하다.

그런데 최근에 나온 大判 96. 2. 23, 94다21160(공보 96상, 1031)은, "타인의 채무를 변제하고 채권자를 대위하는 대위변제의 경우 채권자의 채권은 동일성을 유지한 채 법률상 당연히 변제자에게 이전하고, 이러한 법리는 채권이 근로기준법상의 임금채권이라고 하더라도 그대로 적용되므로, 근로기준법 제30조의2 제2항에 규정된 우선변제권이 있는 임금채권을 변제한 자는 채무자인 사용자에 대한 임금채권자로서 사용자의 총재산에 대한 강제집행절차나 임의경매절차가 개시된 경우에 경락기일까지 배당요구를 하여 그 배당절차에서 저당권의 피담보채권이나 일반채권보다 우선하여 변제받을 수 있"다고 판시하고 있다.

물론 이 판결은 賃金債務의 任意代位辨濟者에 대한 것으로서, 후순위권리자들 사이의 법률관계를 판단하고 있지 아니하다. 그러나 이 판결이 의미가 있는 것은, 그것이 임금채권의 우선특권에 관하여 대위변제에 관한 규정이 그대로 적용되어 우선특권이 抵當權과 마찬가지로 변제자대위에 의하여 변제자에게 이전된다고 판시한 점이다. 이와 같이 만일 임금채권의 대위변제자가 민법의 일반원칙의 적용을 받는다면, 그 목적물에 대한 후순위권리자에 대하여도 민법의 일반원칙이 적용되어야 한다고 생각된다.

그리고 이 판결의 법리에 의한다면, 위에서 본 예에서 A 은행 앞으로 저당권이 설정된 부동산에 대한 경매절차에서 A 은행이 근로자의 우선특권을 배제하기 위하여 임금채권을 근로자들에게 대위변제하였다고 가정하면, 그 경매절차에서 A 은행은 선순위권리자가 없어서 저당권에 기하여 결국 그 임금 채권액만큼 더 배당받았을 것이고, 다른 한편으로 B은행 앞으로 저당권이 설정된 부동산에 대한 경매절차에서는 근로자들을 대위하여 우선특권자로서 B은행보다 우선하여 위 임금채권액만큼을 배당받을 수 있을 것이다.

이렇게 되면 후순위권리자 자신이 선순위권리자의 채권을 대위변제를 한 경우와 그렇게 하지 아니한 경우 사이에는 현저한 차이가 있게 된다. 그러므로 위와 같은 결과를 인정하면, 각각의 후순위권리자(위의 예에서는 A은행과 B은행)로서는 누가 먼저 대위변제를 하느냐에 따라 서로 다른 법적 지위에 놓이게 되는 것이다. 이러한 부당한 결과를 피하기 위하여서도「담보목적물의 가액」에 따른 부담의 분배를 정하는 민법 제368조 제 2 항을 유추적용하여, 그 한도에서의 후순위저당권자의 대위를 인정하여야 할 것이다.

5. 그런데 문제는 여기서 그치는 것이 아니다. 경우에 따라서는 매우 복잡한 계산을 하여야 할 필요가 생기게 될 것이기 때문이다. 즉 최우선변제권의 객체는「사용자의 총재산」으로서, 그 수가 여럿이고 심지어는 확정하기조차 어려울 것이

다. 그러므로 민법 제368조 제2항을 이 경우에 유추적용한다고 하여도, 거기서 말하는 "우선특권자가 사용자의 총재산으로부터 동시배당을 받는다고 가정하면 다른 재산으로부터 변제를 받을 수 있었을 금액"을 결정하기란 쉽지 않을 것이다. 이러한 문제는 담보목적물이 複數이기는 하여도 특정되어 있는 공동저당의 경우에는 발생하지 않는다. 이 점이 민법 제368조 제2항의 類推適用에 의문을 품게까지 한다. 이는 실체법의 문제가 아니라 주장·입증책임의 분배로써 해결되어야 할 것으로 여겨지기도 하나, 어쨌든 더 생각하여 볼 점이다.

[오늘의 法律, 96호(1997. 1), 3048면 이하 所載]

제 4 부 　債　　　權

債權者의 擔保確保義務
違反으로 인한 保證人의 免責

1. "擔保能力이 微弱한 企業의 債務를 保證"하기 위하여 특별법에 의하여 설립된 公法人인 信用保證基金(이와 유사한 공법인으로서 技術信用保證基金 등이 있다)이 기업이 은행 등으로부터 대출받는 施設資金에 대하여 보증을 하는 경우에는, "기업이 후에 그 자금을 사용하여 마련하는 시설이나 설비를 준공하거나 설치한 즉시 은행이 이를 「主擔保」로 취득하고 자신의 보증은 해지할 것, 만일 은행이 이를 위반하면 보증인은 보증채무를 면한다는 것"(이하 단지 「特約」이라고만 한다)을 보증계약의 내용으로 하는 것이 통상이다. 그리고 그러한 특약이 있는 경우에는, 채권자인 은행으로서도 채무자인 기업과의 사이에, 시설 등이 준공되면 채무자는 이에 대하여 즉각 근저당권을 설정하겠다는 내용의 약정을 하여 두게 된다.

그런데 시설이 준공되었음에도 어떠한 사정으로 인하여 채권자가 이에 대하여 담보를 취득하지 아니하고 있는 사이에, 채무자가 이를 제3자에게 담보를 제공하는 등의 처분을 하거나 다른 채권자에 의하여 가압류 또는 압류를 당하게 됨으로써, 결국 채권자로서는 이제 새삼 이를 담보로 잡는 것이 전적으로 또는 부분적으로 무의미하게 되는 일이 종종 발생한다. 그렇게 되면, 은행으로서는 보증인을 상대로 保證債務의 이행을 구하기에 이르게 되는데, 이에 대하여 보증인은 당연히 「特約」에 기하여 보증채무가 소멸하였다는 抗辯을 한다.

결국 이 문제는 「特約」을 어떻게 해석할 것인가에 귀착되는데, 그에 있어서는 생각하여 볼 점이 적지 않다.

2. 이와 관련하여서는 "제481조의 규정에 의하여 代位할 자가 있는 경우에 債權者의 故意나 過失로 擔保가 喪失되거나 減少된 때에는 代位할 자는 그 喪失 또는 減少로 인하여 償還을 받을 수 없는 限度에서 그 責任을 면한다"라고 정하는 민법 제485조도 함께 고려할 필요가 있을 것이다. 여기서 정하는 「擔保의 喪失」에는, 이미 유효하게 설정된 저당권 등 담보가 포기 등에 의하여 상실된 경우뿐만 아니라, 담보권설정계약이 체결되었으나 등기를 필하지 아니함으로써 이를 취득하지 못하고 있는 동안에 목적물이 제3자에게 양도되어 담보권을 취득할 수 없게 된 경우 또는 담보설정의 豫約 또는 條件附 설정계약이 있었으나 그 假登記 등을 未畢함으로써 담보를 설정받을 수 없게 된 경우 등도 포함된다고 일치하여 해석되고 있다. 또한 앞서 든 사례에서의 신용보증기금과 같은 보증

인은 민법 제481조에서 정하는 "辨濟할 正當한 利益이 있는
者"로서 민법 제485조의 「代位할 자」에 해당함에는 의문이
없다. 그러므로 앞서 본 바와 같은 事例는 일단 민법 제485조
가 예정하는 경우와 事案配置(Fallkonstellation)를 같이한다고
할 수 있겠다. 다만 여기서는 법률의 규정으로 당연히 「責任
을 면」하게 됨에 반하여, 앞의 사례에서는 그 법률효과가 당
사자의 약정에 의하여 정하여졌다는 점이 다를 뿐이다. 大判
87. 4. 14, 85다카1851(공보 801, 777)도, 채권자가 물상보증인
에 대하여 근저당권을 말소하여 준 후 신용보증기금에 대하여
보증책임을 물은 사안에서, 한편으로 민법 제485조를, 다른
한편으로 "보증사고 발생 후의 담보해지"를 보증인의 면책사
유로 정한 신용보증약정을 각기 근거로 들면서, 보증인의 책
임을 부인하는 방향으로 결론을 내고 있는 것도 우연한 일은
아닌 것이다.

　　3. 그런데 위의 大判 87. 4. 14.은, 채권자가 일단 취득한
담보권을 보증인의 동의 없이 소멸시킨 事案에 대한 것이다.
그러나 이에 비하여 앞서 든 事例의 특이성은, 보증계약 당시
에는 아직 목적물 자체가 존재하지 아니하는 등의 이유로 그
담보를 취득할 사실상의 可能性이 없었다는 점에 있다. 즉 애
초부터 擔保目的物은 보증계약의 당사자인 신용보증기금과
은행 사이에서 나중에 채무자에 의하여 설비가 준공 또는 설
치됨으로써 비로소 이에 대하여 담보가 설정될 수 있는 것으

로 예정되어 있는 것이다.

그런데 이와 같이 사후적으로 「擔保設定適格」을 갖추게
되는 목적물, 즉 「將來의 物件」의 경우에는, 그러한 適格이 갖
추어지게 되어서 은행의 구체적인 담보취득의무가 발생하는
시점이 과연 언제인지가 실제의 경우에서는 반드시 명확한 것
만은 아니다. 가령 시설자금으로 건물을 짓거나 공장설비를
갖추기로 하는 경우라면, 과연 「사용승인」(1991년 건축법 전면
개정 전의 竣工檢查)을 언제 받았는지 또 기계 등의 설비가 언
제 공장에 반입되어 설치되었는지는, 은행이 현장에 직원을
常駐시키는 등의 비용이나 노력이 많이 드는 성가신 措置를
취하지 않는 한, 정확하게 알 수 없는 노릇이다. 또 설사 목적
물이 「담보설정적격」을 갖춘 것을 은행이 알게 되었다고 하더
라도, 은행에 대하여 그 즉시로 處分禁止假處分 등으로 채무
자의 處分이나 제 3 자의 攻取에 대항할 수 있는 법적 조치를
취할 것을 요구하는 것은 사정에 따라서는 무리인 경우도 있
을 것이다.

특히 大判 89.1.24, 87다카 2979(공보 843, 296)(이 판결이
「特約」이 있는 보증에서 보증인의 면책이 주장된 경우에 대한 최
초의 裁判例라고 여겨진다)은 "이 사건과 같은 신용보증을 함
에 있어 원고가 주담보를 취득하면 신용보증을 우선 해지하기
로 한 것은 특별한 사정이 없는 한 주담보를 취득한 후에는
이것으로써 대출금의 원리금을 담보할 수 있을 것임을 전제로
한 것이라고 보아야 할 것이고, 이와 같이 담보물은 원금뿐
아니라 이자까지도 담보하여야 하는 것이라는 점에 비추어 보

면, 原審이 그 담보가치가 신용보증채무액에 미달할 경우에는 그 담보가치의 범위 내에서 신용보증을 해지하여야 한다는 뜻이고 그 담보가치란 담보물의 감정가격 그 자체가 아니고 원고의 대출규정에 따른 담보비율을 적용할 금액이라고 인정하고 그러므로 피고의 면책범위는 [○○원에] 그친다고 한 원심의 사실인정과 판단은 수긍할 수가 있"다고 판시하고 있다. 이 판결의 태도에 따르면, 은행으로서는 보증을 「해지」하기 위한 전제로 우선 담보물의 감정가격에다가 "자신의 대출규정에 따른 담보비율을 적용한 금액"을 확정할 필요가 있게 된다. 그렇지 아니하면 그는 지나치게 많은 범위에서 보증을 「해지」하여, 결국 담보부족의 상태에 빠질 위험이 있기 때문이다. 그러므로 은행은 이제「담보설정적격」을 갖추기에 이른 「장래의 물건」의 가액을 鑑定하도록 하고 그 결과에 대출규정에 따른 담보비율을 적용함으로써 그 목적물의 「담보가치의 범위」를 확정하는 절차를 밟아야 하며, 또 이를 밟는 것에 무슨 잘못이 있다고 할 수 없을 것이다.

　　결국 앞서 본 사례에서의「特約」이나 민법 제485조에 의하여 보증인이 책임을 면하는지 여부는, 은행이 시기에 늦기 전에 담보를 확보할 가능성이 객관적으로 있었음에도 불구하고 이를 위한 조치를 취하지 아니한 것이 "당시의 去來界의 사정으로 보아 信義則上 부적당한 조치라고 인정되는지" 여부에 달려 있다고 할 수 있을 것이다. 그런데 그 판단에 있어서는「特約」이 있는 거래의 위에서 말한 바와 같은「特殊性」이 반드시 고려되어야 할 것이다.

4. 그 전에도 「特約」과 관련한 裁判例는 없지 않았으나, 그 의미를 포괄적으로 판시한 것으로는 大判 94.6.14, 94다8150(공보 972, 1957)이 있다.

이에 의하면, 「特約」은, "채무자가 시설한 공장건물 및 시설에 관하여 채권자가 물적 담보를 취득한 경우에 [비로소] 그 취득한 담보가치 범위 내에서 신용보증계약을 해지하여 피고의 신용보증책임을 면하게 한다는 것에 그치지 않고, 후에 피고가 보증책임을 이행한 경우에 채권자를 대위하여 채무자에게 구상권을 행사하여도 물적 담보가 없어 실효를 거둘 수 없는 결과가 초래되지 아니하도록, 채무자가 공장건물과 시설을 준공하면 그에 관하여 1순위 근저당권을 설정하는 등 방법으로 물적 담보를 확보하게 하는 의무를 채권자에게 부담시키고, 채권자의 귀책사유로 인하여 담보를 확보하지 못하게 되면 피고의 책임이 면책되는 것으로 약정한 취지라고 [해석]할 것이다"라고 판시하였다.

이 判決은 몇 가지 점에서 중요한 의미가 있다.

첫째, 「特約」이 정하는 채권자의 담보확보의무는 보증인이 사후적으로 취득하게 되는 求償權의 실현을 확보하려는 것으로 이해되고 있다. 이 점에 대하여는, 이미 大判 93.4.27, 92다49942(공보 947, 1559)이 "위 특약을 하게 된 목적이 보증인이 보증채무를 이행함에 따라 주채무자에 대하여 가지게 될 구상권을 확보하기 위한 것"이라고 판시한 바 있다.

둘째, 보증인의 免責은 은행이 담보를 확보하지 못한 것뿐만이 아니라 그것이 그의「歸責事由」에 기한 것인 때에 비로소 인정된다. 이는 민법 제485조가 擔保의 喪失 등에 대하여 채권자의「故意나 過失」이 있을 때 비로소「代位할 者」의 면책을 인정하는 것과 궤를 같이한다. 앞의 3.의 말미에서 말한 바는 여기에 해석론적 기초를 가지게 된다.

　　셋째, 담보목적물이「將來의 物件」인 경우 담보확보의 방법이나 담보를 확보하지 못한 것에 대한「귀책사유」등과 관련하여서는, 위 판결은 "채권자는 채무자를 상대로 근저당권설정등기가처분 또는 처분금지가처분과 아울러 근저당권설정등기의 소를 제기하는 등의 방법으로 건물에 관하여 1순위 근저당권자의 지위를 확보할 수 있었음에도 불구하고 이러한 조치를 취하지 아니한 채 … 만연히 채무자에 대하여 自進履行만을 촉구하다가" 다른 채권자들이 가압류 등을 하는 바람에 그 담보가치가 무용하게 되었다고 설시하고, 결국 보증인의 면책을 인정하였다. 이 사건에서는 建物保存登記가 된 것이 1990년 11월이고(채권자는 이를 바로 알았던 것으로 보인다) 제3자의 攻取가 최초로 행하여진 것이 1991년 9월이어서 그 사이에 10개월이 경과하였다는 등의 사정에 비추어 보면, 이 결론 자체는 아마도 정당하다고 수긍하여야 할 것이다.

　　그러나 그 취지가, 설비 등이 준공되어 이제「담보설정적격」이 있는 목적물의 존재가 은행에 의하여 포착되기에 이르면, 즉시 채무자를 상대로 근저당권설정등기가처분 등의 법적 조치에 나아감으로써 제1순위 담보권자로서의 지위를 확보하여야만 하고, 이를 하지 아니하면 바로 귀책사유가 긍정된

다는 것이라면, 이는 앞서 말한 바의「特約」있는 거래의 特
殊性을 충분히 고려하지 아니한 것이라고 여겨져서, 이에는
쉽사리 찬성할 수 없다.

담보를 제공하는 행위는 그것이 人的 擔保인 경우에도 채
권자의 만족을 확보하는 것에 一次的인 목적을 두는 것으로서
채무자나 다른 담보제공자가 무자력하거나 담보가치를 잃게
된 경우에야말로 담보로서의 의미가 있는 것이다. 한편 채권
자가 담보를 확보하는 것은 어디까지나 자기 스스로를 위하여
하는 것이고, 그 외에 그에게 다른 담보제공자의 이익(가령 구
상권의 확보와 같은)에도 배려할 것을 구하는 것은 그야말로
법률의 규정이 있어서 비로소 특별히 부과되는「附隨的」義務
라고 할 수밖에 없다. 이러한 점을 고려하여 보면, 여기서의
歸責事由의 판단은 신중하게 행하여져야 할 것이 아닌가 생각
된다.

5. 한편 최근에 이와 관련한 裁判例로서는 大判 96. 12. 6,
96다35774(공보 97상, 199)와 大判 96. 12. 10, 96다37619(공보
97상, 325)가 있다.

前者는, 은행이 제 3 자로부터 일부의 代位辨濟만을 받고
그에게 자신의 근저당권 전부를 이전하여 준 事案에 대한 것
으로서, 이는 담보의「故意的 喪失」에 해당되어, 보증인(기술
신용보증기금)이 만일 변제를 하였다면 法定代位에 의하여 근
저당권의 일부를 취득하여 그 실행에서 배당받을 수 있었던

한도에서 보증인은 그 책임을 면한다고 판단하였다. 이는 민법 제485조를 적용한 것인데, 수긍될 수 있을 것이다.

또한 後者에서는 「特約」이 문제되었다. 원고 은행이 12억원의 대출금의 담보를 위하여 대지에 대하여 채권최고액 18억원의 근저당권을 설정하였는데, 그 후 지상 건물이 완공되자 대지·건물을 합하여 재감정하고(한국감정원이 도합 17억 5천만원이라고 감정하였으나, 원고 은행은 담보물의 특수성이 고려되지 않았다고 하여 자체적으로 再鑑定하여 10억원으로 평가하였다) 건물에 대하여도 근저당권을 설정받았다. 그런데 그 감정 결과에 기하여 원고 은행은 채권최고액을 9억원으로 감액하여 주었다. 나중에 행하여진 대지·건물에 대한 경매에서 22억원으로 경락되자, 원고 은행은 채권최고액의 한도에서밖에 배당을 받을 수 없었고(그 사이에 후순위권리자가 발생하였다), 그러자 나머지 채권액(약 3억원)에 대하여 피고 신용보증기금에 대하여 보증채무의 이행을 청구한 것이 이 사건이다. 결국 원고의 청구는 기각되었는데, 대법원은 "담보물에 대한 공인 감정기관의 감정가격에 원고의 대출규정에 따른 담보비율을 적용한 금액이 위 대출원리금을 초과하였으므로, 원고의 합리적인 자체 담보평가에 의하여 위 감정기관의 감정결과가 부당하게 과대평가된 것으로 인정되는 등 그 담보물로써는 원고의 대출원리금을 담보하지 못한다고 볼 만한 특별한 사정이 없는 한, 피고의 신용보증전부를 해지하여야" 한다고 하고, 나아가 "원고 주장과 같이 원고의 자체 담보평가에 의하여 위 대출원리금 전액을 담보하지 못한다고 인정 … 할 수 있는 경우라도,

원고로서는 피고가 보증채무를 이행할 경우에 있어서 구상권
에 대한 물적 담보를 확보하도록 하게 할 의무가 있다"고 판
단하였던 것이다. 따라서 원고 은행이 근저당권의 채권최고액
을 감액한 것은 그 의무를 유책하게 위반한 것이므로, 保證人
은「特約」에 의하여 책임을 당연히 면한다는 것이다. 여기서
核心은 원고 은행의 공적 감정기관의 감정을 믿지 않고 스스
로 재감정한 것 자체 및 그 결과에 비추어 채권최고액을 감액
한 것이 후의 경락대금에 비추어 볼 때 適正하지 아니하였다
는 점에 있을 것이다. 대법원은, 원고가 자체 담보평가에 따라
채권최고액을 감액한 것이라도 역시 담보확보의무를 위반한
것이라고 판단하였다. 나아가 채권자가 보증인의 동의 아래
보증의 일부 해지라는 혜택을 베푼 경우에 대하여도, 여전히
나머지 부분에 대한 보증인의 법정대위권의 확보라는 이익을
앞세워서, 그의 면책을 인정하고 있다.

[오늘의 法律, 99호(1997.4), 3144면 이하 所載]

[後 記]

그 후에 채권자의 담보확보의무 위반이 문제된 裁判例로
大判 97.9.9, 96다693(공보 97하, 3027)과 大判 98.3.13, 97다
46030(공보 98상, 1028) 등이 있다.

前者는, 은행이 채무자가 구입한 시설에 대하여 양도담보
권을 설정받는 행위를 하였으나, 그 전에 채무자가 리스에 의

하여 취득한 시설인 사실을 원고에 대하여 숨김으로써 결국
양도담보권을 취득하지 못한 사안에 대한 것이다. 법원은, 원
고 은행이 관련 서류를 심사하고 현장에 나가 직접 조사까지
마친 점에 비추어 過失이 없다고 하고, 保證人의 免責을 否認
하였다. 이 판결은 채권자의 담보확보의무 위반으로 인한 보
증인의 면책을 정면에서 부인한 예로서 의미가 적지 않다.

　　後者는 채권자가 비록 늦기는 하였어도 담보(공장 건물·
기계 등에 대한 1번 근저당권)를 확보한 사안에 대한 것이다.
대법원은「特約」의 의미는 "채권자가 취득한 주담보의 담보
가치가 피고가 보증한 대출원리금의 범위를 초과한다면 원고
는 피고의 신용보증을 전액 해지하여야 하고 설사 해지하지
않더라도 피고는 그 전 범위에서 보증책임을 면한다"는 것이
라고 판단하여, 원심이 보증인의 면책주장을 배척한 원심판결
을 파기하였다. 그러한 내용의「特約」이 존재하는 이상, 당연
한 판결이라고 할 것이다.

公法的 規定의 契約的 效力

1. 예를 하나 들어 보기로 한다.

住宅供給에 관한 規則(1995년 2월 11일에 건설교통부령 제
6호로 전면적으로 개정되었다)의 제27조 제4항은, "사업주체
가 입주자모집공모에서 정한 입주예정일 내에 입주를 시키지
못한 경우에는 실입주개시일 이전에 납부한 입주금에 대하여
입주시 입주자에게 제3항의 규정에서 정한 연체요율을 적용
한 금액을 지체상금으로 지급하거나 주택잔금에서 해당액을
공제하여야 한다"라고 정하여, 완공이 지연되는 경우에 지체
상금을 지급할 의무를 주택건설업자에게 부과하고 있다. 全面
改正되기 전에도 같은 規則 제19조 제3항에서 거의 같은 내
용을 정하고 있었다.

어떠한 주택분양계약이 위 規定의 적용을 받는 것이라고
상정하여 보자. 그 계약에 위 규정과 같은 내용을 정하는 별
도의 조항이 없는 경우에도, 위 규정은 그대로 계약의 내용이
되어 그에 따른 법률관계가 발생할 것인가?

2. 위 규칙은 주택건설촉진법 제32조에 근거를 두고 있는데(同規則 제 1 조 참조), 同條는 "事業主體와 住宅 … 을 供給받고자 하는 자는 建設交通部令이 정하는 住宅의 供給條件·方法·節次 등에 따라 주택을 건설·공급하거나 주택을 공급받아야 한다"고 정하고 있다. 그리고 위 規則은, 약간의 예외를 제외하고는, "法 제33조의 규정에 의하여 사업계획승인을 얻어 건설하는 주택 및 복리시설의 공급"에 일반적으로 적용된다(同規則 제 3 조 제 1 항). 그런데 同法 施行令 제32조 제 1 항에 의하면, 20세대 이상의 공동주택을 건설하는 경우에는 同法 제33조에서 정하는 사업계획승인을 얻어야 하므로, 결국 위 규칙은 우리 나라에서 행하여지는 아파트 分讓에 거의 예외 없이 적용된다고 하여도 좋을 것이다.

앞의 1.에서 제기한 문제가 가지는 실제적 중요성은 무엇보다도 이와 같이 위 規則의 적용범위가 극히 넓다는 데서 나오는 것이다.

3. 결국 이 문제는 一次的으로 분양자와 피분양자 사이에 체결되는 개별적인 주택분양계약에 대하여 위 규칙 일반이, 보다 구체적으로는 同規則 제27조 제 4 항이 어떠한 의미를 가지는가에 달려 있다고 할 것이다.

우선 문제가 되는 것은, 위 規則이 私法的인 성질을 가지는 것으로서, 주택공급계약에서 다른 정함이 없는 사항에 대하여 당사자들의 合意를 보충하는 任意規定이라고 할 것인가 하는 점이다.

이에 대한 論議는 쉽사리 발견할 수 없으나, 一般的으로 말하면, 위의 규칙은 私法的인 성질을 가진다고 할 수는 없을 것이다. 즉 그 규칙은 "주택의 建設·供給과 이를 위한 資金의 調達·運用 등에 관하여 필요한 事項을 規定"하는 것을 목적으로 제정된 住宅建設促進法(동법 제1조 참조)에 기하여 建設交通部令으로 제정된 것으로서, 同法은 주택건설종합계획의 수립, 주택건설사업자의 등록, 주택건설자금의 조달, 주택건설사업계획에 대한 승인, 사업계획의 시행감독 등을 정하고 있다. 다시 말하면 同法은 국가가 주택의 건설과 공급의 원활한 촉진을 위하여 필요한 公權을 행사함에 있어서의 基準과 內容을 정한 것이지, 일반적으로 주택공급계약의 당사자들 사이의 사법관계를 규율의 대상으로 하고 있지 아니한 것이다. 그러한 관점에서 보면, 위 規則의 근거가 되는 앞서 본 同法 제32조도 그 延長線에서 「사업주체」와 「주택을 공급받고자 하는 자」에게 위 규칙에 따라야 한다는 公法上의 義務를 부과할 뿐이며, 위 규칙이 이에 따르기로 한다는 당사자들의 합의 없이도 그대로 계약의 내용이 된다고 할 수는 없을 것이다.

4. 그런데 그렇다고 해서 위 規則이 일절 주택공급계약의 내용이 되지 못한다고 해석할 이유는 없다.

이와 관련하여 大判 97.3.28, 96다34610(법률신문 2593

[1997. 4. 24], 8)의 原審法院(大田高判 96. 6. 13, 95나1727)은, 피고 건설회사가 주택건설촉진법에 기한 사업승인을 받아 건설한 아파트를 원고들이 분양받은 事案에 대하여, "위 아파트는 주택건설촉진법에 기한 사업승인을 받아 건축된 것이므로 아파트의 공급은 규칙[「주택공급에 관한 규칙」을 말한다]에 따라 이루어져야 하고, 분양계약에서 특별한 정함이 없거나 규칙의 적용을 배제하는 약정을 하거나 그 약정내용에 양립불가능한 내용이 없으면 **규칙에서 정하는 계약조건이 분양계약에 흡수**되어 그 부분에 관하여 분양자인 피고와 수분양자인 원고들 사이에 **상호 묵시적으로 합의**가 이루어졌다고 봄이 상당"하다고 판단하고 있다. 이는 곧 ① 위 規則의 여러 규정 중에서 통상 사법상의 계약조건이 되기에 적합한 사항을 정하는 규정("규칙에서 정하는 계약조건")은 ② 구체적인 주택공급계약에서 별도의 다른 合意가 없으면 ③ 묵시적인 합의에 의하여 계약내용이 된다는 태도이다. 즉 契約의 解釋이라는 迂廻路를 통하여 위 規則의 적용을 긍정하고 있는 것이다. 이는 위 規則의 일정한 규정을 約款으로 하고(위의 ①), 그것을 계약의 내용으로 하는 데 요구되는 編入合意를 **묵시적**으로 인정하는 것(위의 ③)과 유사한 구조를 가진다. 그리고 個別約定은 당연히 약관에 우선하는 것이다(위의 ②).

위의 大法院判決은, 원심법원이 위와 같은 태도에 입각하여 ── 위 規則 제27조 제 4 항에 해당하는 종전의 規則 제19조 제 3 항을 들어 ── 피고에 대하여 지체상금의 지급을 명한 것에 대하여, 피고의 상고를 기각함으로써 결론적으로 피고의

遲滯償金支給義務를 긍정하고 있다. 이는, 결국 위의 條項이 그대로 계약의 내용이 되는 것 자체는 인정한 것이다. 그러나 위 대법원판결에서는 그것이 과연 원심판결의 태도와 같이 당사자들의 「默示的 合意」가 있었다고 보는 것인지, 아니면 위 規則 중 적어도 일정한 규정은 私法的 性質을 가진다고 하는 것인지 등에 대하여는 아무런 언급이 없다.

5. 그 전에 大判 91. 10. 22, 91다22902(集 39-4, 81)은, 임대주택건설촉진법(1993년 12월 27일의 법률 제4629호 「賃貸住宅法」에 의하여 대체되기 전의 법률)의 적용이 있는 임대주택과 관련하여 유사한 문제에 대하여 判斷한 바 있다.

同法 제 9 조는, 앞서 본 주택건설촉진법 제32조와 마찬가지로, "賃貸住宅의 효율적 관리를 위한 입주자선정방법, 임대보증금, 임대료, 임대기간 등 **임대조건에 관한 기준**은 건설부령으로 정한다"고 규정하고 있다(임대주택법 제14조에 유사한 규정이 이어지고 있다). 同法 施行規則(건설부령 제391호. 현재는 1994년 12월 2일 건설교통부령 제568호의 「임대주택법 시행규칙」으로 이어지고 있다)의 제 9 조는 "임차인이 다음 각호의 1에 해당하는 경우에는 임대인은 당해 임대계약을 해지하거나 임대계약의 갱신을 거절할 수 있다"고 하고, 그 事由를 6개의 號로 열거하고 있었다(현재의 시행규칙에는 이러한 규정이 없다). 이들 사유는 민법이 정하는 것과는 사뭇 다르다. 가령 "임대료를 3 월 이상 연체한 경우"(제 4 호)를 해지사유로 들고

있어, 민법 제640조의 "借賃延滯額이 2期의 차임액에 달하는 때"와 다르다. 또 "임대기간이 시작된 날로부터 3월 이내에 입주하지 아니한 경우"(제3호)처럼 권리의 사실상 불행사를 해지사유로 하여 私法의 一般法理로서는 이해하기 어려운 것이 있는가 하면, "허위 기타 부정한 방법으로 임대주택을 임대받은 경우"처럼 오히려 계약취소사유에 가까운 것도 포함되어 있다.

위의 사건에서는 임대인인 원고가 계약이 解止되었음을 이유로 하여 주택의 인도를 청구하였는데, 大法院은 다음과 같이 판시하였다. "임대주택건설촉진법 시행규칙 제9조에 의하면 임차인이 그 1 내지 6호의 1에 해당하는 경우에는 임대인은 당해 임대계약을 해지하거나 임대계약의 갱신을 거절할 수 있다고 규정되어 있으므로, 임대주택건설촉진법의 적용을 받는 임대주택은 **그 중의 하나에 해당하는 사유가 있는 경우라야** 임대인이 그 임대계약을 해지하거나 임대계약의 갱신을 거절할 수 있고, 그렇지 아니한 경우에는 특별한 사정이 없는 한 임차인이 임대차계약의 갱신을 원하는 때에는 임대인은 임대계약의 갱신을 거절할 수 없고, 당해 임대차계약은 갱신되는 것으로 보아야 할 것"이다(이 사건에서는 결국 임대인이 연체된 임대료를 나중에 이의 없이 수령함으로써 이제 더 이상 해지를 할 수 없다는 등의 이유로, 원고의 해지 주장은 배척되었다. 그러므로 이 판단은 傍論에 불과한 것이라고 생각되기도 한다).

이러한 判斷은, 위 시행규칙 제9조가 원고와 피고 사이의 임대차계약에 직접 적용되어 그에 따라 계약관계가 규율됨을 전제로 하는 것이다. 그리고 나아가 중요한 것은 위의 판결이 위 규정에 민법 규정의 적용을 배제하는 排他的 特則으로서의 의미를 부여하고 있다는 점이다.

그러나 과연 이 두 가지 점은 모두 면밀한 검토를 요한다. 그에 있어서는 특히 앞서 본 대로 임대주택건설촉진법 제 9 조가 건설부령으로 「임대조건에 관한 基準」을 정한다고 하였을 뿐, 임대조건 자체를 정한다고는 규정하지 아니하고 있다는 점에도 주의를 기울일 필요가 있을 것이다.

6. 결국 문제는 公法과 私法을 준별하는 사고가 오늘날의 법질서에서 어느 만큼 유효성을 주장할 수 있는가 하는 점에 귀착될 것이다. 그리고 두려운 것은, 단지 법률에, 또는 그로부터 수권을 받아 하위법규에 어떠한 규정이 마련되어 있기만 하면, 아무런 검토 없이 그것이 私人 간의 계약관계에도 적용될 수 있다고 하는 無反省的·單線的 사고방식인 것이다.

[오늘의 法律, 101호(1997. 6), 3208면 이하 所載]
** 再刷에 따른 追記는 396면을 볼 것.

民法 제601조에 관한 小考

I.

民法 제601조는 "利子 없는 消費貸借의 當事者는 목적물의 인도 전에는 언제든지 契約을 解除할 수 있다. 그러나 상대방에게 생긴 損害가 있는 때에는 이를 賠償하여야 한다"라고 정하고 있다. 이 규정은 解釋論上으로는 별다른 문제가 없는 것처럼 보인다.

이 규정에 의하면 비록 消費貸借하기로 하는 契約이 체결되었어도 (i) "利子 없는 消費貸借"의 "당사자"는——따라서 貸主뿐만 아니라 借主도—— (ii) "目的物의 引渡 前", 즉 貸主가 그 대여목적물의 占有를 借主에게 이전하기 전이라면(여기서 "引渡"의 主體가 貸主에 한정된다고 해석하여야 함은 事理上 당연하다. 또한 그 직전의 民法 제599조, 제600조도 참조), 그 契約을 "解除"하여 그 契約의 구속으로부터 벗어날 수 있다. 그러므로 利子 있는 消費貸借의 경우에는 설사 아직 目的物이 引渡되기 전이라도 당사자 누구에게도 그와 같은 解除權은 부여되지 않으며, 또 利子 없는 消費貸借라 해도 이미 목적물이 인도되고 난 후에는 그 해제권은 인정되지 아니한다.

　　그러나 "상대방에게 생긴 損害"는 그 契約을 解除한 사람이 賠償해 주지 않으면 안 된다. 구체적으로 어떠한 경우에 상대방에게 배상하여야 할 손해가 발생할 수 있을까? 일반적으로 드는 예는 貸主가 解除하였기 때문에 借主가 다른 사람으로부터 이번에는 利子를 붙여 금전을 차용한 경우이다. 그런데 가령 貸主가 借主에게 대여하기 위하여 제3자에게서 金錢을 차용하여 왔는데 借主가 契約을 解除하여 버린 경우 貸主가 그 제3자로부터 차용하는 데 지출한 交通費 등의 諸般費用은 借主가 賠償해 주어야 할 損害에 속하는가? 또 借主가 貸主로부터 금전을 융통할 수 있으리라고 믿고 사업에 착수하였는데 貸主가 이를 解除함으로써 자금이 부족하게 되어 결국 그 사업의 진행을 중단하지 않으면 안 되었다면 그 사업착수에 들인 비용은 貸主가 배상하여야 할까?

Ⅱ.

　　民法 제601조의 立法目的은 어떠한 것일까? 이에 대하여는 대개 다음과 같이 설명되고 있다. 즉, "利子 없는 消費貸借는 無償, 片務契約이어서 貸主만이 經濟的 損失을 보게 된다. 여기서 民法은 당사자 사이의 公平을 꾀하고자 無利子消費貸借의 당사자는 目的物의 引渡 前에는 언제든지 契約을 解除할 수 있는 것으로 하였다"는 것이다(郭潤直, 債權各論(1984), 276

면. 金疇洙, 債權各論(上)(1986), 232면도 대개 같은 뜻을 말하고
있다). 이러한 見解에 대하여는, 그렇다면 解除權은 貸主에만
인정하면 그만일 것인데 왜 借主에 대하여도 부여되는가 하는
疑問이 든다.

　이 점에 관하여는 "契約締結의 輕率을 後悔하는 일은 반
드시 貸主側에만 있을 수 있는 것은 아니다. 貸主가 他意를
가지고 無利子로 대여하는 친절을 베풀었음을, 借主는 후에
이르러서야 깨닫는다는 일은 흔히 있을 수 있을 것이다. 借主
가 그것을 깨달은 때에는 借主는 비록 目的物을 受領한 후에
라도 언제든지 반환할 수 있다. … 그렇지만 目的物을 受領하
기 전이라도, 일단 契約을 締結했다고 해서, 원치 않는 目的物
의 貸與를 受領할 義務를 지우는 것은 역시 公平에 맞지 않을
것이다. 本條가 借主에게도 解除權을 준 이유이다"라는 설명
이 있다(金曾漢·安二濬 編著, 債權各論(上)(1961), 296면).

　그러나 民法 제601조를 둔 것은 역시 利子 없는 消費貸借
에 있어서 貸主에게 解除權을 부여하는 데 그 주된 의의가 있
다고 하여야 할 것이다. 왜냐하면 借主의 解除權에 관하여는
위와 같은 규정을 굳이 명문으로 두지 않았다고 하더라도 다
른 규정의 해석에 의하여 인정될 여지가 있었기 때문이다. 즉,
利子 없는 消費貸借의 借主는 설사 목적물을 인도받은 후라도
언제든지 그 목적물을 반환하여 계약관계를 종료시킬 수 있다
고 할 것이다. 우선 반환시기의 약정이 없는 경우에 대하여는
民法 제603조 제 2 항 단서에서 이것을 명문으로 정하고 있다.
또 그 約定이 있는 경우에 관하여도, 利子 없는 消費貸借에

있어서의 기한의 이익은 借主에게만 있다고 할 것이므로 借主
는 그 기한의 이익을 포기하여 언제든지 반환할 수 있는 것이
다(이 점에 대하여 同旨: 郭潤直, 285면; 金疇洙, 237면; 金曾漢,
債權各論(1988), 204면). 그렇다면 설사 목적물이 인도되기 전
이라도 借主가 契約을 종료시킬 수 있다고 하지 않으면 안 된
다. 이것을 인정하지 않으면 借主는 일단 목적물을 수령하였
다가 다시 반환하여야 하는 번거롭고 무익한 절차를 밟아야
하는 結果가 되는 것이다. 따라서 설사 民法 제601조와 같은
규정을 두지 않았다고 하더라도, 이자 없는 소비대차의 借主
에게는 계약을 종료시킬 수 있는 權限이 解釋上 인정될 여지
가 있는 것이다.

     따라서 民法 제601조가 借主에게 解除權을 부여한 것과
관련하여 가지는 의미는 위와 같은 法理를 成文化하는 데 있
어서 그 契約의 效力을 소멸시키는 法的 構成으로서 "解除"를
택하였다는 점에 국한된다고 하여야 할지도 모른다. 이 점도
약간의 吟味를 요한다. 民法은 繼續的 契約關係가 당사자 일
방의 의사표시에 의하여 종료되는 경우에 대하여는 "解除"라
고 하지 않고 "解止"라는 용어를 쓰고 있다. 消費貸借도 繼續
的 契約關係의 한 유형이라는 점에서 볼 때 위 규정의 경우에
도 "解止"라는 용어를 썼어야 하지 않는가 하는 의문이 들기
도 한다. 그러나 위 규정의 경우에는 아직 목적물이 인도되기
전의 일이므로 契約消滅의 效果를 장래에 대하여 발생하는
것, 즉 "解止"하는 것으로 하지 않고, 遡及的으로 계약의 효력
을 消滅시키는 것, 즉 "解除"할 수 있다고 하는 것이라고 이

해된다(이에 관하여는 金曾漢·安二濬, 296면 이하 참조).

결국 民法 제601조는 이러한 立法目的의 背景에서 이해
될 수 있다.

Ⅲ.

그러나 民法 제601조가 立法論的으로(de lege ferenda) 과
연 정당한지는 의심스럽다. 이것은 일반적으로 無償契約의 拘
束性이라는 보다 심중한 문제와 연관되는 의문이다. 위 Ⅱ.에
서 본 대로 利子 없는 消費貸借는 貸主 쪽에서 보면 그만이 經
濟的 損失을 보는 無償·片務契約이다. 그렇다고 해서 그를 자
유롭게 그 계약의 구속으로부터 벗어날 수 있도록 해야 하는
理由는 무엇인가?

1. 消費貸借라는 契約類型은 貸主에게 현저한 위험을 부
담시키는 속성을 가지고 있다. 貸主는 매도인과 마찬가지로
金錢 기타 代替物의 所有權을 借主에게 이전하여야 하는데(民
法 제598조 전단), 그에 반하여 借主는 매수인과는 달리 그가
이전받는 소유권에 상응하는 代價를 제공할 의무를 부담하지
않는다. 貸主가 오늘 자기의 所有權을 借主에게 이전하는
것은 훗날 같은 물건을 반환하겠다는 약속을 믿고서의 일이
다. 所有權이라는 포괄적인 내용의 物權을 상실하고 그 대가
로 단순한 債權을 취득하는 것이다. 擔保法이 통상 消費貸借

와 관련하여 발전하는 것도, 소비대차에는 이러한 상대방의
信用性(Kreditwürdigkeit)에 대한 危險이 고유하게 내재해 있어
서, 통상 이러한 위험에 대한 保障을 강구할 필요가 있기 때문
이다.

　　이것을 뒤집어서 보면, 消費貸借가 하나의 계약으로서 拘
束力을 가진다는 것은 주로 貸主에 대한 관계에서 의미를 가
진다는 말이다. 위에서 본 바와 같은 위험을 貸主가 부담함에
도 불구하고 그 약속을 지켜야 한다는 데에 消費貸借의 계약
다움이 있는 것이다. 그러므로 貸主가 그의 일방적인 意思表
示에 의하여 그 계약의 효력을 소멸시켜서 자신이 일단 감수
하였던 契約上의 危險으로부터 벗어날 수 있다고 하면, 그것
은 消費貸借를 契約이라고 하는 의미를 많은 부분에서 박탈하
는 것이 된다.

　　2. 여기서 전형적인 無償契約인 贈與의 경우에도 그 계
약의 구속성이 약화되어 있음을 상기할는지도 모른다. 그러나
증여계약에 있어서는 주로 方式의 관점에서 이를 정하여 "贈
與의 意思가 書面으로 表示되지 아니한 경우"에만 각 당사자
가 그 계약을 解除할 수 있도록 정하고 있다(民法 제555조).
그리고 증여의 경우에 書面, 나아가서는 公正證書를 요구하는
것은 긴 역사를 가지고 있으며, 그 趣旨는 주로 증여의 法的
效果意思가 있는가를 둘러싼 분쟁을 미리 막으려는 데 있다.
즉 "그것은 輕率한 贈與約束을 예방함과 동시에, 많은 경우
실제로 贈與約束이 있었는가 아니면 단지 장래에 증여하고자

하는 의도를 표시한 것에 불과한 것인가 하는 의문을 배제할
수 없기 때문에 그러한 의문을 제거하는 목적을 특히 가지며,
그 외에 遺贈이나 死因贈與의 方式에 관한 規定의 潛脫을 가
능한 한 방지하고 이미 사망한 자가 하였다는 贈與約束에 관
한 분쟁을 예방하려고 하는 것이다."(Motive, Bd. Ⅱ, S. 296f. =
Mugdan, Bd. Ⅱ, S. 162f.) 말하자면 그러한 규정을 두는 주된 이
유는 法律關係의 明確化를 통한 紛爭豫防에 있는 것이지, 無
償出捐者, 즉 "일방적으로 경제적 손실을 보는 자"를 보호하
려는 데 있는 것이 아니다. 물론 "輕率한 無償出捐의 約束"을
예방한다는 것은 그를 보호하려는 것임에는 틀림없으나, 그것
은 그야말로 「輕率한 決定」의 危險으로부터 그를 보호한다는
것이지, 숙고한 결과 이루어진 無償出捐의 約束도 그것이 「無
償」이라는 이유만으로 파기할 수 있다는 것은 아니다(이 점과
관련하여 日本의 民法修正案理由書가 우리 民法 제555조에 해당하
는 日本民法 제550조에 대하여, "後日의 爭訟을 豫防하고 法律行爲
를 확실하게 하며, 아울러 어느 정도 贈與者의 熟慮를 促求하려
면 …"이라고 설명하고 있는 것은 서면 작성을 요구함으로써 贈與
者의 熟慮를 촉구한다는 관심이 큰 의미를 가지지 못함을 보여 준
다는 점에서 흥미롭다).

그런데 民法 제601조는 비록 貸主의 貸與의 意思가 서면
에 의하여 표시되어 있다고 하더라도 그가 이를 해제할 수 있
다는 것이다. 계약의 구속력을 그것이 비록 無償契約이라고
하더라도 이와 같이 광범위하게 약화시키는 예는 우리 民法에
서 그 외에는 존재하지 않는다.

3. 境遇에 따라서는, "委任契約은 各 當事者가 이를 언제
든지 解止할 수 있다"고 하므로(民法 제689조 제1항), 전혀 例
가 없는 것은 아니라고 할지 모른다. 그러나 委任契約에 관하
여는 로마법 이래 이와 같이 당사자의 一方이 자유롭게 解約
할 수 있다고 인정되어 왔는데, 그것은 委任契約의 特性 때문
이라고 설명되고 있다. 즉, 위임은 당사자 쌍방의 特別한 人的
信賴關係를 기초로 하는 계약이므로, 자신이 신뢰할 수 없는
受任人에게 자신의 사무를 처리토록 하고 또 자신이 신뢰하지
않는 위임인을 위하여 사무를 처리하는 것은 어느 것이나 참
기 어려운 것이고, 그러한 사정 아래서 위임관계를 계속하도
록 하는 것은 有害無益이거나 無意味한 것이어서 당사자 쌍방
이 자유롭게 解止할 수 있도록 한 것이다. 또한 委任에 있어
서는 통상의 경우 일정한 物件의 一回的인 給付로 종료되는
消費貸借와는 달리, 위임된 사무의 처리를 위하여 善良한 管
理者의 注意를 기울여서 계속해서 勞務를 제공하여야 하는 것
이다.

　물론 이러한 설명이 오늘날 실제 일어나고 있는 위임관계
에 있어서 어느 만큼 설득력이 있는가에 대하여는 疑問이 있
을 수 있다. 그러나 요컨대 委任의 그러한 규정에는 적어도
강한 歷史的·沿革的 背景이 있고 계약의 속성에 기한 설명이
행하여지고 있는데, 이자 없는 소비대차에는 이러한 背景이
없음에도 불구하고 위와 같은 계약의 구속력의 약화를 규정하
고 있다는 것이다.

4. 民法 제601조와 같은 내용의 규정은 적어도 大陸法系
의 여러 나라 법에서는 그 예를 찾아 볼 수 없다.

위 規定의 立法過程을 살펴보아도 그 異狀性 내지 病的
性質이 드러난다. 위 규정이 민법에 들어오기에 이르는 過程
속에서 최초로 그 단서를 보여 주는 것은 民法典編纂要綱 債
權法各論 本論 第11項이다. 그것은 "利子 있는 消費貸借로서
目的物의 引渡가 없는 경우에는 借主는 언제든지 契約을 解除
할 수 있도록 할 것"이라고 정하고 있다. 즉, (i) 민법 제601조
에서와 같은 이자 없는 소비대차의 경우가 아니라, 이자 있는
소비대차에 관하여서, (ii) 각 당사자가 아니라 借主가 아직 목
적물의 인도를 받지 아니한 동안에는 특히 그 계약을 해제할
수 있다는 것이다. 그러한 규정을 두어야 할 이유는 현재까지
의 資料로써는 알 길이 없다. 그러나 추측건대, 이자 있는 소
비대차의 경우에 貸主가 아직 목적물을 인도하지 않고 있는
동안에는 借主는 利子를 지급할 義務가 없고 따라서 貸主는
이자를 청구할 수 없는데(民法 제600조 前段 참조), 그 경우에
借主에게 그 계약의 해제를 인정하여 다른 貸主로부터의 신속
한(또는 경우에 따라서는 이자율이나 차용기간 등에서 더욱 유리
한) 借用을 許容한다는 趣旨일는지도 모른다.

그러나 民法案 제590조는 "이자 없는 소비대차 …"라고
하여 現行民法 제601조와 완전히 동일한 내용을 정하고 있다.
일반적으로 民法案은 많은 경우 依用民法을 기초로 하고 그에
다가 民法典編纂要綱에 따라 수정·보충을 가함으로써 성립한

것이라고 할 수 있고, 編纂要綱의 대부분은 그대로 民法案에
채택되었다고 할 수 있다(이 점에 대하여는 梁彰洙, "民法案의
成立過程에 관한 小考", 서울대학교 法學 제30호 3·4호(1989.12)
(民法研究, 제 1 권(1991), 57면 이하에 再錄) 참조). 이에 비추어
보면 위 民法案規定이 위 要綱의 내용과 전혀 상이한 것은 매
우 특이하다.

　　이 民法案 제590조에 대한 民法案小委의 審議에서는 위
규정과 민법안 제589조(民法 제600조에 해당한다) 이하의 몇
개 조에 관하여 한꺼번에, 단지 "貸主와 借主 간의 利害調節과
借主의 地位保護를 위하여 滿民의 立法例에 좇아" 이 규정들을
두었다는 言及이 있을 뿐이고(民法案審議錄, 上卷(1957), 348면
상단), 민법안 제590조 자체에 대하여는 별다른 審議의 흔적
을 찾아 볼 수 없다(그 후의 本會議 심의에서도 동일하다). 다만
위 규정과 같은 外國立法例로 滿洲國民法 제573조를 "草案과
同一하다"라고 하여 들고 있는 것이 이채롭다(위 審議錄, 348
면 하단). 그러나 滿洲國民法 제573조는 "利子 있는 消費貸
借"에 관하여 인도 전에는 借主가 계약을 해제할 수 있다고
하며, 解除한 경우에는 貸主에게 생긴 손해를 배상하여야 한
다고 정하고 있다(따라서 위 編纂要綱의 項目과 대개 같은 내용
이다). 따라서 이 점에 있어서는 어떠한 誤解가 있었음이 분명
하다.

　　5. 다음과 같은 論據에 의하여 민법 제601조의 立法態度
를 正當化하려는 試圖가 있을는지도 모른다. 즉, 依用民法은

消費貸借를 要物契約으로 법률구성하고 있었다(同法 제587조: "消費貸借는 當事者의 一方이 種類, 品質 및 數量이 같은 物件으로 返還할 것을 約定하고 相對方으로부터 金錢 기타의 物件을 受取함으로써 그 效力이 생긴다"). 따라서 消費貸借가 계약으로 성립하기 위하여는 貸主가 借主에게 대차목적물을 현실적으로 인도하여야만 하였다. 그 이전에는 계약의 구속력은 발생하지 않았던 것이다. 그런데 民法은 이러한 태도를 버리고 消費貸借를 諾成契約으로 법률구성하였다. 따라서 아직 목적물의 인도가 있기 전이라도 그 契約에 기하여 貸主는 借主에게 목적물을 "貸與"할 의무를 부담하게 되었다. 그러나 그 계약의 拘束力이라는 것은 목적물의 인도 전에는 역시 일종의 浮動的인 狀態에 있다고 하여야 하지 않을까? 특히 이자 없는 소비대차에서는 貸主는 아무런 反對給付를 받지 못하므로, 그가 계약을 맺은 것을 후회한다면 계약을 도로 없는 것으로 할 可能性을 인정하여도 좋을 것이고, 貸主가 그러한 가능성을 現實化하지 않고 목적물을 실제로 借主에게 인도함으로써 그 拘束力은 確定되는 것이라고 보아야 한다는 것이다.

그러나 이러한 主張에는 쉽사리 首肯할 수 없는 점이 있다.

우선, 貸主에게 위와 같이 "解除"할 可能性을 인정한다면, 消費貸借를 諾成契約으로 법률구성한 意味가 많은 부분에서 상실된다는 점은 위 1.에서 본 바와 같다. 消費貸借를 諾成契約으로 구성하였으면, 그 의미를 살리는 방향으로 밀고 나갔어야 했고, 어중간한 妥協을 도모할 것은 아니었다고 생각된다.

나아가, 消費貸借를 要物契約이라고 구성한 依用民法 아래서도 소비대차의 단순한 합의에 拘束力이 인정되고 있었다. 첫째, 依用民法은 明文으로 "消費貸借의 豫約"을 인정하였다(同法 제589조: "消費貸借의 豫約은 그 후 當事者의 一方이 破産의 宣告를 받은 때에는 그 효력을 잃는다." 민법 제599조와 같은 내용의 규정이다). 이 경우 소비대차의 예약이 요물계약인 소비대차의 성립 이전에 이미 계약적 구속을 인정하기 위한 技術的 法裝置임은 물론이다. 둘째, 依用民法 시대의 通說은 그 외에도 소위 諾成的 消費貸借의 有效性을 긍정하고 현재 우리 민법에서 소비대차의 당사자들에게 인정되는 權利義務를 그대로 인정하고 있었다(이에 관하여는 我妻榮, 債權各論, 中卷 1(1959), 354면 이하 참조). 이 경우에 貸主에게 우리 민법 제601조와 같은 解除權이 인정되지 않았음은 물론이다.

이렇게 보면, 이미 依用民法 아래서도 消費貸借의 合意에 대하여 制限 없는 拘束力이 인정되고 있었다(그 예외로서는 위에서 본 依用民法 제589조를 諾成的 消費貸借의 경우에도 준용하여, 借主가 破産한 경우에는 貸主는 목적물을 인도할 의무를 면한다고 해석되는 것이 유일한 예이었다. 消費貸借를 諾成契約으로 정한 스위스債務法 제316조도 그와 같이 정하고 있다). 그렇다면 민법이 한편으로 消費貸借를 명백히 諾成契約으로 정하면서(이점에 대하여는 民法典編纂要綱 債權法各論 本論 제12항 이래 위審議錄, 346면 하단 이하, 그리고 法文의 表現, 學說의 理解에 이르기까지 의심의 여지가 전혀 없다), 다른 한편으로는 그 契約의

拘束力은 오히려 依用民法 당시보다 완화할 이유는 조금도 없
었다고 생각된다.

IV.

　無償契約의 拘束力이라는 문제는 契約法의 基本에 속하
는 것이다. 英美契約法에서 소위 約因(consideration)의 法理가
차지하는 비중을 생각하여 보면, 그 중요성을 쉽게 간파할 수
있을 것이다. 츠바이게르트/쾨츠의 比較法에 관한 저술도 이
문제에 "眞摯性의 標識(Seriositätsindizien)"라는 제목 아래 하
나의 節을 바치고 있다(Zweigert/Kötz, Einführung in die Rechts-
vergleichung, Bd. 2, 2. Aufl.(1984), S. 83ff.(梁彰洙 譯, 比較私
法制度論(1991), 136면 이하)). 말하자면 "契約은 지켜야 한다
(pacta sunt servanda)"라는 法原理의 內容과 有效範圍가 검증
되는 1차적인 試金石이 바로 이 문제라고 생각된다.

　우리 民法에도 각종의 無償契約에 관하여 여러 가지의 특
별한 규정을 마련하고 있다. 그런데 有償契約에 관하여는 民
法이 賣買에 관한 규정을 다른 有償契約에 準用하도록 함으로
써(제567조) 일종의 總則 또는 原則이라고 할 法理가 쉽사리
관념될 수 있다. 그러나 無償契約에 관하여는 이러한 법리는
몇 개의 단서만이 暗示되고 있을 뿐이다.

　民法 제601조는 그러한 無償契約의 拘束力이라는 관점에
서 보면 特異한 存在인 것으로 생각된다. 그리고 그 規定이

내포하고 있는 政策的 決斷의 內容에는 쉽사리 찬성할 수 없다. 혹은 貸主에게 解除權을 인정하더라도 그는 損害賠償을 하여야 하므로 별 문제는 없지 않느냐고 할지 모르나, 그와 같이 履行請求와 損害賠償請求를 同一한 次元의 權利로서 兩者擇一 내지 等置互換이 가능하다고 생각하는 것은 우리 民法(英美法이 아닌)에서의 契約法, 나아가 法律行爲法의 意味를 제대로 평가하지 못하는 態度라고 할 것이다. 問題는 보다 深重한 곳과 연결되어 가는 것이다.

[考試界, 390호(1989.8), 148면 이하 所載]

賃借人의 無斷轉貸를 理由로 하는
賃貸人의 權利

I. 序

(1) 賃借人은 賃貸人과의 관계에서 목적물을 使用·收益할 權利를 가지는데(민법 제618조 제 1 항 전단), 이 때 "收益"의 한 방법으로서의 賃貸에[1] 대하여는 일정한 制限이 있다. 즉 賃借人이 제 3 자와의 사이에 임대차목적물에 관하여 다시 貸借契約을 맺은 것을 "轉貸借"라고 부르는데, 賃借人은 賃貸人의 동의 없이는 목적물을 전대할 수 없는 것이다(제629조 제 1 항).[2]

---

[1] 轉貸借라고 하여 그 목적물이 賃借人=轉貸人이 原賃貸人으로부터 빌린 것임을 그 당사자들, 특히 轉借人이 알고 있음을 전제로 하는 것은 아니다. 단지 객관적으로 賃借人이 賃貸人으로부터 빌린 목적물을 다시 제 3 자에게 賃貸借(有價의 경우) 또는 使用貸借(無價의 경우)하였다는 사정이 존재함에 특색이 있을 뿐이다. 따라서 이는 통상 타인의 물건의 대차에 해당할 것인데, 특히 民法 제629조 제 1 항에 의하여 賃貸人의 동의 없이는 이를 할 수 없다고 규정하고 권한이 없는 자에 의한 타인의 물건의 대차의 통상의 경우(이러한 계약이 허용됨에 대하여는 타인의 물건의 매매에서와 같이 별다른 제한이 없다)와는 다른 고려가 필요하게 된다.

[2] 이하 인용하는 條項은 다른 지시가 없는 한 原則的으로 民法의 그 것이다.

⑵ 賃借人이 使用收益權을 자유로이 양도할 수 있는가, 자유로이 목적물을 전대할 수 있는가 하는 문제는 賃借權에 관련한 중요문제의 하나이다. 賃借人으로서는 그 목적물의 전부 또는 일부를 스스로 使用·收益하는 것이 일시적 또는 영구적으로 불가능하게 되었거나 그 필요가 없게 된 경우에 賃貸借關係가 종료하지 않은 동안에는 이를 제3자에게 讓渡하거나 轉貸할 수 있으면 편리하다. 가령 주택에 대하여 보더라도,[3] 외국 출장이나 타지로의 전근 등으로 상당히 장기간 사용할 수 없게 된 경우에는 열쇠를 채운 채로 두는 것보다는 제3자에게 빌려 주는 것이 목적물의 관리라는 관점에서도 바람직하다. 특히 營業用 建物의 賃貸借에 있어서는 賃借權의 讓渡나 轉貸가 자유롭게 인정되면 賃借人은 投下資本의 신속한 회수라는 점에서 매우 유리할 것이다.

그러나 임대인의 입장에서 보면, 가령 주택의 경우에는 임차인이 누구냐에 따라서 사용방법이 상당히 달라질 가능성이 있어서 건물의 소모도 다르게 된다.[4] 또 借賃의 支給能力도 천차만별이다. 따라서 자신의 판단에 의하지 아니하고 임차인의 판단에 따라서 새로운 賃借人을 받아들이는 것에는 상당한 불안을 느끼게 된다.

따라서 賃借權의 讓渡 또는 轉貸를 어떠한 제한을 가할 것인가 하는 문제는 각국의 社會經濟事情이나 임대차에 관한

---

3) 住宅賃貸借保護法에도 임차인의 전대에 관하여는 특칙을 두고 있지 않다.
4) 이러한 사정은 土地賃貸借의 경우에는 별로 고려할 필요가 없을 것이다.

각 국민의 관념에 따라 입법정책적으로 해결될 것이다.

(3) 외국의 예를 보면, 대체로 賃借權의 讓渡나 轉貸를 자유롭게 인정하는 방향을 취하고 있다고 할 수 있다. 프랑스에서는 土地賃借權의 讓渡나 轉貸(sous-louer)는 자유이고(1964년 12월 19일 법률 제 3 조 제 3 항), 建物賃借權도 원칙으로 자유롭게 讓渡 또는 轉貸할 수 있으나, 이를 금지하는 특약도 가능하다(프랑스민법 제1717조). 실제로는 그러한 특약이 행하여지는 경우가 많다고 한다. 오스트리아민법도 프랑스민법 제1717조와 같이 규정하고 있다(동 제1098조. 단지 "그것이 소유자에게 불이익을 가함이 없이 가능한 경우에는"이라는 한정이 있다). 스위스에서는 우선 使用賃貸借(Miete)의 경우에 使用賃借人은 使用賃貸人에게 불이익한 변경이 발생하지 않을 것을 전제로 목적물의 전부 또는 일부를 다시 사용임대할 수 있다(스위스채무법 제264조 제 1 항). 그러나 용익임대차(Pacht)의 경우에는 용익임차인은 임대인의 동의 없이는 다시 용익임대할 수 없으나(동법 제289조 제 1 항), 목적물의 개개의 공간을 사용 임대하는 것은 허용된다(동 제 2 항).

그러나 독일민법은 使用賃貸借나 用益賃貸借를 막론하고 "임대인의 승낙 없이는" 목적물의 사용을 제 3 자에게 이전하거나 목적물을 제 3 자에게 다시 임대하지 못한다고 정한다(동 제549조 제 1 항 제 1 문 및 제581조 제 2 항).[5] 제 1 초안은 보통법

---

[5] 賃貸人 승낙 없이 賃借人이 제 3 자에게 전대하고, 戒告(Abmahnung)에도 불구하고 제 3 자의 사용이 계속되면, 賃貸人은 계약을 解止할 권한을 취득한다. 독일민법 제553조 참조.

에 좇아 그리고 프랑스민법과 스위스채무법의 태도와 유사하게, 使用賃貸人은 다른 특약이 없는 한 目的物을 轉貸할 수 있다는 태도를 취하였다(제1초안 제516조 제1항). 그러나 제2위원회의 심의과정에서 프로이센일반란트법에 좇아 임차인의 전대에는 임대인의 승낙을 얻도록 하자는 의견이 채택되었다(제2초안 제493조 제1항). 그와 같은 변경의 이유로, 제1초안의 태도가 "공중의 법의식에 부합하지 않는다"고 하면서, 그 증거로서 많은 賃貸借契約에 전대의 금지에 관한 특약이 포함됨을 들고 있다.6)

그러나 독일민법에 관하여 주의할 것은, 賃貸人이 승낙을 거절하면, ——전차인의 인격에 그 거절을 정당화할 "중대한 事由"가 없는 한—— 임차인은 임대차계약을 해지할 권리를 가진다는 것이다.7) 따라서 전대 등을 하는 데 대한 임차인의 이익에 대하여는 일정한 배려를 하고 있다고 하겠다.

우리 민법의 태도는 依用民法 제612조와 다름이 없다. 이는 위에서 본 대로 임대인의 利益保護에 치우친다는 점에서 비교법적으로 오히려 매우 특이한 것이라고 할 수 있다. 일본구민법은 "외국의 다수의 예를 모방하여 양도 및 전대를 허용하는 것을 원칙"으로 하였으나, 일본민법은 "다수 지방의 관

---

6) Mugdan, Bd. 2, S. 845f. 참조. 그리하여 위 규정은, "임차인의 인격이나 경제적인 사정이 賃貸借契約의 締結 與否 또는 그 내용에 대하여 가지는 특수한 의미"를 고려한 것이라고 이해되고 있다. 가령 Voelskow, in: Münchener Kommentar zum BGB, Bd. 3, 1. Halbbd., l. Aufl.(1980), §549 Rn. 17(S. 722) 참조.

7) 그러나 이 解止權은 用益賃借人에게는 인정되지 않는다. 독일민법 제596조 제1항 참조.

례에 좇아 원칙으로 이를 허용하지 않는 것"으로 하였다.[8] 이
에 대하여는 小作關係를 특히 고려한 것이라는 지적도 있고,
그 배경을 이루는 不動産利用關係의 전근대적 성격을 비난하
는 입장이 있다.[9]

　　우리 민법의 태도에 대하여도 賃貸人의 이익보호만을 노
리고 임차인의 이해가 전혀 고려되어 있지 않다고 비난되고
있으며, 특히 임차권이 강화 내지 물권화되는 경향에 비추어
볼 때 "상당히 退嬰的"이라는 평가조차 있다.[10]

Ⅱ. 轉貸에 대한 賃貸人의 동의

　　(1) 轉貸에 대한 賃貸人의 동의는 수령을 요하는 의사표
시이다.[11] 이 동의는 轉貸借契約의 效力發生要件이 아니며,
가령 未成年者의 행위에 대한 法定代理人의 동의(제5조 제1
항 본문)와 같이 행위자 단독의 행위만으로는 그 행위 자체가
일정한 하자를 떠게 되는 경우에 이를 보완하여 완전한 法律
效果를 발생하게 하는 타인의 의사표시로서의 성질을 가지는
것도 아니다.[12] 이것은 독일민법이 미성년자(7세 이상의 制限

---

8) 梅謙次郎, 民法要義, 卷之三 債權編, 訂正增補第二十九版(1909),
　　653면.
9) 廣中俊雄, 注釋民法(15)(1967), 206면 이하 참조.
10) 가령 郭潤直, 債權各論, 再全訂版(1984), 330면 이하 참조.
11) Voelskow(註 6), §549 Rn.17(S.724) 참조.
12) 제629조 제1항의 "동의"의 법률적 성질을 賃借權의 承繼的 移轉
　　(讓渡의 경우) 또는 設定的 移轉(轉貸의 경우)을 가능하게 하는 권능

的 行爲能力者)의 행위에 대한 法定代理人의 동의에 대하여는 Einwilliging(이는 事前의 Zustimmung이라고 이해된다)이라는 말(이에 대하여는 同法 제182조 이하 참조)을 쓰면서, 전대에 대한 동의에 대하여는 Erlaubnis라는 말을 쓰는 것에서도 나타난다.

따라서 전대에 대한 임대인의 동의가 없어도 轉貸借契約 그 自體는 아무런 하자 없이 有效하다. 따라서 민법 제629조 제 1 항이 "賃借人은 賃貸人의 동의 없이 … 賃借物을 전대하지 못한다"고 규정하고 있다고 하더라도 그 뜻은 단지 임차인이 임대인의 동의 없이 목적물을 전대한 경우에는 그에게 일정한 不利益한 結果(制裁)가 발생할 수 있다는 데 그친다. 그리고 그러한 제재로서 민법이 규정하는 것이 바로 同條 제 2 항의 해지권의 발생이다.

(2) 학설은 賃借人＝轉貸人은 轉借人에게 轉貸에 대한 賃貸人의 동의를 얻어 줄 의무를 부담한다고 한다.[13] 大判 86. 2. 25, 85다카1812(集 34-1, 69)도 이러한 의무를 긍정하는 태도

을 임차인(讓渡人, 轉貸人)에게 주는 意思表示라고 하는 견해가 있다. 郭潤直(註 10), 332면 참조. 그러나 賃借人이 목적물을 전대하는 것은 자신의 賃借權을 "設定的으로 移轉"(그 뜻 자체도 명확하다고는 생각되지 않는다)하는 것이 아니라, 단지 목적물(타인의 물건)을 임대하는 것 뿐이다. 이에 대하여는 앞의 註 1 참조. 독일에서의 이 경우의 "承諾(Erlaubnis)"의 法律的 性質에 관하여는 Thiele, Die Zustimmungen in der Lehre vom Rechtsgeschäft(1966), S. 184ff.가 논하고 있다고 하나, 필자는 아직 이를 보지 못하였다.

13) 郭潤直(註 10), 334면("동의를 얻을 의무"). 이것은 아마도 "동의를 얻도록 노력할 의무"라고 하는 것이 정확한 표현일 것이다.

를 보이고 있다.14) 이 사건에서 시영임대아파트의 賃借權을 讓受한 原告는 原賃借人인 被告에 대하여 서울시가 보관하는 賃借人名簿上의 名義變更節次를 이행할 것을 청구하였다. 원심은, 서울시가 작성·보관하는 임차인명부가 그 자신의 財産管理上의 편의를 도모할 목적으로 임의로 만든 것으로서 아무런 法律上 效力을 가지는 것이 아니므로 그 名義變更節次에 협조하라는 청구는 어떤 권리관계의 확정을 위한 청구라고 할 수 없다고 하여 訴 자체를 却下하는 判決을 하였다. 이에 대하여 대법원은 임차권양도인은 양수인에게 임대인의 동의를 "받아 줄 의무"가 있음을 설시하고,15) 賃借人名簿上의 名義變更을 請求하는 것은 賃貸人인 서울시의 동의를 받기 위한 것으로서 원고와 피고 사이의 紛爭을 해결하는 데 필요한 것이라고 하여 원심판결을 파기하였다.

그러나 임대인이 동의하느냐 여부는 그의 자유의사에 속하는 것이고 양도인 본인의 의사만으로는 실현될 수 없으므

---

14) 이 判決에 관한 연구로는 權五坤, "建物賃借權名義變更請求와 訴의 利益," 民事判例硏究[Ⅳ](1987), 225면 이하. 일본의 最高裁判所 1959년 9월 17일 판결(基本判例, 民法 5, 5464면)도 임대인의 처가 賃借人으로부터 賃借權을 포함하여 讓渡받은 영업의 시설물을 파괴한 경우 양수인이 양도인을 상대로 讓渡代金의 반환을 구한 사안에서, 원심이 양도인에게는 그 채무불이행에 대하여 귀책사유가 없다고 하여 청구를 기각한 것을 파기하면서, 적어도 임차권의 양도에 관한 "양도인은 특별한 사정이 없는 한 그 양수인에 대하여 양도에 대하여 지체없이 임대인의 승낙을 얻을 의무를 부담한다"고 방론으로 설시하고 그 義務의 不履行에 관하여 讓渡人에게 歸責事由가 없다는 것은 讓渡人이 입증하여야 한다고 판시하였다.

15) 위 판결에서 직접 爭點이 된 것은 訴의 이익이 있느냐 하는 것이므로 이러한 설시는 오히려 방론(obiter dictum)에 속하는 것이라고 하겠으

로, 임대인의 동의를 얻어 줄 의무는 "債務의 性質이 強制履行을 할 수 있는 경우"(민사소송법 제693조)에 해당하지 않고, 따라서 간접강제 기타 현실적 이행의 강제는 불가능하다고 하겠다.[16]

(3) 임대인의 동의는 임차인에 대하여도 전차인에 대하여도 할 수 있다. 또 일반적으로, ——가령 구체적인 轉借人을 지정하여—— 개별적으로도 할 수 있으며, 轉貸借契約이 締結되기 전이든 후이든 불문한다. 나아가 가령 轉借人에게 借賃을 請求하는 등의 행위를 통하여 묵시적으로 할 수 있음은 물론이다.[17]

(4) 賃貸人은 한번 동의하면 이를 철회할 수 없는가? 학설은 "일단 준 賃貸權의 讓渡性을 빼앗는다는 것은 賃借人의 財産權에 중대한 이해를 미치게 되므로", 동의의 철회는 인정되지 않는다고 한다.[18] 이것은 이미 轉貸借가 이루어진 후에는 轉借人의 保護라는 관점에서도 당연한 것이다. 그러나 그 이전에라면 어떠할까? 이 경우에는 동의를 철회할 수 있다는 유보하에 동의하였다면 물론 철회할 수 있을 것이다.[19] 그러나 그 이외의 경우에 대하여는 보다 유연한 태도를 취하여 賃借人과

---

16) 權五坤(註 14), 234면 참조.
17) 이상 郭潤直(註 10), 332면 참조.
18) 郭潤直(註 10), 333면.
19) Voelskow(註 6), §549 Rn. 19(S. 724f.); Soergel/Metzger, BGB, 10. Aufl.(1967), §549 Rn. 12(S. 823) 참조. 그 외에 "중요한 이유"가 있을 때에는 철회할 수 있다고 한다. 가령 전차인이 경고에도 불구하고 반복적으로 사용규칙을 위반할 경우 등.

賃貸人의 구체적인 사정을 비교교량하여 보아야 한다는 입장
도 있다. 이 입장에 의하더라도 가령 동의에 대하여 대가가
지급되었거나, 轉貸借契約의 교섭이 진행되고 있거나 그 교섭
을 위한 준비가 진행되고 있으면 철회할 수 없다고 한다.[20]

Ⅲ. 賃貸人의 解止權

賃借人이 賃貸人의 동의 없이 목적물을 轉貸借하면 임대
인은 "契約을 解止할 수 있다"(제629조 제2항). 大判 72.1.31,
71다2400(集 20-1, 47)은, 임차인의 無斷轉貸가 "賃貸人에 대
한 背信行爲"라고 인정할 수 없다는 특별한 사정이 있는 경우
에라도 임대인은 계약을 해지할 수 있다고 한다. 이는 일본에
서 제2차대전 후에 소위 背信行爲의 이론이 學說과 判例에
의하여 채택되어 임차인의 無斷讓渡・無斷轉貸를 이유로 하는
賃貸借契約의 解止에 대하여 억제적 태도를 취하는 것과[21]
대조를 이룬다.

Ⅳ. 賃貸人에 대한 損害賠償請求權 등

(1) 임차인이 목적물을 賃貸人의 동의 없이 전대한 경우

---

20) 星野英一, 借地借家法(1969), 294면 이하.
21) 우선 星野(註 20), 319면 이하 참조.

에도 賃貸人과 賃借人 사이에는 그 이전과 다름없이 賃貸借契
約에 따른 權利義務關係가 존재한다는 것이 통상의 설명이다.
따라서 임차인은 임대인에 대하여 차임을 지급할 의무를 여전
히 부담한다.

　문제는 그 이외에 임차인에 대하여 損害賠償請求權을 가
지는지 여부이다. 임차인이 자신의 의무를 위반한 점에 대하
여는 의문이 없다고 할 것이다.[22] 나아가 임대인에게 "손해"
가 있다고 할 것인가? 이것은 특히 賃借人＝轉貸人이 轉借人
으로부터 받기로 한 임료가 임대인과의 사이에 약정한 원임료
보다 높은 경우에 그 차액에 상당하는 손해의 배상청구로서
문제될 것이다.[23]

---

22) Larenz, Lehrbuch des Schuldrechts, Bd. 2, 12. Aufl.(1981), §48Ⅲa
　　(S. 194)는 임차인에게는 통상 귀책사유가 있다고 볼 것이라고 한다.
　　독일에서는 이를 "적극적 계약침해"로 이해한다. Voelskow(註 6),
　　§549 Rn. 20(S. 725) 참조.

23) 이러한 경우는 우리 나라에서 특히 상가 건물이나 점포의 임대차에
　　있어서 실제로 종종 일어나는 것이다. 임대인으로서 임차인이 轉借人
　　으로부터 받은 賃料의 返還을 請求할 수 있는 법률장치로서 우선 제
　　201조 제 2 항에 기한 果實返還請求權을 생각해 볼 수 있겠다. 동 규
　　정은 "악의의 占有者는 수취한 과실을 返還하여야" 한다고 정하고
　　있다. 이 때 "과실"에는 "물건의 사용대가로 받는 금전 기타의 물
　　건," 즉 法定果實(제101조 제 2 항)이 포함됨은 물론이다. 따라서 임
　　차인이 악의라면, 임대인은 위와 같은 返還請求도 할 수 있는 것이 아
　　닌가 하는 생각이 들 수도 있다. 그러나 제201조 제 2 항에 기한 권리
　　는 부인되어야 할 것이다. 왜냐하면, 점유자와 회복자의 관계에 관한
　　제201조 이하의 규정은 소유자가 문제되는 기간 동안 점유자에 대하
　　여 所有物返還請求權을 행사할 수 있음을 전제로 하는 것이기 때문
　　이다. 즉 제201조 이하의 규정은 그 위치에도 불구하고, 所有物返還
　　請求權(제213조)이 행사된 경우에 그에 따르는 부수적인 이해, 가령
　　과실의 반환 여부나 점유자가 지출한 비용의 상환 여부 등을 조정하
　　기 위한 것이므로 그와 같은 소유물반환관계(소위 Vindikationslage)가

독일의 聯邦大法院判決은 이 점에 관하여 임대인에게 다른 손해(가령 전차인이 임차인보다 목적물을 험하게 사용하여 목적물의 가액이 보다 하락한 경우가 이에 해당할 것이다[24])가 없는 한 임차인이 임대인의 동의 없이 전차하였다는 것만을 가지고 그 높은 임료 상당의 손해를 입었다고 할 수 없다고 한다 (BGH 1964년 5월 20일 판결, NJW 1964, S. 1853).

이에 대하여는 다음과 같은 견해가 있을 수 있다.[25] 즉, 임대인이 만일 보다 높은 임료를 전제로 하여서만 전대를 허

없는 경우에 대하여는 적용될 수 없다. 독일에서의 통설이다. Wolff/ Raiser, Sachenrecht, 10. Bearb., 1957, §84 I 2(S. 320); Baur, Lehrbuch des Sachenrecht, 12. Aufl.(1983), §11 B Ⅲ 2 a.E.(S. 96); Fikentscher, Schuldrecht, 6. Aufl.(1976), §102 V 2(S. 622) 참조. 그런데 위의 사안에 있어서, 임대인은 임차인에게 목적물의 반환을 구할 수 없다. 왜냐하면, 임차인은 그 목적물을 "점유할 권리"(제213조 단서)가 있기 때문이다. 이와 관련하여서는 다음과 같은 견해도 있다. 즉, 타주점유자가 자신의 "점유할 권리"의 내용을 넘는 행위를 한 경우에는 제201조 이하가 적용되어야 한다는 것이다. 가령 Westermann, Sachenrecht, 5. Aufl.(1966), §32 I (S. 124) 참조. 이 견해를 위의 사안에 적용한다면, 임차인은 임대인의 동의 없이 목적물을 전대할 권리는 없는 것이므로 "점유할 권리"의 내용을 넘었다고 할 수도 있을 것이다. 그러나 위의 견해는 일반적으로 찬동을 얻지 못하고 있다. 즉, 독일의 압도적인 다수설에 의하면, 임차인이 그 권한을 넘는 사용·수익을 하였다고 하여서 그 물건을 "점유할 권리"가 없다고는 할 수 없다고 한다. Wolff/Raiser, aaO., §85 Ⅲ 5 a(S. 335); Baur, aaO.; Soergel/Mühl, BGB, 10. Aufl.(1968), Vorb. §987 Anm. 16f.(S.341f.) 참조. 한편 賃貸人이 解止權을 행사한 이후의 기간에 대한 임료에 관하여는 계약청산과 不當利得과의 관계와 관련하여 매우 어려운 문제가 있다. 여기서는 상론하지 않는다.

24) Larenz(註 22) 참조.

25) Neumann-Duesburg, BB 1965, S. 731의 견해. Söllner, Herausgabe des Untermietzinses bei unberechtigter Untervermietung?, JuS 1967, S. 450 참조.

용했을 것이고, 또 그것이 시장상태로 보아 상당한 것이라고
한다면 임차인＝전대인이 마음대로 轉貸를 함으로 말미암아
임대인은 소위 "얻을 수 있었을 이익," 즉 逸失利益(그 액은
결국 轉貸借契約上의 約定賃料를 기준으로 정하여질 것이다)의 賠
償을 請求할 수 있다고 하여야 하지 않을까? 그러나 독일의
다수학설은 이를 부인하고, 위 判決의 태도에 찬성한다.[26] 그
이유의 하나는 임대인이 그러한 損害를 입은 것은 賃借人＝轉
貸人이 賃貸人의 승낙 없이 전대를 한 것과는 아무런 인과관
계가 없다는 것이다.[27] 즉, 賃貸人은 어차피 賃借人에게 정하
여진 기간 동안 목적물의 使用・收益을 허용하였으므로 이를
제 3 자에게 "더 높은 대가"를 받고 임대할 가능성은 봉쇄되어
있는 것이고 따라서 임대인이 이와 같은 損害를 입었다고 한들
이는 이미 임차인에의 애초의 임대에 의한 것이며, 임차인이
후에 그의 승낙 없이 전대한 것과는 관계가 없다는 것이다.[28]

(2) 한편 위의 독일연방대법원판결은, 賃借人＝轉貸人이
轉借人으로부터 받은 보다 많은 임료의 차액상당액을 不當利
得으로서 返還請求할 수도 없다고 한다.[29]

---

26) 학설의 상황에 대하여는 Voelskow(註 6), §549 Fn. 20(S. 725) 참조.
27) Söllner(註 25), S. 450.
28) 그 외에 "타인의 사무를 자신의 사무로서 처리한 자"에 대한 사무
   본인의 事務處理結果 引渡請求權(독일민법 제687조 제 2 항)에 기하
   여 이를 인정하는 견해도 있다. Voelskow(註 6), §549 Rn. 20(S. 725)
   참조.
29) 그 이유에 대하여 동 법원은, "임대인은 전차인에 대하여 임료의
   지급을 청구할 권리가 없기 때문"이라고 한다. 그러나 그 취지는 명
   확하다고는 할 수 없을 것이다.

이에 대하여는 반대의견이 있다. 즉 디데릭센은, 독일민법 제816조 제 1 항 제 1 문의 규정을 類推하여[30] 賃貸人은 賃借人=轉貸人이 받은 賃料 차액의 返還을 請求할 수 있다고 주장한다.[31] 디데릭센은 소유자가 자신의 물건을 권한 없이 임대한 자에 대하여 위 제816조 제 1 항 제 1 문의 規定에 기하여 그가 받은 賃料의 반환을 청구할 수 있는 것과 마찬가지로 (이는 독일의 통설이 인정하는 바이다[32]), 賃貸人은 賃借人=轉貸人이 "目的物의 使用價値를 권한 없이 자기의 것으로 한 결과"로서 전차인으로부터 받은 임료의 반환을 청구할 수 있다고 한다. 그러나 이에 반대하여 위의 판결과 동일한 입장을 취하는 견해도 있다.[33]

---

30) 독일민법 제816조 제 1 항 제 1 문: "無權利者가 어떠한 대상에 관하여 권리자에 대하여 效力이 있는 처분(Verfügung)을 한 경우에 그는 그 處分에 의하여 취득한 것을 권리자에게 반환할 의무가 있다." 가령 무권리자의 처분으로 인하여 그 상대방이 목적물을 선의취득한 경우에 소유권을 상실한 권리자는 처분자에 대하여 그가 받은 대가의 반환을 청구할 수 있다는 취지이다.

31) Diederichsen, Anmerkung zum BGH-Urteil, NJW 1964, S. 2296f. 참조.

32) 가령 Larenz(註 22), §69 Ⅳ a a.E.(S. 566) m.w.N.("使用賃貸나 用益賃貸는 점유의 이전과 마찬가지로 所有權에 관한 처분을 내포하지 않는다. 따라서 제816조 제 1 항 제 1 문을 직접 적용하는 것은 불가능하다. 그러나 권한 없이 [타인의 물건을] 임대하는 자는 임료의 형태로 소유권자에게 귀속되어야 할 물건의 사용가치를 취하는 것이며, 따라서 권한 없이 처분하는 자와 다름없이 그 대가, 즉 임료를 소유권자의 손실 아래 법률상 원인 없이 이득한 것이다.") 참조.

33) 가령 Söllner(註 25), S. 451ff.; Larenz(註 22), §48 Ⅲ a(S. 194) 참조.

V. 轉借人에 대한 損害賠償請求權 등

임대인은 그의 동의를 얻지 않고 목적물을 임차인으로부터 전차하여 사용하고 있는 轉借人에 대하여 損害賠償 등을 청구할 수 있는가? 이에 대하여는 우리 나라에서는 별로 논의가 없으나 일본에서 활발하게 논의되고 있으므로 이를 살펴보기로 하자.[34]

우선 賃貸人은 賃借人에 대하여 賃料請求權을 가지므로 그에게는 전차인에 대하여 손해배상을 청구할 수 없다는 입장이 있다. 일본의 애초의 판례의 태도이다.

그러나 임대인이 임차인에 대하여 賃料請求權을 가진다고 하여도 반드시 그 권리가 실현된다고는 할 수 없으므로 임대인이 현실로 임차인으로부터 임료의 지급을 받지 않은 한 아직 "손해"가 없다고는 할 수 없고, 또 轉借人으로서도 임대인의 승낙이 없다는 점에 관하여 적어도 과실이 있다고 보아야 할 경우가 보통이므로, 他人 즉 賃貸人의 所有物을 권한 없이 사용하는 자로서 賃料 相當額을 지급하여야 한다는 견해가 있다. 일본의 多數說이고, 그 最高裁判所의 태도이기도 하다.[35] 그런데 그 의무를 어떻게 法律構成할 것인가에 대하여는 의견이 나뉜다. 즉 일부의 학설은 不法行爲로서가 아니라 不當利得返還義務가 성립한다고 하고,[36] 다른 일부는 不法行爲

---

34) 이에 관하여는 星野(註 20), 352면 이하.
35) 最高裁判所 1966년 10월 21일 판결(民集 20, 1640).
36) 독일에서는 어떠한 경우에라도 전차인의 임대인(소유자)에 대한

責任의 성립을 인정하나, 별로 實益이 없는 논의라고 생각
된다.

[考試界, 365호(1987.6), 97면 이하 所載]

[後 記]

本文의 Ⅲ.에서 언급한 임대인의 解止權에 관하여, 그 후
대법원은 상당한 태도의 변화를 보였다.

우선 大判 93.4.13, 92다24950(集 41-1, 301)은, 건물에
대한 저당권이 실행되어 경락인이 건물의 소유권을 토지임차
권과 취득하기에 이른 경우에 대하여, "[그로 인한] 임차인의
변경이 당사자의 개인적인 신뢰를 기초로 하는 계속적 법률관
계인 임대차를 더 이상 존속시키기 어려울 정도로 당사자 간
의 신뢰관계를 파괴하는 임대인에 대한 배신행위가 아니라고
인정되는 특별한 사정이 있는 때"에는 예외적으로 임대인이
임대차를 해지할 수 없다고 하면서, 다만 그「특별한 사정」은
경락인이 주장·입증하여야 하는데 당해 사건에서는 그러한

———
不當利得返還義務를 부인한다. 왜냐하면 전차인은 그의 점유 기타를
전대인의 "급부"에 의하여 취득하였고, 또 그 급부의 수령에 관하여
는 법률상 원인, 즉 轉貸借契約이 존재하기 때문이다. 이에 관하여는
타인의 물건을 권한 없이 임대한 경우에 대한 Larenz(註 22), § 69
Ⅳ a(S. 566) 참조. 이는 급부에 의하여 취득한 것은 급부자에 대한
관계에서만 법률상 원인이 있으면 소유자를 비롯한 어떠한 자에 대
하여도 그것을 반환할 의무가 발생하지 않는다는 ——원칙적으로 타
당한 것으로 생각되는—— 소위 給付利得返還請求權(Leistungskondik-
tion)의 優位라는 法理를 적용한 결과이다.

주장 등이 없다고 하여 결국 경락인의 주장을 배척하였다. 여기서 위와 같이 「신뢰관계의 파괴」 운운하는 抽象論은 극히 이채로운 것이었다.

　그런데 그 후 大判 93. 4. 27, 92다45308(공보 947, 1553)은, 임차권의 양수인이 임차인과 부부로서 임차건물에 동거하면서 가구점을 함께 운영하고 있는 事案에서 결국 위의 추상론을 적용하여 임대인의 해지권을 부정하였던 것이다.

民法 제733조에 관한 斷片

1. 민법 제733조는 "和解契約은 錯誤를 이유로 하여 取消하지 못한다. 그러나 和解當事者의 資格 또는 和解의 目的인 紛爭 이외의 事項에 착오가 있는 때에는 그러하지 아니하다"고 규정하고 있다. 이 규정을 얼핏 읽으면 다음과 같은 취지로 이해된다. (ⅰ) 화해계약은 원칙적으로 착오를 이유로 내세워서 취소할 수 없다. 민법 제109조 제 1 항의 적용이 화해계약에 대하여는 원칙적으로 배제되는 것이다. (ⅱ) 그러나 그 착오가 화해당사자의 자격에 관한 것도 아니고 또 화해의 목적인 분쟁에 관한 것도 아닌 경우에는 예외적으로 이를 이유로 화해계약을 취소할 수 있다.

문제는 (ⅱ) 부분이다. 위와 같이 해석하게 되는 것은 위 但書의 "… 이외의 사항에 착오가 있는 때"라는 문구가 그 앞에 든 두 가지 경우, 즉 화해당사자에 관한 착오와 화해의 목적인 분쟁에 관한 착오에 모두 걸리는 것으로 읽히기 때문이다. 그리고 이와 같이 읽는 것은 우리가 통상 쓰는 어법에 비추어 조금도 무리가 아니다. 가령 누가 "김씨 또는 이씨 이외

의 사람은 오지 않는다"라고 말하였다고 하자. 이 말을 우리
는 우선 오지 않는 사람은 김씨 또는 이씨 두 사람을 제외한
모든 사람이라고 이해할 수 있다. 그리고 이렇게 이해하는 것
이 오히려 통상이 아닐까? 이 말을, 오지 않은 것은 첫째로 김
씨이고, 이에 더하여 둘째로 이씨 이외의 사람이라고 이해하
는 경우도 없지는 않을 것이다. 그러나 후자의 뜻으로 이해하
는 것은 역시 언어감각이 비상하게 예민한 사람이거나 그 말
을 하기에 이른 상황이 특히 그 말을 그와 같이 이해할 수밖
에 없는 예외적인 경우에 한정될 것이라고 생각된다.

　　그리고 위 단서 조항을 위와 같이 통상적인 의미로 이해
하는 견해도 있다. 가령 제733조는 독일어로 다음과 같이 번
역되고 있기도 하다. "Der Vergleich kann wegen Irrtums
nicht angefochten werden, es sei denn, daß sich der Irrtum auf
eine andere Sachlage als die Befähigung der Person der
Vergleichsparteien oder den dem Vergleich zugrunde gelegten
Streit bezieht."(Koreanisches Bürgerliches Gesetzbuch. Text-
ausgabe, übersetzt von Cho Kyu-Chang, 1984) 여기서 위 단서
의 "⋯ 이외의 사항"은 명백히 "화해의 목적인 분쟁"뿐만 아
니라 그 앞에 놓여 있는 "화해당사자의 자격"에도 걸리는 것
으로 이해되어 번역되어 있다.

　　2. 그러나 多數의 學說은 위 단서를 그와 같이 해석하지
않는다. 그 학설은 착오로 인한 취소가 예외적으로 인정되는

것은 (i) 그 착오가 화해당사자의 자격에 관한 것인 경우, (ii) 그 착오가 화해의 목적인 분쟁 이외의 사항에 관한 것인 경우라고 해석하고 있다. 즉, 위 단서의 "… 이외의 사항"은 단지 "화해의 목적인 분쟁"에만 걸리는 것이라고 하는 것이다.

　　그러나 그러한 취지를 나타내는 記述方法은 가지가지이다. 가령 金錫宇, 債權法各論(1978), 424면은 "분쟁의 목적 이외의 화해의 전제가 된 사항에 착오가 있는 경우라든가, 또는 화해당사자에 착오가 있는 경우에는 역시 취소할 수 있다"고 하여 앞서 본 예외를 (ii), (i)의 순서로 기술함으로써 위 1.에서 본 바와 같은 오해의 가능성을 피하여 간다. 또 위와 같이 예외의 각 경우에 번호를 붙이는 방법도 있다. 가령 金曾漢·安二濬 編著, 新債權各論(下)(1965), 652면 이하는 "(1) 화해당사자의 자격에 착오가 있는 예로서는 다음과 같은 것을 들 수 있다. 甲의 乙에 대한 채권을 甲의 채권자 丙이 압류하여 전부명령을 얻어, 乙에게 변제를 청구하고, 변제방법 등에 관해서 丙·乙 간에 화해가 성립한 후에, 당해 압류·전부의 전에 甲이 그 채권을 丁에게 유효하게 양도하고 있는 것이 판명된 경우에는, 乙은 이것을 이유로 하여 화해를 취소할 수 있는 것이다. 왜냐하면, 그 화해에서는 당사자의 자격, 즉 丙은 유효한 압류·전부에 의하여 乙에 대하여 채권을 취득하여 乙과 사이에서 그와 같은 화해契約을 할 수 있는 차이냐에 관하여, 착오가 있기 때문이다. (2) 화해의 목적인 분쟁 이외의 사항에 관하여 착오가 있는 예로서는 다음과 같은 것을 들 수 있다. …"(머릿점은 인용자. 이하 같다). 나아가 郭潤直, 再全訂版

債權各論(1984), 535면은 "그러나 당사자의 자격이나 또는 화해의 목적인 분쟁 이외의 사항에 착오가 있는 경우에는 … 취소할 수 있다. 예컨대 … 화해의 당사자의 일방이 채권자 또는 채무자가 아니었다고 하는 경우가 그것이다"(이상 점선부분은 인용자가 생략한 부분)라고 하여 교묘하게 위와 같은 취지를 말하고 있다. 이러한 "…이나 또는"의 방식은 金曾漢, 債權各論(1988), 386면에도 나타나고 있다(그러나 金疇洙, 債權各論(上)(1986), 486면은 이와 거의 동일한 서술을 하고 있는데, 위와 같이 중요한 "…이나 또는"에서 "이나"를 넣지 않고 있다).

3. 위와 같은 다수 학설의 제733조 단서에 관한 해석이 정당함은 무엇보다도 그 규정의 입법과정을 통해서도 드러난다.

(1) 민법 제733조에 해당하는 민법안 제726조의 但書는, 화해계약에 있어서 착오를 이유로 예외적으로 그 취소가 인정되는 경우를 "화해당사자의 자격 또는 화해목적물에 대하여 중대한 착오가 있는 때"라고 정하고 있었다. 원래 화해계약과 착오와의 관계는 오래 전부터 다투어진 문제이고, 각국 입법례의 태도도 나누어지고 있다(이에 대하여는 J.W. Hedemann, Der Vergleichsirrtum nach dem Recht des deutschen Reiches (1903)의 제1부 "역사적 부분"이 로마법 이래 독일, 프랑스의 입법례와 학설을 상세히 소개하고 있다). 여기서는 이에 대하여는

다루지 않기로 한다. 다만 위 초안의 규정과 일견 유사한 것
으로서는 프랑스민법 제2053조 제 1 항("그럼에도 불구하고 화
해는 당사자(personne. 반드시 적합한 譯語라고는 할 수 없다) 또
는 다툼의 목적에 관하여 착오가 있는 경우에는 취소할 수 있다")
이 있고(鄭鍾休, "韓國民法典의 比較法的系譜", 民商法雜誌 91권 5
호(1985), 3면은, 제733조는 프랑스민법으로부터 유래한 것이라고
한다. 그러나 의문이다), 또 중화민국민법 제738조 제 3 호가 예
외적으로 착오를 이유로 화해계약을 취소("撤銷")할 수 있는
경우의 하나로서 "당사자의 일방이 당사자의 자격("當事人之
資格") 또는 중요한 쟁점에 대하여 착오 있는 경우"를 들고
있는 것이 있음을 지적하여 둠에 그친다.

　(2) 그런데 위와 같은 초안의 규정에 대하여 민의원 법제
사법위원회의 민법안심의소위원회(이하 民法案小委라고 줄여
부른다)는 다음과 같이 그 심의의 결과를 말하고 있다. "화해
는 분쟁사항을 목적으로 하는 것이므로 분쟁사항에 착오가 있
더라도 前條의 창설적 효력이 있으므로 착오로 인한 취소
에 의하여 이를 번복할 수 없는 것은 당연하다. 그러나 분쟁
이외의 사항(당사자의 차격 또는 분쟁의 전제 혹은 기초되는
사항 등은 이에 속한다)에 관하여 착오가 있는 때에는 이것을
화해의 대상으로 한 것이 아니만치 前條의 효력을 미치
게 하는 것은 화해계약을 한 당사자의 본의에 반할 뿐 아니라
화해의 결과를 번복하는 것도 되지 않는다(화해의 대상이
아니므로). 따라서 본조는 이 취지에서 단서를 설정한 것인바

상기의 취지를 더욱 명백히 하기 위하여 민법안 단서를 수정함이 가하다(獨民 제779조 참조)."(民法案審議錄, 上卷(1957), 430면)

그런데 이러한 취지에 기하여 民法案小委가 제의한 수정안은 "제726조 중 '화해목적물에 대하여 중대한'을 '화해의 목적인 분쟁 이외의 사항에'로 수정한다"는 것이다(소위 法司委 修正案 第152項). 이 수정안은 위 민법안규정의 단서 중 "화해당사자의 자격"에 대하여는 그것을 삭제하는지에 대하여 아무 말이 없는 것이다. 그러나 위 수정안의 본래의 의미는 위 심의록의 기술에서도 보듯이(특히 머릿점 부분 참조) 의심의 여지 없이 명백하다. 즉, 民法案小委의 의견은 화해의 대상인 분쟁 그 이외의 사항에 대하여 착오가 있는 때에 대하여는 취소할 수 있다는 것이고, 화해당사자의 자격에 관하여 착오가 있는 경우는 그와 같이 취소할 수 있는 경우의 하나인 것이다. 따라서 이러한 의견을 제대로 법문으로 표현하고 오해의 소지를 없애려면, 위 수정안의 내용을 "제726조 중 '화해당사자의 자격 또는 화해목적물에 대하여 중대한'을 '화해의 목적인 분쟁 이외의 사항에'로 수정한다"로 하였어야 했다. 그렇게 하는 경우에는 화해당사자의 자격에 관하여 착오가 있는 경우는 위 단서 조항의 해석으로 당연히 취소할 수 있는 경우에 포함될 수 있는 것이다.

(3) 그런데 민법 제정과정에서 위 수정안에 따른 문언이 가져올 수 있는 위 1.에서 본 바와 같은 오해의 소지는 간과되

었다. 가령 민법안의견서는 다음과 같이 설명하면서 위 수정
안에 찬성하고 있다.

"본조 단서는 화해계약을 착오를 이유로 취소할 수 있는
경우로서 두 가지를 들고 있다. 첫째는 화해당사자의 자격에
착오가 있는 경우이다. … 둘째로는 화해의 목적인 분쟁 이
외의 사항에 착오가 있는 경우에도 화해계약을 취소할 수 있
다. … 이상 양 경우에 화해를 취소할 수 있게 함은 당연한
일이다. 그런데 이 둘째의 경우를 초안에서는 '화해목적물에
대하여 중대한 착오가 있는 때'라고 한 것을 수정안이 '화해
의 목적인 분쟁 이외의 사항에 착오가 있을 때'로 수정하였
다. 초안과 같이, 화해에 의하여 결정된 목적물 자체에 대하
여 당사자에 착오가 있는 경우에, 아무리 착오가 중대한 것
이라 하더라도, 그 화해를 취소시킨다면, 화해계약의 기본적
효력을 상실시키는 것이 되니, 수정안의 태도가 현명한 것임
은 재언을 요하지 않는다."(民法案意見書(1957), 194면. 이 부
분은 玄勝鍾 집필)

　이 설명은 기묘하게 느껴진다. 마치 그 두 가지 경우에
착오를 이유로 화해계약을 취소할 수 있는 것은 법률의 입법
적인 태도결정 이전에 논리필연적으로 인정되는 일인 것처럼
서술하고 있다. 이와 같이 누구에게도 참인 화해계약과 착오
와의 관계에 관한 명제가 있고, 초안은 이 명제와 부합하지
않는 점이 있으므로 그 명제에 부합되게 수정되어야 함은 "재
언을 필요로 하지 않는"다는 것이다. 이러한 발상은 어디서부
터 온 것일까?

 4. 依用民法은 화해계약과 착오와의 관계에 대하여 규정을 두고 있지 않았다. 이 점에 관한 일본의 학설을 살펴보면, 적어도 우리 민법의 제정작업이 진행 중이던 1950년대까지 일본의 학설을 결정적으로 규정하였던 것은 1938년에 발표된 "和解と錯誤との關係について"라는 我妻榮의 논문(法學協會雜誌 56권 4호. 후에 我妻榮, 民法研究 Ⅵ 債權各論(1969), 169면 이하에 收錄되었다. 이하 이 논문을 "我妻論文"이라고 줄여 부르고, 후자의 문헌에 의하여 인용한다)이다(이 점에 대하여는 村上淳一, 和解と錯誤——學說史的研究", 契約法大系 Ⅴ(1963), 191면 참조: "그 후의 학설은 내가 아는 한 我妻 박사의 견해에 따르고 있다"). 我妻論文은 유럽대륙 주요국의 민법에 대한 비교법적 고찰로부터 얻은 성과를 그 때까지의 判決例의 整序에 사용하여 양자를 결합시키고 있다. 그 논문의 요점은 다음과 같다.

 "프랑스, 독일, 스위스의 세 민법의 규정 및 학설을 참고로 하여 우리 판례를 바라볼 때 화해의 착오에 관하여는 다음의 세 경우를 구별하여야 할 것은 거의 분명하다"고 하고, (i) 당사자가 다툼의 대상으로 하고 상호의 양보에 의하여 결정한 사항 자체에 착오가 있는 때, (ii) 다툼의 대상이 된 사항이 아니라, 이 다툼의 대상인 사항의 전체 내지 기초로서 양 당사자가 예정하고 따라서 화해에 있어서도 상호의 양보의 내용으로 되지 않으며 다툼도 의심도 없는 사실로서 예정된 사항에 착오가 있는 때, (iii) 위 두 개의 사항 이외의 점에 착오가 있는 때로 구별한다. (i)의 경우에는 착오는 고려되어서는 안 되며,

이러한 결론은 "화해가 계약으로서 가져야 할 효력으로부터 당연히 도출되는 결과"이다. (ii)의 경우에 착오가 있었던 사항에 대하여 "당해 화해계약은 화해계약으로서 아무것도 결정하는 힘을 가지지 않는다. 따라서 위의 하자는 일반의 경우와 마찬가지의 영향을 미쳐야"하고, 이것은 (iii)의 경우에도 다를 바가 없다. 여기서 "일반의 경우"라고 하는 것은 의사표시의 착오에 관한 일본민법 제95조의 적용을 받아야 한다는 의미이다. 이어서 "독일민법은 위의 제 2 의 경우에 관하여 特則을 마련하였기 때문에, 학자는 제 2 의 경우 외에 제 1 과 제 3 의 두 경우를 들고 양자의 결과가 정반대가 된다. 즉, 제 1 의 경우에는 착오의 영향을 받지 않고 제 3 의 경우에는 그것을 받는다는 것을 말한다. 그러나 우리 민법과 같이 아무런 규정도 두지 않은 입법 아래서는 오히려 제 1 의 경우 외에는 모두 착오의 영향을 받는 것으로서 제 2 와 제 3 의 두 경우를 구별할 필요는 없다고 할 것이다." 그리고 이와 같이 "제 3 의 경우도 제 2 의 경우와 같이 착오의 영향을 받는다"라는 이론은 "우리 판례" 즉 일본 판례가 긍인하고 있는 점이라는 것이다(我妻論文, 174면 내지 177면).

　　이와 같이 하여 화해와 착오의 관계에 관한 이분론, 즉 화해의 목적인 분쟁에 관한 착오와 그 이외의 사항에 관한 착오를 나누고 전자는 계약에 아무런 효력을 미치지 못하며 후자는 착오에 관한 민법의 일반원칙(우리 민법으로 말하면 제109조)에 의하여 처리된다는 이론이 성립하였다. 중요한 것은 그 이론이 그 후 일본의 학설을 지배하였다는 것이다.

그리고 1950년대의 우리 민법학은 이러한 이분법을 의문
의 여지없이 당연한 것으로 인식하지 않았나 생각된다. 민법
안심의록에서 보듯이(위 3.(2) 참조), 이 이분법이론이 민법 제
733조의 바탕에 깔린 것이다.

5. 그러나 위의 이분론은 화해의 목적이 아닌 사항에 착
오가 있는 때에는 민법 제109조의 적용이 있다고 할 뿐이다.
즉 그 경우에는 다시 민법 제109조의 요건이 충족되었는지 여
부를 가려 보고, 그 충족의 경우에만 취소권이 발생한다고 한
다. 그러나 제733조는 반드시 그러한 취지로 읽히는 것은 아
니고, "화해의 목적인 분쟁 이외의 사항은 이에 대하여 착오
가 있으면 언제라도 화해계약을 취소할 수 있다"는 취지로도
이해할 수 있다. 제733조 본문은 "… 이유로 하여 취소하지
못한다"고 하고, 이어서 단서가 "… 때에는 그러하지 아니하
다"고 하고 있다. 그러므로 위 본문에서 정하는 효과인 取消不
能이 단서의 "그러하지 아니하다"라는 말에 의하여 부정되어,
위 단서가 정하는 경우에는 취소할 수 있다고 정한 것으로 보
이기도 한다(위 2.에서 든 여러 문헌의 설명은 이러한 취지인가?).

그러나 위 단서는 그와 같이 解釋되어서는 안 될 것으로
생각한다. 화해계약을 체결한 경우 비록 화해의 목적인 분쟁
이외의 사항에 대하여 그 당사자의 일방이 착오에 빠져 있었
다고 해서 바로 그가 화해계약을 취소할 수 있다고 하면 그
취소가 새로운 분쟁을 일으키는 경우가 대부분일 것이므로,

이것은 분쟁의 해결이라는 화해제도의 제 1 차적인 기능과는 정반대의 결과를 가져오게 되는 것이다. 그리고 민법이 일반적으로 착오에 대하여 취하고 있는, 이것이 의사표시에 영향을 미치는 것을 가급적 제한하려는 태도를 유독 화해계약의 경우에만 포기할 아무런 합리적인 이유가 없다. 나아가 위 4.에서 본 바와 이 제733조의 이론적 바탕인 이분론에 의하더라도, 화해의 목적 이외의 사항에 관한 착오는 그것이 민법 제109조의 요건을 충족시키는 한 고려된다는 의미일 뿐이다.

6. 그렇다면 위 단서에서 정하는 "화해당사자의 자격"에 관한 착오는 어떠한가? 이 경우에는 곧바로 취소권의 발생을 인정할 것인가, 아니면 이 경우에도 나아가 제109조의 요건 충족 여부를 가려 보아야 할 것인가?

위 2.에서 본 金曾漢·安二濬의 "화해당사자의 자격"에 착오가 있는 경우에 관한 예는 我妻榮, 債權各論, 中卷 2 (1962), 881면에서 유래하는 것으로 추측되는데, 그 예의 사안은 日本大審院 1917년 9월 18일 판결(民錄 23, 1342)에서 온 것이다. 이 일본판결은 그 사건에서 착오가 화해계약에 영향을 미침(일본민법 제95조에 따라 계약의 무효)을 긍정하고, 한쪽 화해당사자가 화해에 기하여 강제집행을 하는 데 대하여 다른 당사자의 異議를 받아들이고 있다. 그리고 『民法案意見書』도 화해당사자의 자격에 대한 착오는 곧바로 착오자에게 취소권을 부여한다는 취지로 설명하고 있다.

　　그러나 "화해당사자의 자격"에 관한 착오의 경우도 "화
해의 목적인 분쟁 이외의 사항에 착오가 있는 때"의 하나로서
위 5.에서 설명한 바와 마찬가지로 민법 제109조의 요건이 충
족된 때에 비로소 화해계약이 취소될 수 있다고 해석하여야
할 것이다. 도대체 "화해당사자의 자격"이란 무엇을 의미하는
것인지 불분명하다. "資格"이란 민법에서 달리 사용되지 않는
개념이다. 위에서 본 프랑스민법 제2083조 제 1 항에서 착오로
인한 취소를 허용하는 바의 그 "당사자(personne)"에 대하여
도 그 의미가 불분명하다는 점이 학자들에 의하여 지적되고
있는 바이다. 이에 유사한 민법상의 용어로는 "能力"이라는
말이 있는데, 가령 화해상대방이 행위능력자라고 믿고 화해계
약을 체결하였으나 실은 상대방은 무능력자이었던 경우 그 착
오를 이유로 화해계약을 취소할 수 있는가? 아마도 부정되어
야 하리라고 생각된다. 그런데 이 경우를 "화해당사자의 자
격"과 구별하여 법률효과를 달리할 징표를 찾을 수 있는지 매
우 의심스럽다. 위 일본대심원 1917년 판결의 사안과 같은 경
우에는 민법 제109조에서 정하는 "내용의 중요부분"에 착오
가 있다고 하여 취소를 인정하면 충분하지 않은가 생각된다.

　　7. 민법 제733조를 위와 같이 해석한다고 하더라도 정작
어려운 것은 이제부터이다. 화해계약과 착오와의 관계라는 문
제에 있어서 핵심적인 위치를 차지하는 물음은 화해의 대상
그 자체에 착오가 있을 때 착오자가 계약의 무효 내지 무효화

를 주장할 수 있는가 하는 것이 아니라(이 점에 대하여는 로마
법 이래 그것을 부정하는 것이 일반이다), 그 이외의 사항에 관
하여 착오가 있을 때 그 착오가 어떠한 징표를 가지고 있으면
계약의 무효 또는 무효화를 가져오느냐 하는 것이다. 이것을
우리 민법의 틀 안에서 다시 표현하면, 어떠한 경우에 그 착
오는 의사표시의 중요부분에 관한 것으로 인정되는가 하는 것
이다.

　위 4.에서 본 我妻의 (ii)의 경우는 바로 이 점에 대한 것이
다. 그에 의하면 "분쟁의 대상인 사항의 전제 내지 기초"로서
당사자들이 다툼 없이 예정하고 있는 사항이라고 표현하고 있
다. 이러한 定式化는 독일에서의 行爲基礎(Geschäftsgrund-
lage)에 관한 理論 내지 그 전신으로서의 빈트샤이트의 前提
(Voraussetzung)에 관한 이론을 상기시킨다. 그리고 실제로
독일에서는 화해에 대한 착오의 영향을 정한 독일민법 제779
조 제 1 항은 "법률관계에 관한 당사자들의 분쟁이나 불명확
을 상호의 양보에 의하여 해결하는 계약(화해)"은 다음과 같은
사정이 있으면 효력이 없다고 한다(일반적으로 일정한 착오는 취
소권을 발생시킨다고 하면서, 이 경우는 효력이 없다(unwirksam)
고 하는 이유는 무엇일까?). 즉 "그 계약의 내용에 의하여 확정
적인 것으로 기초에 놓여 있는 사정(Sachverhalt)이 실제와 부
합하지 아니하고, 또한 그 사정을 알았다면 그러한 분쟁이나
불명확이 성립하지 않았었을 때." 그리고 독일의 다수설과 판
례는 이 규정을 행위기초론으로써 설명하여, 주관적 행위기초
가 결여된 경우를 법정화한 것이라고 한다(Larenz; Esser/

Weyers; MünchKomm/Pecher; BGH WPM 1971, 1120 등).

그러나 적어도 현재의 학설과 판례에 의하여 인정되는 우리 착오법을 전제로 할 때에 행위기초론(가령 李英俊, "事情變更의 原則에 관한 研究──獨逸의 行爲基礎論을 中心으로," 司法論集 제5집(1974), 67면 이하)을 "수입"할 필요가 있는지 의문이며, 오히려 그것은 번쇄한 이론취미의 발로인 것으로 생각된다. 독일민법전의 착오법은 "의사의 흠결(Willensmangel)"과 동기의 착오를 준별하여 후자를 고려하지 아니하는 후기보통법학의 착오론의 연장선상에서 마련되었다. 그러나 이러한 태도는 일정한 경우에 동기의 착오도 고려되어야 한다는 실제상의 필요를 충족시켜 주지 못한다. 이러한 필요에 대응한 것이, 우선 ──특히 묵시적으로── 표시된 동기는 의사표시의 내용이 된다는 이론이고, 나아가서는 조건과 동기의 중간에 존재하는 제3의 영역으로서의 "전제" 또는 "행위기초"의 개념인 것이다.

그러나 우리 착오법이 반드시 "의사의 흠결"과 동기의 착오의 준별 위에 서 있는지 의문이며, 또 비교법적 작업의 결론도 동기의 착오를 다른 착오와 다르게 취급하는 데 부정적이다. 그러므로 화해계약과 착오의 문제는 ──行爲基礎論이 아니라── 다시 착오법으로 돌아오게 된다. 그러나 그것만으로는 문제의 위상만을 정한 것뿐이고, 그 해결은 錯誤法 일반의 앞으로의 과제이다.

[考試界, 379호(1988.9), 85면 이하 所載]

[後 記]

저자는 1997년에 출간된 民法注解[XVI]에서 민법 제733
조 부분을 담당하여 집필하였다. 거기서는(同書, 248면 이하)
本稿의 問題意識에 입각하여. "분쟁의 전제 또는 기초가 된
사항으로 쌍방당사자가 예정한 것이어서 상호 양보의 내용으
로 되지 않고 다툼이 없는 사실로 양해된 사항"에 관한 착오
는 화해의 취소사유가 된다는 우리의 判例準則은, 그와 같은
共通의(또는 雙方의) 基礎錯誤는 민법 제109조 제 1 항에서 정
하는 "法律行爲의 內容의 重要部分"에 관한 착오에 해당한다
고 하여도 좋으므로, 이를 긍정적으로 평가할 것이라는 견해
를 피력하였다.

不當配當과 不當利得返還請求

1. 경매와 같이 다수의 이해당사자(집행채무자, 담보제공자, 집행채권자, 담보권자, 일반채권자 등등)가 관여하는 절차에서 실체적으로 정당하지 아니한 배당이 행하여진 경우에 사후적으로 부당이득반환청구에 의한 구제를 인정할 것인가, 어떠한 요건 아래서 어느 범위에서 인정할 것인가. 이에 대하여는, 이에 관한 입법자의 판단이 있으면 그에 따라야 할 것이나, 그와 별도로 바로 부당이득에 관한 일반규정, 즉 민법 제741조를 적용하는 데는 신중을 요한다.

2. 입법자는 다수의 이해당사자 사이의 부당이득반환청구의 순환을 막고 그 절차의 안정을 도모하기 위하여 위의 문제를 배타적으로 규율하는 규정을 두는 경우가 있다.

예를 들어서, 경매로 인한 담보책임에 관하여 민법 제578조에 대하여는 여러 논의가 있을 수 있으나, 이 규정은 권리의 흠결 있는 목적물의 경매로 인한 부당이득문제를 배타적으로 처리하는 것으로 이해할 것이다. 그러한 의미에서 大判 96. 7. 12, 96다7106(공보 96하, 2478) 등이 "대항력 있는 임차권 있는 목적물을 경락받은 자는 계약을 해제하고 채무자 또는——그가 자력 없으면—— 배당채권자에 대하여 그 반환을 구할 수 있을 뿐(또는 계약해제와 함께 또는 별도로, 흠결 있음을 알고 고지하지 아니한 채무자나 이를 알면서 경매신청한 채권자를 상대로 손해배상할 수 있음은 별론), **해제 없이 채무자나 배당채권자를 상대로 부당이득의 반환을 청구할 수 없다**"고 판시하는 것은 정당하다. 그 외에 민법 제578조에 대한 판례의 태도에 대하여는 大判 86. 9. 23, 86다카560(集 34-3, 66); 서울高判 78. 11. 22, 78나1248(판례월보 102, 52) 등도 시사하는 바가 있다.

3. 부당배당과 관련하여서는 주지하는 대로 민사소송법 제593조가 중요하다. 그러나 이 규정으로써 부당이득에 관한 일반규정인 민법 제741조의 적용을 배제할 수는 없다.

(1) 위 규정은 민법 제578조와는 달리 부당배당에 있어서 관련 당사자가 가지는 실체적 권리의 요건이나 내용에 대하여 전혀 언급하지 아니한다. 그러므로 애초 이는 민법 제741조에 대체할 만한 특별규정으로서의 적격이 없다.

(2) 民訴 제593조는 독일 민사소송법 제878조 제 2 항("배

당표에 이의한 채권자가 배당표에 의하여 배당을 받은 채권자에 대하여 우선적 권리(ein besseres Recht)를 소의 방법으로 행사할 권리는 [배당이의소송을 제기할] 기간의 도과와 배당의 실시에 의하여 소멸하지 아니한다")에 그 기원을 둔다. 그리고 이는 독일 구 민사소송법(1898년 전면개정 전의 민사소송법. 이하 CPO) 제764조 제 2 항을 그대로 이어받은 것이다.

CPO 草案의 『이유서』는 후에 CPO 제764조 제 2 항이 된 초안 제711조 제 2 항(문언은 전적으로 동일하다)의 입법이유에 대하여 다음과 같이 말한다.

> "[배당표에 대한 이의로 인하여 발생한] 분쟁의 통일적인 해결에 도달하기 위하여는, [배당]절차에 관하여 인정된 원칙에 따라, 특별한 소송의 제기가 요구된다. 그러나 소송에 의하지 않더라도, 또한 이의의 명시적인 취하가 없더라도, 단지 일정한 기간 내에 소를 제기하지 않았다는 것에 의하여 그 이의[로 인한 문제]를 처리할 수 있도록 하는 것이 당사자들의 이해는 물론이고 일의 성질에도 적합하다. **배당절차상의 필요에 대하여는 이것으로써 족한 것이며, 따라서 제711조 제 2 항은 의문을 없애기 위하여, 이 규정이 배당절차를 넘어서 실체적인 권리에 관하여 결정하는 것이 아님을 확인하려는 것이다.**"(Hahn/Stegemann(Hrsg.), Die gesammte Materialien zur Civilprozeßordnung, 1. Abt.(1881), S. 464. 강조는 引用者에 의함)

현재의 독일의 통설과 확고한 판례도 이러한 입법취지에 좇아, 위 규정의 해석에 관하여, 배당표에 대하여 이의를 하였으나 배당이의소송을 제기하였다는 증명을 하지 아니한 채권자는 물론이고, 아예 배당기일에 출석하지 아니하여 배당표의

실시에 동의한 것으로 간주되는 채권자나 배당기일에 출석하였으나 배당이의신청을 하지 아니한 채권자 또는 일단 이의신청을 하였으나 이를 취하한 채권자도 후에 「우선권을 행사할 실체적 권리」, 즉 부당이득반환청구권을 가진다고 해석한다. 그러므로 위의 규정으로부터 배당이의신청이 「우선권을 행사할 권리」의 존속요건이라거나 배당기일에의 불출석을 위의 실체적 권리의 포기 또는 다른 채권자의 권리의 승인으로 간주하는 것이라고 추론하여서는 안 된다는 것이다.

한편 배당이의소송에 대하여는 그 법적 성질을 訴訟法上의 形成訴訟이라고 하는 것이 통설이다. 따라서 그 확정판결이 실체적 권리의 존부를 확정하는 효력은 없다. 그러나 그 판결은 「배당에서의 우선적 지위」에 관하여는 소송당사자 사이에서 기판력을 가지며, 그러므로 후의 부당이득반환청구소송에서도 그 배당이 법률상 원인이 있다는 점에 대하여는 기속된다고 한다(Rosenberg/Gaul/Schilken, §59 Ⅳ 7; Stein/Jonas/ Münzberg, §878 Rn. 36; MünchKomm/Eickmann, §880 Rn. 3 등).

(3) 民訴 제593조는 원래 "… 優先權을 주장하는 權利는 영향을 받지 아니한다"는 것이었다. 그런데 이것이 1963년의 개정에서 "… 優先權 기타를 주장하는 權利는 영향을 받지 아니한다"는 것으로 바뀌었다. 그 이유는, 반드시 저당권 기타 우선변제권 있는 권리를 가진 자만이 아니라 일반채권자도 부당배당을 받은 자에 대하여 부당이득반환청구를 할 수 있다는 것

을 명확하게 하기 위하여서이다(이 점 方順元, 民事訴訟法(下),
全訂版(1974), 224면).

　　이 점에 비추어 보면, 民訴 제593조는 오히려 부당배당에
있어서 부당이득에 관한 일반규정의 전면적 적용을 전제로 한
것이라고 추론하게 된다.

　　4. 결국 문제는, 배당절차에서 배당을 받았다는 것 자체
가 민법 제741조의 「법률상 원인」의 요건을 충족하는가에 달
려 있다. 그런데 배당절차는 실체적 권리를 실현하는 경매절
차의 일부를 이루는 데 그치며, 그에 의하여 실체적 권리를
확인하거나 형성하는 절차가 아니다. 이 점은, 앞서 본 民訴
제592조에서와 같이, 배당절차에 관한 법규정 자체가 실체적
권리의 존부 및 내용을 도외시하고 배당이의 등으로 인한 분
쟁의 절차적 「처리」에 초점을 맞추고 있다는 데서도 명백하
다. 이렇게 보면, 위의 물음은 부정적으로 답할 수밖에 없을
것이다.

　　또한 "優先權 기타를 주장하는 權利"를 가진 자가 배당절
차에서 자신의 권리를 실현하지 아니하였다고 하여도, 그것이
자신의 권리를 포기하는 것으로 해석되지 아니하는 한, 이로
써 실체적인 권리를 상실할 이유도 없는 것이다.

　　5. 한편 배당이의소송이 행하여진 경우에는, 독일에서와

같이 그 소송당사자 사이에서는 배당의 적법성에 대하여 旣判
力이 생긴다고 해석할 수 있지 않을까.

6. 부당배당을 이유로 하는 부당이득반환청구가 허용된
다고 하더라도, 이로써 ── 적어도 이론적인 ── 문제가 모두
해결된 것은 아니라고 생각된다.

우선 부당배당을 받은 채권자에게 과연 「이득」이 있다고
할 수 있는가, 배당을 받지 못한 채권자에게 과연 「손실」이
있다고 할 수 있는가 하는 점이다. 왜냐하면 前者는 그 배당
으로 인하여 채권이 소멸되었고, 後者는 여전히 채권을 가지
고 있으므로, 아무런 「이득」이나 「손실」도 없는 것이 아닌가
생각될 수도 있기 때문이다. 이 점은, 부당이득의 요건으로서
의 「이득」이나 「손실」을 **실질적으로** 파악하자는 주장에 의하
여서는 충분히 설득력 있는 처리를 획득할 수 없지 않을까.
가령 이러한 주장은 채무자에게 여전히 충분한 자력이 있는
경우를 어떻게 설명할 것인가.

나아가서, 위의 문제와도 관련되는 것인데, 부당이득의
반환을 청구할 수 있는 것이 배당받지 못한 채권자가 아니라
채무자(또는 물상보증인이나 제 3 취득자)라고 할 것이 아닌가.
또는 채무자는 부당배당을 받은 채권자에 대하여 어떠한 요건
아래서 부당배당금의 반환을 청구할 수 있는가. 가령 채권이
없는데도 배당을 받은 자는 채무자에게 ── 배당을 받을 수 있
었을 ── 다른 채권자가 있음을 주장·입증하여 자신의 부당이

득반환의무를 면할 수 있는가 등등.

실은 민법 제578조는 이러한 **종류**의 문제에 입법적 해결을 주기 위한 현명한 규정이라고 생각되는데, 이 규정의 이러한 의미는 그 동안 별로 주목을 받지 못한 점이 있다고 하겠다.

[判例實務硏究 [I] (1997), 610면 이하 所載]

[後　記]

1. 本稿는 1996년 11월 21일에 比較法實務硏究會에서 있었던 「請求金額의 擴張과 配當 後 不當利得返還請求의 許否」에 관한 제 5 회 세미나에서 著者가 토론자로서 행한 토론의 원고이다. 부당배당과 부당이득의 문제에 대하여는 보다 세밀한 논의를 요하며 후일 본격적으로 다룰 필요가 있다고 생각하고 있다.

2. 그 후 大判 96. 12. 20, 95다28304(集 44-2, 382; 공보 97상, 342)은, "민사소송법 제728조에 의하여 준용되는 제605조 제 1 항에서 규정하는 배당요구채권자는 경락기일까지 배당요구를 한 경우에 한하여 비로소 배당을 받을 수 있고, 적법한 배당요구를 하지 아니한 경우에는 … 임금채권과 같이 실체법상 우선변제청구권 있는 채권자라고 하더라도 그 경락대금으로부터 배당을 받을 수는 없을 것"이라 하고, "이러한 배당요구채권자가 적법한 배당요구를 하지 아니하여 그를 배당에서

제외하는 것으로 배당표가 작성·확정되고 그 확정된 배당표에 따라 배당이 실시되었다면, 집행목적물의 교환가치에 대하여서만 우선변제권을 가지고 있는 법정담보물권자의 경우와는 달리, 그가 적법한 배당청구를 한 경우에 배당받을 수 있었던 금액 상당의 금원에 대하여 후순위채권자에게 배당되었다 하여 이를 법률상 원인이 없는 것이라고 할 수 없다"고 판시하였다. 여기서는 당시의 근로기준법 제30조의2 제 2 항(1997년 전면개정 후 제37조 제 2 항)에 의하여 最優先辨濟權을 가지는 賃金債權者들이 원고이었다. 위 判旨는 배당요구로써 우선변제권을 행사하여야 하는 경매목적물상의 권리자와 저당권자 같은 법정담보물권자를 구별하여, 前者에 대하여는 배당요구를 하여야만 실체적으로도 優先辨濟權이 보장된다. 즉 이 경우 배당요구는 실체적 우선변제권 자체의 行使要件이라는 취지로 보인다(그 후의 大判 97. 2. 25, 96다10263(공보 97상, 865)도 동일한 취지를 반복하고 있으나, 여기서는 法定擔保物權者를 별도로 취급한다는 정면의 설시는 없다). 따라서 이 판결이 반드시 本文에서 말한 것과 다른 태도를 취한 것이라고는 단정할 수 없다.

不法行爲法의 展望
—— 一般不法行爲要件의 문제 ——

1. 序 說—不法行爲法의 機能과 一般條項

(1) 私法의 한 영역으로서의 不法行爲法이 담당하는 기능은, 대개 契約的 結合이 없는 서로 未知의 사람들, 따라서 그들 사이의 法律關係에 관하여 意圖的 形成을 도모할 기회를 가지지 못하였던 사람들 사이에서, 그들 사이의 우연한 접촉의 과정에서 그 중 한 사람이 어떠한 형태이든 뜻밖의 不利益을 입은 경우에, 그로 말미암아 발생한 손해를 상대방으로부터 배상받을 수 있도록 함으로써 그 불이익을 상대방에게 轉嫁할 수 있게 하는 基準을, 그 사회와 시대의 價値觀念에 가능한 한 적합한 내용으로 적출해 내는 것이라고 하겠다. 즉, 그것은 하루에도 수없이 일어나고 있는 事故=不幸(Unglück)의 群集 중에서 不法(Unrecht)을 가려내는 기준을 제시하여야 하는 것이다. 그리고 그 기준은 당연히 法律要件의 형태를 갖추어 제시된다.

(2) 다른 모든 法律要件과 마찬가지로, 不法行爲의 成立要件도 가능하면 직접 包攝할 수 있을 만큼 구체적인 내용을 가지는 것이 바람직하다. 그러한 구체적인 법률요건은, 일단 사고가 일어난 경우에 關聯當事者들, 즉 피해자(및 그의 가족 기타 이해관계인), 가해자, 보험업자, 나라(사회보장제도의 주체) 등에게 事故와 관련한 자신의 법적 지위에 대하여 명확한 관념을 줌으로써 法的 安定性을 가질 수 있게 하고, 나아가 사고의 조사, 협상, 권리실행 등을 위한 제반 비용(法經濟學에서 말하는 去來費用(transaction cost))을 현저하게 줄일 수 있게 한다. 뿐만 아니라 사고가 일어나기 전의 단계에서도, 企業組織의 구성에 있어서의 고려, 구체적인 행위단계에서의 操向 등을 통한 손해부담＝비용발생의 回避, 나아가 그 비용의 예측·계산에 의한 제품가격에의 산입·보험가입·공제조합의 구성 등을 통한 손해부담의 分散을 위한 조치 등을 가능 또는 용이하게 한다. 결국 이는 인간의 행위에 計算可能性을 부여함으로써 "합리적인" 사회의 성취에 기여하는 것이다(단 合理性(Rationalität)이 추구되어야 할 유일한 가치는 아니다).

그러나 不法行爲法의 역사는 오히려 구체적 個別要件에서 포괄적 一般要件으로의 역사라고 말할 수 있다. 로마法의 被侵害法益限定＋侵害行爲特定에 의한 애초의 엄밀한 個別要件("燒却, 破損, 破壞(urere, frangere, rumpere)")은 점차 확대·해소되어 결국 프랑스민법 제1382조의 「거대한 一般條項」("過責(faute)에 의하여 손해를 가한 자")에 이르렀고, 이 모범은 후에 全世界的인 支持를 얻었다(오스트리아민법 제1295조, 스위스채무법 제41조, 그리스민법 제914조, 이태리민법 제2043조 등등.
다만 독일민법 제823조 제1항, 제2항, 제826조는 예외. 이는 제1
초안 제704조 제1항이 "고의 또는 과실로 인한 위법한 행위로 타
인에게 손해를 가한 자"라고 정하였던 것을 제2위원회가 "손해배
상권리자가 이로써 확정되지 않으며, 그 확정의 과제가 법률로부터
법원에 넘어간다. 이는 法官職에 대한 독일국민의 지배적인 견해에
맞지 않는다. 나아가 프랑스 판결에서와 같은 폐단이 우려된다"
(Protokolle, Bd. 2, S. 570f. = Mugdan, Bd. 2, S. 1075)는 고려에 의
하여 바뀐 것이다. 그러나 독일의 불법행위법도 결국 去來安全義務
와 소위 「營業權(Recht am Gewerbebetrieb)」과 一般的 人格權 등
의「일반적」인정에 의하여 "실제로는 일반조항에 이르렀다"(Caem-
merer, Wandlungen des Deliktsrechts, in: Gesammelte Schriften,
Bd. 1, S. 526)).

(3) 이들 각국의 일반조항은 모두 過責主義를 내용으로
하는 것이다. 최근에는 불법행위법의 제2의 일반조항, 즉 危
險責任에 관한 일반조항을 제안하는 견해가 있다. 이 견해에
따른 입법이 이루어진다면, 필연적으로 과책주의의 원칙을 채
택하고 있는 위 일반조항들도 그 의미와 기능에 있어서 변화
할 수밖에 없을 것이다. 또한 事故處理라고 하는 보다 넓은
시야에서 보면, 불법행위 외에 保險制度 그리고 강제보험을
포함하는 社會保障制度가 점점 중요성을 더하여 가고 있는 것
으로 생각된다. 실로 事故處理의 綜合體系의 구성이 요구되
고, 또 이러한 종합체계의 적절한 파악이 불법행위법의 이해

에도 필수적이라고 하겠다.

　　그러나 여기서는 일단 이들에 대하여는 논의하지 않기로
한다.

2. 민법 제750조의 내부에서의 分化現象

　　⑴ 민법 제750조는 불법행위책임을 지는 사람을 "故意
또는 過失로 인한 違法行爲로 他人에게 損害를 가하는 者"라
고 정한다. 그리고 學說은 이로부터 4개의 요건을 추출한다.
⒤ 故意 또는 過失에 의한 加害行爲, ⑾ 가해행위의 違法性,
⒤ 損害, 그리고 ⒅ 가해행위와 손해와의 因果關係가 그것이
다. 그러나 이러한 요건들은 민법 제750조에 의하여 처리되는
구체적 사건들에 모두 한결같이 적용되고 있는 것은 아니다.
어떠한 경우에는 그 요건들은 하등 「요건」으로서의 實質을 갖
추지 못하고 있고, 또 어떠한 경우에는 기타의 경우들과는 다
른 內容으로 적용되고 있다. 判例(가능하면 장래의 전망에 보다
유용한 최근의 판례)를 중심으로 그 중 몇 가지만을 살펴본다.

　　⑵ 製造物責任에 관한 드문 판례 중의 하나인 大判 77.1.
25, 77다2092(集 25-1, 21)을 보자(이 판결에 관하여는 많은 논
의가 있다). 이 사건은, 원고가 피고로부터 매수한 사료를 먹
은 닭들이 갑자기 산란율의 급격한 저하를 보이자 이들을 폐
사시키고 그 손해배상을 청구한 것이다. 원고와 피고 사이에

는 계약관계가 존재함에도 불구하고, 그 청구원인은 불법행위
책임이었는데, 결국 피고의 책임은 긍정되었다. 그 과정에서
대법원(또는 그에 의하여 수긍된 원심판결)은 (i) 피고의 과실
및 (ii) 인과관계의 두 가지 점에 관하여, 전통적인 요건사실의
인정과는 다른 방식의 推論을 하고 있다. 여기서 우선 前者에
관하여 보면, "적어도 그 사료에 어떤 불순물이 함유된 것이
틀림없어 제조과정에 과실이 있"다고 한다. 이 판단을 大判
79. 12. 26, 79다1772(판례월보 119, 17)(주사기바늘 사건)과 합
하여 보면, 判例는 손해를 일으킨 제조물에 「결함」이 있으면
그 제조자에게 과실을 인정할 수 있다는 취지라고 이해할 수
있다. 여기서 주목할 것은 과실 판단의 전제가 되는 피고의
「행위」가 전혀 제시되지 않고 있다는 것이다(이는 인과관계 판
단의 전제인 피고의 「행위」에 관하여도 마찬가지이다. 또 위 大判
79. 12. 26. 및 大判 79. 3. 27, 78다2221(要旨集 민 I-2, 1308)(질소
통 사건)도 크게 다르지 않다).

　　여기서 지적하고자 하는 것은 結論의 當否가 아니라, 제
750조에서 내거는 요건들의 效果發生統制性의 범위와 내용이
다. 사태를 솔직하게 파악하면, 위 판결은 결함의 인정만으로
피고의 책임을 긍정하고 있는 것이며(마찬가지로 불순사료로
인한 손해의 배상이 문제된 大判 83. 5. 24, 82다카924(공보 708,
1008)에서도 대법원은 원심이 피고의 불법행위책임을 긍정한 것을
파기하였는데, 그 심리의 주안은 피고가 매도한 사료가 "부패·변
질되었거나 어떤 불순물이 함유되어 있는지" 여부에만 있다. 이 점
大判 76. 9. 14, 76다1269(공보 546, 9350)(채혈병 사건)도 다름없

다), "과실" 운운하는 것은 그 판단이 법규정, 즉 제750조에
기하여 이루어졌다는 것을 보이기 위한 하나의 假裝理由에 불
과하다.

(3) 違法性의 판단에 있어서도 일정한 事案類型에 대하여
는 특수한 고려를 요한다. 전통적으로 이것이 문제되던 第三
者의 債權侵害의 경우뿐만 아니라, 최근에는 人格權과 관련하
여서 이 점이 의식되고 있다(인격권 침해와 관련하여서는 그 損
害賠償의 方式 등 효과 측면의 특이성도 아울러 주목할 필요가 있
다고 생각된다). 가령 大判 88.10.11, 85다카29(集 36-3, 1)은
이를 憲法에서 인정되고 있는 언론·출판 등 表現의 自由와의
대비 하에 논하면서, "두 법익이 충돌하였을 때 그 조정을 어
떻게 할 것인지는 구체적인 경우에 사회적인 여러 가지 이익
을 비교하여 표현의 자유로 얻어지는 이익, 가치와 인격권의
보호에 의하여 달성되는 가치를 형량하여 그 규제의 폭과 방
법을 정하여야 할 것"이라고 전제한 다음, "타인의 명예를 훼
손하는 행위를 한 경우에도 그것이 공공의 이해에 관한 사항
으로서 그 목적이 오로지 공공의 이익을 위한 것일 때에는 진
실한 사실이라는 증명이 있으면 위 행위에 위법성이 없으며
또한 그 증명이 없더라도 행위자가 그것을 진실이라고 믿을
상당한 이유가 있는 경우에는 위법성이 없다고 보아야 할 것"
이라고 결론짓는다.

이와 같이 두 法益이 충돌하는 場에서 별도의 「衡量」에
의하여 위법성 유무를 가리는 判斷構造는 종래에 가령 불법행

위법의 전통적 보호법익인 생명·신체나 소유권이 침해된 경
우에 그 침해 자체로 위법성이 推斷되어 위법성조각사유가 없
는 한 위법하다고 인정되던 것과는 현저한 對照를 이룬다.

(4) 나아가 因果關係에 대하여도 통상의 경우와는 다른
추론방식이 긍정되기도 한다.

그러나 가령 公害事件(또한 위 (1)의 1977년 닭사료 사건을
필두로 하는 제조물책임의 경우도 유사하다)에서 피고의 유해물
질 배출과 원고의 손해 간의 인과관계를 인정함에 있어서는
종래의 판단구조에 일정한 내용변화가 인정되고 있다. 이 점
에 관한 획기적인 판결은 大判 84. 6. 12, 81다558(集 32-3, 53)
이다. 이 사건은 원고가 피고의 비료공장에서 배출된 폐수 안
에 포함된 유해물질에 의하여 원고의 김양식사업이 결국 포기
되지 않을 수 없음을 주장하여 그로 인한 손해의 배상을 구한
것이다. 원심은 피고가 배출한 폐수 안에 유해물질이 포함되
고 그 폐수가 피고의 김양식장에 도달하기는 하였으나, 그 유
해물질이 김을 폐사시키기에 이르렀다는 증거가 없다고 하여
원고의 청구를 기각하였다. 그러나 대법원은 그 중에서도 다
음과 같이 말하여 원심판결을 파기하였다. "공해로 인한 손해
배상을 청구하는 소송에 있어서는 … 인과관계를 구성하는 하
나하나의 고리를 자연과학적으로 증명한다는 것은 극히 곤란하
거나 불가능한 경우가 대부분이므로 … 가해기업이 어떠한 유
해한 원인물질을 배출하고 그것이 피해물건에 도달하여 손해
가 발생하였다면 가해자측에서 그것이 무해하다는 것을 입증

하지 못하는 한 책임을 면할 수 없다고 보는 것이 사회형평의 관념에 적합하다." 이것은 쉽게 말하면 공해를 이유로 하는 손해배상사건은 적어도 인과관계의 인정에 있어서의 입증의 정도 내지 필요와 관련하여 다른 유형의 손해배상과는 달리 취급하겠음을 정면으로 시인하는 것이다(이를 蓋然性理論으로 설명하는 견해도 있다).

또한 大判 89.7.11, 88다카26246(공보 855, 1228)은 의사인 피고가 환자의 부상한 頭部를 진찰함에 있어서 발견할 수 있었을 상해부위를 발견하지 못한 경우에, 과연 피고가 이를 제대로 발견하였더라도 그에 대한 施術로 환자가 사망의 결과를 피할 수 있었을 것이냐가 다투어진 사건이다. 원심은 適時의 발견 및 시술에 의하더라도 蘇生率은 50%에 지나지 않는다고 하여, 피고의 과실과 환자의 사망과의 인과관계를 부인하고, 망인의 유가족인 원고들의 청구를 기각하였다. 그러나 대법원은 그 경우에도 인과관계를 긍정하고 있다. 여기서 인과관계, 즉 피고가 그러한 행위를 하지 않았더라면 사망의 결과가 발생하지 않았을 것(소생하였을 것)이라는 증명은 50%밖에 되지 않고 있다(이 점에 관한 독일판결의 태도, 즉 과실의 중대성 유무에 의한 구별에 관하여는 우선 Deutsch, Beweis und Beweiserleichterungen des Kausalzusammenhangs im deutschen Recht, 黃迪仁 박사 華甲紀念論文集(1990), 643면 이하 참조). 또 大邱高判 90.4.12, 88나3049(법률신문 1984, 10)은 중금속에의 노출과 현재의 질환과의 인과관계를 인정함에 있어서, 현재의 질환의 가능한 원인 4가지를 들고서는 그 중 셋은 각각 원인

적합성이 없다고 하여 하나씩 消去해 나가서, 결국 나머지 하
나의 원인, 즉 중금속에의 노출이 그 원인임이 "강력하게 의
심된다"고 하여 인과관계를 일응 추정하고 있다.

3. 評價 및 展望

(1) 우선, 위 1.에서 본 바 있는 不法行爲法의 一般條項化
는 ──自然法學 등의 영향 외에도── 수긍할 만한 점이 있다.
그것은, 각각의 個別要件이나 法解釋學이 이들을 가공하여 제
공하여 주는 法的 技術이 사회에서 일어나는 각종의 事故의
정당한 處理를 위한 法的 道具를 분명 부족하게밖에 제공하여
주지 못할 때, 그럼에도 불구하고 法素材를 포괄적인 成文法規
에 의하여 「처리」하고자 하는 法典編纂理念(Kodifikationsidee)
을 관철하기 위한 하나의 窮餘之策이다. 그러므로 이러한 일
반조항에 의한 처리는 엄밀한 의미에서 하등 「처리」라고는 말
하기 어렵고, 「처리」의 그나마 어렴풋한 方向만을 지시할 뿐
인 것이다.

뿐만 아니라 이러한 一般條項化는, 여전히 개별요건을 앞
세우고 성문법에 의한 법소재의 포괄적 처리를 지향하지 않는
英美法에서도 過失責任(negligence liability)이 현저하게 확대
되어 가는 것을 보면, 그 배후에 단지 法典編纂理念만이 아닌
보다 實質的인 理由가 있음을 추측할 수 있다. 즉 都市化나
극도의 分業化의 진행으로 인하여 「우연한 接觸」의 量과 內容

이 이미 개별요건에 의한 처리로써 만족할 수 있던 「즐거운 옛날」을 잊게 할 만큼 폭발적으로 增加하고 현란하게 多樣해 졌다는 것이다.

결국 독일민법전의 입법자들이 "確定的인 客觀的 基準" 으로서 설정한 3요건으로써 저지하려 하였으나(Protokolle, aaO. 앞의 1.(2) 말미 참조) 결국 실패한 바 있는, "課題를 判例 와 學說에 넘기는 일"은 우리 나라에서도 대체로는 불가피한 것이라고 생각된다.

(2) 문제는 그「판례와 학설」의 내용이다.

위 1.(2)에서 본 "합리화"의 이익은 반드시 구체적인 법률 규정만에 의하여 성취되어야 하는 것은 아니고, 불법행위법의 처리를 요구하는 여러 사안에 대한 가령 類型論的 接近에 의 하여 각 事案類型마다 그에 적합한 법리를 명확하게 구성하여 감으로써도 달성될 수 있다. 그리고 이러한 접근이야말로 일 반조항에 "구체적 내용과 한계(Form und Grenze)"를 부여하기 위한 가능한 최선의 방법이 아닌가 생각한다(Caemmerer, aaO., S. 211. 단 不當利得의 일반규정에 대하여). 부당이득법이 "객관적 법과 개별적 정의의 불일치를 공평에 의하여 교정하 는 고차원의 법"이 아니듯이, 불법행위법이 단지 "損害의 公 平한 分擔"이라는 극히 막연하고 내용이 공허한 구호(이는 Hedemann에 연원하는 것으로 이것이 我妻를 거쳐 우리에게까지 온 것으로 추측하고 있는데, 이는 결국 法官에의 白紙委任이고 학 설의 역할포기 이외의 아무것도 아닐 것이다)에 의하여 형성되어

가서는 안 된다.

나아가 위 2.에서 본 바와 같이 민법 제750조의 영역 내에서도 이미 일정한 事案類型, 즉 製造物責任, 公害, 醫療過誤, 소위 人格權 등의 독자성 획득의 경향이 분명히 간취된다. 이러한 민법 제750조 내부에서의 分化現象은 앞으로도 계속 진행되리라고 전망된다. 그리고 이 사안유형들은 비단 우리나라뿐만 아니라, 외국에서도 역시 독자적인 영역으로 다루어지는 경향이 있다. 오히려 우리 나라에서의 이러한 獨自化의 경향은 외국에서 일어난 문제제기의 수용이라는 측면이 강하지 않은가 하는 느낌도 든다.

우리는 앞으로 이와 같이 이미 제시된 端緒들을 끝까지 밀고 나가 보아야 할 필요가 있다고 생각한다("總論보다는 各論을!"). 경우에 따라서는, 過失이나 違法性과 같은 일반요건을 전혀 고려하지 아니하고, 그 事案類型 자체의 내적인 論理(Sachlogik)를 철저히 따라가 생각해 보는 자세가 필요할 것이다. 그리고나서 그것이 일반조항과 어느 점에서 조화될 수 있고, 어느 점에서 결정적으로 작별하지 않으면 안 되는가를 따져 보아야 할 것이다. 이로써 우리는 그 事案類型에 보다 적합한 구체적 해결을 발견할 수 있을 뿐만 아니라, 이를 통하여 一般條項의 實效性을 확인함으로써 그것을 貧血·無內容의 위험에서 건져낼 수 있지 않을까 기대해 본다. 또한 이를 통하여 개별적인 사안유형만을 파악하는 特別立法(가령 製造物責任法 등)의 當否와, 필요하다고 인정되는 경우 그 내용 및 한계를 바로 제시할 수 있을 것이다(이 특별입법과 관련된 문제

에 대하여는 별도의 관점에서 종합적인 논의가 필요하리라고 생각
된다).

그리고 중요한 것은 앞서 獨自化의 단서를 보이고 있는
事案類型들은 우리 사회에서 그 적절한 해결이 시급히 요구되
고 있는 극히 現實性 있는 문제들이라는 점이다. 따라서 이
문제의 추급은 법학설의 有用性 확보라는 관점에서도 필요한
것이다.

(3) 不法行爲法은 실로 광범한 분야이고, 그 중에서 민법
제750조는 核心的인 位置를 차지하고 있으며, 이는 "19세기의
자유주의 민법"을 언필칭 "극복"하였다는 "현대 민법" 아래
서도 변함이 없을 것이다. 그러나 어떠한 法制度라도 항구불
변의 내용을 가질 수는 없다. 民法典의 새로운 세대를 맞이하
면서 우리는 제750조의 過責主義 원칙을 재음미하면서, 그 원
칙이 새로운 事故類型들에 부딪혀 일으키는 새로운 音波에 귀
를 열고 그 의미를 새기는 작업(그 성과는 다시 過責主義의 이
해로 환원되어야 한다)을 게을리하여서는 안 될 것이다.

[民事法學, 9·10호(1993.7), 525면 이하 所載]

[後 記]

1. 本稿는 1990년 10월 13일에 있었던 韓國民事法學會의
「민법전 시행 30주년 기념 학술대회」에서 발표한 글을 바탕

으로 한 것이다. 그 후에 저자는 1992년 여름에 民事判例硏究
會가 「不法行爲制度의 基礎」라는 주제로 개최한 심포지엄에
서 「不法行爲法의 變遷과 可能性」이라는 제목으로 본고의 延
長線에 있다고 할 수 있는 글을 발표하였다(民事判例硏究 15집
(1993), 371면 이하(民法硏究 제 3 권(1995), 307면 이하 再錄)).

  2. 本文의 2.(2)에서 언급한 製造物責任에 대하여는 그
후 大判 92. 11. 24, 92다18139(集 40-3, 158)이, "물품을 제조
하여 판매하는 제조자는 그 제품의 구조, 품질, 성능 등에 있
어서 현대의 기술수준과 경제성에 비추어 기대가능한 범위 내
의 안전성과 내구성을 갖춘 제품을 제조하여야 할 책임이 있
고, 이러한 안전성과 내구성을 갖추지 못한 결함 내지 하자로
인하여 소비자에게 손해가 발생한 경우에는 계약상의 배상의
무와는 별개로 불법행위로 인한 배상의무를 부담한다고 보아
야 한다"는 抽象論을 판시함으로써, 그 동안의 裁判例의 展開
를 마무리하고 있다.

  이 判旨는 민법 제750조가 정하는 要件과의 訣別을 더욱
명확하게 보여준다. 즉 가해행위나 고의/과실 또는 위법성 등
과는 아무런 聯關도 지음이 없이 「불법행위책임」을 인정하고
있는 것이다.

損害賠償의 範圍와 方法

── 損害賠償責任의 內容 ──

A. 一般的 考察

I. 現行 損害賠償法의 原則

1. 현실적으로 발생한 損害의 塡補를 내용으로 한다.

2. 賠償 후 피해자가 원인사유 발생이 없었을 경우보다 오히려 재산이 증가하는 일이 없도록 한다. 懲罰的 損害賠償은 否認된다.

3. 歸責事由의 내용은 배상액에 영향을 주지 않는다. 輕過失이라고 하여 고의 또는 중과실의 경우보다 배상 의무가 감경되지 않는다.

4. 制限賠償主義

5. 金錢賠償主義

6. 損害의 발생이나 그 정도·액에 관하여도 증명의 일반원칙(엄격한 증명, 본증 등)에 대한 例外는 인정되지 않는다.

7. 손해배상의 범위와 방법을 정함에 있어서 法官의 自由裁量은 認定되지 않는다.

8. 손해개념은 一元的으로 정하여지며, 일반적으로「손해의 발생 → 배상범위 → 배상액 산정」이라는 단일한 思考節次에 의하여 賠償義務의 內容이 결정된다.

9. 被侵害利益의 種類에 따라 배상의무의 내용을 달리 정하지 않는다.

10. 人身事故에 있어서의 소위「扶養構成」은 인정되지 않는다.

Ⅱ. 前   提

1. 채무불이행을 포함한 손해배상 일반에 관한 通則規定을 두지 않는다.

2. 손해배상문제의 非訟的 側面이 정면에서 고려되어야 한다.

Ⅲ. 基本的 方向

1. 기본적으로 現行의 原則을 지킨다(특히 위 1, 2, 3, 4, 8, 9, 10 원칙).

2. 배상의 방법과 내용을 個別事案의 特性에 맞게 운용할 수 있도록 制度에 보다 많은 伸縮性 또는 彈力性을 준다.

3. 法官의 재량을 한정된 범위에서 인정하되, 適正한 限界(Rahmen/Grenzen)를 설정한다.

[留保] 불법행위유형에 따른 책임내용의 세분

Ⅳ. 具體的 提案

1-1. 非財産的 損害의 賠償에 관한 일반적인 규정(考慮되어야 할 事項 등)을 두고, 제751조, 제752조를 삭제한다.

1-2. 損害賠償의 範圍에 관한 規定을 별도로 둔다 → 제763조에서 준용되는 규정 중 제393조를 삭제한다.

1-3. 金錢賠償의 방법 외에도 필요한 경우에는 原狀回復을 명할 수 있도록 한다 → 제764조를 삭제하고, 제763조에서 준용되는 규정 중 제394조를 삭제한다.

1-4. 人身事故의 경우에 定期金賠償을 가능하도록 한다.

1-5. 豫防的 不作爲請求에 관한 규정을 둔다.

[기타 檢討事項]

2-1. 손해의 존부와 내용 및 정도에 관한 證明에 있어서 法官의 보다 자유로운 裁量에 관하여 명문의 규정을 둔다.

2-2. 불법행위로 인한 손해배상청구권의 소멸시효에 관한 규정을 보완한다.

[現行規定 維持]

3-1. 過失相計에 관한 규정(제763조에 의한 제396조 준용)

을 그대로 둔다.

3-2. 제765조(裁量減輕)를 그대로 둔다.

3-3. 損害概念에 관한 규정을 두지 않는다.

3-4. 損益相計에 관한 규정을 두지 않는다.

B. 具體的 提案에 대한 說明

제 1　改正의 提案

I. 非財産損害의 賠償("慰藉料")

1. 現　　行

위자료규정(제751조, 제752조)의 死文化, 제750조에 의한 처리

(1) 제751조(財産 이외의 損害의 賠償) 제 1 항: "他人의 身體, 自由 또는 名譽를 해하거나 기타 精神的 苦痛을 가한 자는 財産 이외의 損害에 대하여도 배상할 책임이 있다."

○ 「정신적 고통」 없는 非財産損害("재산 이외의 손해")는 부인되는 것인가?

○ 제 2 항에서 정하는 定期金給付는 비단 非財産損害에 한정될 것은 아니다.

(2) 제752조(생명침해로 인한 위자료)

○ 生命侵害 이외의 경우에도 近親에게 위자료가 인정되

고 있다.

○ 생명침해의 경우에 "直系尊屬, 直系卑屬, 配偶者"이
외에도 가령 兄弟에 대하여 위자료가 인정되고 있다.

(3) 國家賠償法 제 3 조 제 5 항: "생명 또는 신체의 해를
입은 피해자의 직계존속·직계비속 및 배우자와 신체 기타의
해를 입은 피해자에 대하여는 … 정하는 기준 내에서 피해자
의 사회적 지위, 과실의 정도, 생계상태, 손해배상액 등을 참
작하여 그 精神的 苦痛에 대한 위자료를 배상하여야 한다."

2. 立 法 例

(1) 독　　　일

○ 獨民 제253조, 제847조로 법률의 규정에 있는 경우에
만 인정.

○ 判例로 人格權侵害의 경우에는 明文 없어도 인정.

(2) 스 위 스

스債 제47조: "사람의 사망이나 신체침해의 경우에 법
관은 특별한 사정을 평가하여 被害者 또는 亡人의 家族(An-
gehörigen)에게 적절한 금액을 위자금(Genugtuung)으로서 인
정할 수 있다."

3. 檢　　討

(1) 기본적으로 배상방법으로서의 「위자료」의 독자적·적

극적 의미가 인정되어야 한다. 慰藉料는 단지「정신적 고통」
에 대한 塡補(Entschädigung)가 아니라, 재산손해는 없더라도
당해 불법행위에 대한 救濟手段으로 금전의 지급을 명하는 것
이 적절한 경우(특히 정신적 인격권의 침해, 생활방해 등의 경우)
에 인정되는 일반적 ——그러나 역시 보충적인—— 배상방법이
라고 평가할 것이다. 따라서 그 책임의 유무와 내용을 정함에
있어서는 다양한 사정이 아울러 고려되어야 한다.

  (2) 제750조의 "타인에게 손해를 가한"이라는 文言만으로
는 이 점을 적확하게 표현할 수 없다.

  (3) 다른 한편으로 현행법의 규정체계를 기본적으로 유지한
다는 입장에 비추어, 역시 이를 현실적으로 발생한「損害」의
「賠償」으로 위치시키는 것이 적절하고 또 그렇게 할 수 있다.

4. 提　案

  (1) 제751조와 제752조를 삭제한다.

  (2) 제751조: "불법행위로 인한 손해배상에 있어서는 財
産 이외의 損害[用語: 非財産的 損害 또는 非財産損害. 현행 제
761조 제 1 항: "財産 이외의 損害"]도 賠償되어야 한다. 그 책임
및 금액을 정함에 있어서는 당사자의 행위의 내용과 태양, 손
해발생의 경과, 재산적 손해[재산손해]의 정도 및 배상 여부,
피해자의 정신적 고통, 당사자의 재산 및 생활상태 기타 一切
의 事情이 고려된다."

Ⅱ. 損害賠償의 範圍

1. 現　　行

(1) 제763조에 의한 제393조, 특히 同條 제 2 항("特別한 事情으로 인한 손해는 債務者[加害者]가 그 事情을 알았거나 알 수 있었을 때에 한하여 賠償의 責任이 있다") 준용

○ 國家賠償法 제 3 조 제 4 항: "… 損害는 不法行爲와 相當因果關係가 있는 범위 내에서 賠償을 한다."

(2) 문　　제

(a) 실제로 현저하게 중요한 바의 過失不法行爲에서 가해자가 피해자의「특별한 사정」을 알 수 있었는지를 따지는 것은「事故」(accident: Unfall)의 우연적 성질에 비추어 적절하지 않다. 과실가해자가 피해자의「특별한 사정」의 존부를 알았는지 여부는 그야말로 偶然事로서, 책임범위확정의 객관적 기준이 될 수 없다.

(b) 현재는 한편으로 제393조를 相當因果關係를 정한 규정이라고 이해하고(학설), 다른 한편으로「상당인과관계」를 변태적으로 운용함으로써(실무), 이 문제를「회피」해 가고 있다.

2. 立 法 例

(문헌) Honoré, Int'l Enc.Com.L., XI, Ch. 7.

3.　檢　　討

⑴ 어느 나라에서도 문자 그대로의 의미에서의 完全賠償
主義를 취하지 않는다. 문제는 賠償範圍를 制限하는 基準 또
는 그 定式.

⑵ 이에 관한 實務의 運用은 기본적으로 건전하다.

⑶ 한편으로 다양한 原因 및 損害의 類型에 대응할 수 있
으며, 다른 한편으로 制限賠償主義를 표현할 수 있는 文言을
탐색하여야 한다.

4.　提　　案

⑴ 제763조에서 제393조를 삭제한다.

⑵ 제752조를 다음 중 하나로 한다.
제 1 안 : "不法行爲로 인한 損害賠償은 그 불법행위가 適
合한[相當한] 원인이 되는 損害를 그 한도로 한다."
제 2 안 : "不法行爲로 인한 損害賠償은 相當한 損害를 그
한도로 한다."
제 3 안 : "不法行爲로 인한 損害賠償은 그 불법행위가 損
害를 발생시키기에 適合한[相當한] 原因이 되는 경우에 그 손
해의 배상을 내용으로 한다."

5. 小委員會에서 제기된 意見

(1) 제763조가 제393조를 준용하는 방식으로 배상범위를 획정하는 현행 민법의 태도가 부적절하다는 점에는 별다른 異見이 없었다.

(2) 그러나 제393조에 대체하는 기준으로 「적합성」 또는 「상당성」 이외의 定式을 더 찾아볼 필요가 있다는 의견이 있었다.

(3) 가령 제2항으로 "前項의 적합성[상당성] 유무를 판단함에 있어서는 가해자의 귀책사유의 내용이 고려되어야 한다"는 규정을 두는 등으로, 주관적 요건에 따라 배상범위에 차등을 두는 것도 검토할 필요가 있다는 의견이 제기되었다.

Ⅲ. 損害賠償의 方法

1. 現   行

1.1. 原   則

제763조에 의한 제394조("다른 意思表示가 없으면 損害는 金錢으로 賠償한다") 준용

1.2. 例   外

(1) 名譽毀損에 관한 제764조("… 法院은 被害者의 請求에 의하여 損害賠償에 갈음하거나 損害賠償과 함께 名譽回復에 適當한 處分을 명할 수 있다.")

○ 條文만으로는 「명예회복에 적당한 처분」을 손해배상
과 별도의 책임내용으로 파악하는 듯하나, 그것도 역
시 손해배상의 내용으로 볼 것.

○ 類似規定 —— 가령 特許法 제131조: "法院은 고의 또
는 과실에 의하여 특허권 또는 전용실시권을 침해함
으로써 특허권자 또는 전용실시권자의 업무상의 신용
을 실추하게 한 자에 대하여는 특허권자 또는 전용실
시권자의 청구에 의하여 손해배상에 갈음하거나 손해
배상과 함께 특허권자 또는 전용실시권자의 業務上의
信用回復을 위하여 필요한 措置를 명할 수 있다."(意
匠法 제66조, 상표법 제69조도 類似. 실용신안법 제31조는
특허법 제131조 準用)

또한 不正競爭防止法 제6조, 제12조도 참조.

(2) 鑛業法 제93조: "① 손해배상은 金錢으로 한다. 다만
賠償金額에 비하여 過多한 費用을 요하지 아니하고 原狀을 回
復할 수 있는 경우에는 被害者는 원상의 회복을 청구할 수 있
다. ② 賠償義務者의 申請이 있는 경우에 法院은 적당하다고
인정할 때에는 제1항 본문의 규정에 불구하고 金錢賠償 대신
에 原狀回復을 명할 수 있다."

○「금전배상」과 「원상회복」의 槪念對를 실정법상 인정
하고 있다.

○ 原則에 비추어 상당히 伸縮性 있는 내용 —— 請求者,
要件 등의 면에서.

2. 立 法 例

(문헌) Stoll, Int'l Enc.Com.L., XI, Ch.8.(이하 Ⅲ, Ⅳ 포함)

⑴ 프 랑 스

"損害를 賠償할 의무를 진다"고만 규정(佛民 제1382조).

⑵ 독　　일

原狀回復을 원칙으로 하고, 피해자는 경우에 따라 원상회복에 갈음하여 또는 그것과 함께 금전배상을 청구할 수 있다 (獨民 제249조 이하).

여기서 「원상회복」에는 침탈된 물건의 반환이나 소멸시킨 권리의 재설정, 훼손된 물건의 수리, 나아가 계속적 불법행위의 정지도 포함된다. 실제로는 금전배상이 오히려 빈번하게 행하여진다고 한다.

⑶ 스 위 스

損害賠償의 方法(Gestalt des Schadensersatzes), 즉 금전배상인가 원상회복인가는 법관의 자유로운 재량에 의하여 결정된다(스債 제43조 제1항 및 판례). 그러나 법원실무에서 원상회복이 명하여지는 일은 드물다고 한다.

3. 檢　　討

⑴ 가령 物損의 경우 가해자가 능력과 의사가 있다면 新品을 제공하는 것으로 족하지 않은가?

⑵ 제 3 자에 의한 債權侵害의 경우에 채권자가 가해자가
행하거나 작출한 行爲 또는 狀態(가령 登記)의 除去를 명할 필
요가 있다.

⑶ 제764조를 명예훼손 이외의 경우, 특히 정신적 인격권
침해의 경우에도 확장할 필요가 있다.

4. 提　　案

⑴ 제763조에서 제394조, 제764조를 삭제한다.

⑵ 제752조의 2: "損害賠償은 金錢으로 한다. 그러나 當
事者는 相當한 理由가 있는 경우에는 不法行爲가 없었다면 있
었을 狀態의 回復을 청구할 수 있다."

＊＊ 그런데 이는 불법행위에 한정된 문제는 아니다. 후에
債務不履行으로 損害賠償에 대한 개정검토가 있을 경우에는
아울러 논의되어야 한다. 만일 그 때 위 提案과 같은 규정이
채무불이행에도 마련된다면, ⑴ 및 ⑵ 모두 불필요하다.

Ⅳ. 定期金賠償

1. 現　　行

⑴ 제751조 제 2 항이 慰藉料에 대하여만 규정하고 있다.

⑵ 實務에서도 거의 행하여지지 않고 있다.

2. 立 法 例

(문헌) McGregor, Int'l Enc.Com.L., XI, Ch. 9.

⑴ 독　　일

獨民 제843조 제 1 항: "신체나 건강의 침해로 인하여 피해자의 가동능력이 소멸 또는 감소하거나 그 需要가 증가한 경우에는, 피해자에 대하여 定期金의 支給에 의하여(durch Einrichtung einer Geldrente) 損害賠償이 행하여져야 한다."

⑵ 스 위 스

스債 제43조 제 2 항: "손해배상이 定期給付의 방식으로 (in Gestalt einer Rente) 행하여지는 경우에는 채무자는 이와 함께 담보도 제공하여야 한다."

⑶ 英美의 경우 인신손해의 경우에는 일반적으로 정기금 배상을 명한다.

3. 檢　　討

⑴ 정기급부에 의한 손해배상을 인정할 필요성이 있다. 특히 身體侵害로 인한 逸失利益의 배상에 있어서 辯論終結 당시 후유증의 有無와 그 程度가 엄밀하게 확정적이라고 하기 미묘한 경우가 그러하다.

⑵ 다른 한편으로 정기금배상은 당사자에게 訴訟의 反復

을 강요하고 불명확한 法律關係에 남겨 둘 우려가 있다. 그러
므로 우리 실정에서는 이를 예외적으로 인정하는 것이 바람직
하다.

4. 提   案

제752조의 3:

"① 法院은 身體의 侵害를 이유로 하는 損害賠償을 定期
金의 支給에 의하여 할 것을 명할 수 있다. 그 때 法院은 상당
한 擔保를 提供하게 할 수 있다.

② 그 命令이 있은 후에 事情의 變化가 있는 때에는 當事
者는 그 命令의 取消 또는 變更을 請求할 수 있다."

V. 豫防的 不作爲請求

1. 現   行

⑴ 民法에는 명문의 규정이 없음

⑵ 不正競爭防止法 제 4 조: "① 부정경쟁행위로 인하여
자신의 영업상의 이익이 침해되거나 침해될 우려가 있다고 인
정하는 자는 부정경쟁행위를 하거나 하고자 하는 자에 대하여
法院에 그 행위의 금지 또는 예방을 청구할 수 있다. ② 제 1
항의 규정에 의한 청구를 할 때에는 그 부정경쟁행위를 조성
한 물건의 폐기, 부정경쟁행위에 제공된 설비의 제거 기타 부
정경쟁행위의 금지 또는 예방을 위하여 필요한 조치를 함께

청구할 수 있다."

기타 법률규정

2. 立 法 例

(1) 독 일

판례·통설에 의하여 vorbeugende Unterlassungsklage
(實體法說이 유력)이 認定됨.

(2) 일본에서의 論議

3. 檢 討

(1) 物權的 請求權이 주어지지 않는 物權 이외의 法益을
불법행위로부터 보호할 必要 —— 현재는 假處分(민사소송법
제714조 제2항의 "臨時의 地位를 정하는 假處分")에 의하여 부
분적·임시변통적으로 救濟.

(2) 損害賠償은 기본적으로 불법행위가 있고난 후에 주어
지는 事後的 救濟手段이나, 불법행위가 급박한 경우 등에 이
를 事前에 막는 장치를 부여하여야 한다. 이는 物權/債權의
구분이라는 민법의 기본원칙과는 무관한 문제이다.

(3) 실무에서 행하여지고 있는 假處分에 실체법적 기초
("被保全權利")를 줄 필요가 있다.

4. 提　案

제764조: "不法行爲가 急迫하거나 反復될 明白한 憂慮가 있는 경우에 그 行爲로 인하여 손해를 입을 사람은 그 行爲의 留止 또는 豫防을 請求할 수 있다."

5. 小委員會에서의 意見

(1) 「예방적 청구권」의 인정 여부를 손해의 정도, 가해행위의 태양, 주관적 사유 등을 종합적으로 고려하여 판단하게 하는 것이 적절하다는 見解가 있었다.

(2) 有責性을 전제로 하는 「불법행위」라는 文言 대신 그것이 없어도 족한 「違法한 加害行爲」라는 문언이 보다 적절하다는 見解가 있었다.

제 2　기타 檢討事項

I. 證明에 관한 法官의 보다 자유로운 裁量

1. 現　行

(1) 민법이나 민사소송법에 규정 없음.

(2) 그러나 판례는 특히 將來의 逸失利益과 관련하여 證明度 등을 약화하고 있음.

2. 立 法 例

⑴ 독　　일

민사소송법 제287조 제 1 항: "당사자들 사이에 손해의
발생 및 액 또는 배상할 이익의 액에 관하여 다툼이 있는 경
우에 법원은 이에 관하여 모든 事情을 評價하여 自由로운 確
信에 좇아(unter Würdigung aller Umstände nach freier Überzeu-
gung) 판단한다. 신청된 증거조사를 인용할 것인지 여부 및
정도, 職權으로 鑑定을 하도록 할 것인가는 법원의 재량에 의
한다. …"

⑵ 스 위 스

스債 제42조 제 2 항: "額數的으로 증명할 수 없는 損害
(der nicht ziffermässig nachweisbare Schaden)는 사물의 통상
의 경과와 피해자가 취한 조치를 고려하여 법관의 재량에 의
하여 評價된다(abschätzen)."

3. 檢　　討

⑴ 기본적으로 民事訴訟法에 속하는 사항

⑵ 立法으로 정할 필요가 있는가? 불법행위로 인한 배상
책임에 한정되는 문제인가?

Ⅱ. 消滅時效

1. 現　行

⑴ 제766조: "그 損害 및 加害者를 안 날로부터 3년" 또는 "不法行爲를 한 날로부터 10년"

2. 立 法 例

(문헌) Jolowitz, Int'l Enc.Com.L., XI, Ch.13.

⑴ 독　　일

우리 民法 제766조는 일본민법 제724조를 통하여 독일민법 제852조 제 1 항("그 손해 및 가해자를 안 날로부터 3년" 또는 "불법행위가 있은 날로부터 30년")을 이어받은 것임. 이 규정은 특히 ① 불법행위로부터 장기간 경과한 후에는 손해배상청구권의 요건사실의 입증(특히 손해의 확정)이 곤란하고 또한 상대방이 방어하기 어렵게 되므로 법률관계를 가능한 한 조속히 확정시킬 필요가 있는 것, ② 상당 기간의 경과 후에는 피해자의 감정이 진정되는 것이 일반이므로 문제를 다시 일으키는 것이 바람직하지 않다는 것 등을 이유로 설명되고 있다.

⑵ 스 위 스

스債 제60조: "그 손해 및 배상의무자를 안 날로부터 1년" 또는 "불법행위가 있은 날로부터 1년"(제 1 항). 그러나 불

법행위가 刑事的으로 可罰인 경우에는 그 公訴時效期間으로
연장됨(제2항).

⑶ 프 랑 스

特則 없고, 一般의 消滅時效(30년)에 걸림(佛民 제2262조).
다만 형사상의 범죄행위에 의하여 손해가 생긴 때는 형사절차
에서 손해배상을 청구할 수 있는데(소위 附帶私訴), 형사상의
소추기간을 경과하면 민사청구도 할 수 없다고 한다.

3. 檢　　討

⑴ 문제는, 제766조 제1항의 短期消滅時效. 거기서는 起
算點이 피해자가 손해 및 가해자를 안다는 主觀的 容態에 걸
려 있다. 그러나 이러한 규정은 앞서 본 규정취지, 특히 ①에
부합하는지 의문이다. 단지 피해자가 손해 등을 알고 있으면
서 상당기간 행사하지 아니한 경우에는 感情이 鎭靜되었다고
볼 것이 아닌가 하는 ②의 설명이 전면에 대두되나, 不法行爲
責任의 消滅 여부를 바로 —— 권리를 포기하는 의사표시도 하
지 아니한—— 被害者의 感情 여하에 맡겨도 좋은가가 기본적
으로 문제이다.

　그러나 불법행위가 일반적으로 돌발적·우연적으로 발생
하는 것을 고려하면, 상대방의 법적 지위의 안정과 피해자의
보호필요의 대립하는 이익을 조정할 필요가 있다. 결국 선택
은, 단기시효기간을 연장하든가 아니면 起算點을 조정하든가
의 兩者에 있다.

(2) 進行 중인 損害에 관하여

鑛業法 제96조: "① 손해배상청구권은 피해자가 손해 및 배상의무자를 안 때로부터 1년간 행사하지 아니하면 시효로 인하여 소멸한다. 손해가 발생한 때로부터 5년을 경과한 때에도 또한 같다. ② 제1항의 기간은 進行 중에 있는 손해에 대하여는 그 진행이 정지한 때로부터 기산한다."

4. 提　案

(1) 제766조: "① 불법행위로 인한 손해배상청구권은 피해자 또는 그 법정대리인이 손해 및 배상의무자를 確知한 때로부터 3년간 행사하지 아니하면 시효로 인하여 소멸한다. 불법행위가 있은 날로부터 10년을 경과한 때에도 또한 같다.

② 제1항의 기간은 손해가 진행 중인 경우에는 그 진행이 정지한 때로부터 기산한다."

(2) 解釋에 의하여 처리되고 있고, 또 될 수 있다는 견해가 있을 수 있다.

[民事法學 제15호(1997), 211면 이하 所載]

[後記]

1. 本稿는 1995년 12월 9일에 있은 「民法 不法行爲法에 관한 改正意見」을 주제로 한 韓國民事法學會의 정기학술대회

에서 발표한 것(당시 배포된 同題의 책자 27면 이하에 수록되어 있다)을 바탕으로 한 것이다. 한국민사법학회는 1993년 3월에 그 활동의 하나로 民法改正提案作業을 추진하기로 정하고, 이를 위하여 民法改正案硏究小委員會를 구성하였다(그 經緯 및 小委構成 등에 대하여는 우선 民事法學 제15호(1997), 172면 참조). 그 작업의 일환으로 우선 不法行爲法을 다루기로 하였는데, 著者는 그 小委員會(보다 정확하게는 그 分科委員會)의 위원으로 참여하여 本稿를 마련하였다.

本稿에서 「小委員會」 운운하는 것은 金亨培, 徐光民, 權五乘, 石熙泰 교수 및 저자로 구성된 위 분과위원회를 지칭한다. 그리고 본고가 통상의 논술식이 아닌 것도 위와 같은 연유에 의한 것이다.

2. 위 학술대회에서의 발표 후 토론에서는, 本文의 B. 제1 Ⅲ.에 관하여 원상회복 외에 "原狀回復에 準하는 處分"의 청구를 허용하여야 하며, 同 Ⅳ.에 관하여 법원이 定期金賠償을 명하는 경우에는 반드시 擔保를 提供하도록 하여야 한다는 의견 등도 제시되었다.

3. 本文의 A. Ⅳ. 3-2.에서 저자는 賠償義務의 裁量減輕을 정하는 민법 제765조는 그대로 유지되는 것이 좋겠다는 의견을 피력하였다. 그러나 역시 同條는 삭제되어야 한다고 생각을 바꾸게 되었다. 그에 대하여는 梁彰洙, "민법 제765조—잊혀진 규정", 서울대 法學 39권 4호(1998. 12. 발행 예정) 참조.

會社 經理職員의 어음僞造와 使用者責任

── 大判 85. 8. 13, 84다카 979(集 33-2, 149) ──

[事實關係]

1. (1) 甲은 被告 會社에 1978년 4월 15일 입사한 이래 줄곧 資金課의 직원으로 근무하였다. 그는 처음에는 자금집행 담당으로서 어음이나 수표의 사실상 작성, 물품대금지급 등의 사무를 취급하다가, 1980년 6월 1일부터는 외환관리를, 1982년 5월 23일부터는 자금관리(단기운전자금차용, 예금 및 차용금 관리 등)를 각 담당하였다. 그러나 이와 같은 擔當事務의 변경 후에도 上司의 양해 아래, 어음의 작성사무 등에 자주 관여하였다.

(2) 그는 이러한 지위를 이용하여 1980년 7월부터 1982년 9월 말까지, 피고 회사의 대표이사를 발행인으로 하는 약속어음을 수십 장 위조하여 이를 유통에 돌렸다. 그는 이 중 3장을 사채중개업자인 乙에게 어음할인의 방식으로 양도하였는데, 原告는 1982년 7월 16일 乙에게 어음액면금에서 그 지급

기일까지의 선이자를 공제한 나머지 금액을 어음할인금으로
지급하고 乙로부터 위 어음 3장을 취득하였다. 원고는 지급기
일에 지급장소인 銀行支店에 제시하였으나, 위조를 이유로 지
급이 拒絶되었다.

2. 이에 원고는 피고 회사를 상대로, 원고가 피고 회사의
피용자인 甲의 불법행위로 인하여 위 각 어음의 액면금 상당
의 손해를 입었음을 이유로 민법 제756조를 들어 손해배상을
청구하였다.

原審(서울高法)은 우선 피고회사의 사용자책임을 긍정하
고, 원고는 그가 그에게 지급한 어음할인금 상당의 손해를 입
었다고 인정한 후 원고도 위 각 어음이 위조되었음을 알지 못
한 점에 관하여 過失이 있다고 하여 위 손해액의 40퍼센트를
減額한 나머지 액수에 대하여만 원고청구를 인용하는 판결을
내렸다.

원심은 피고 회사의 사용자책임을 긍정함에 있어서 위 1.(1)
에 든 것 이외에도 다음과 같은 여러 가지의 사정을 그 배경
으로 들고 있다.

(i) 甲은 어음을 위조함에 있어서 피고회사의 은행도 약
속어음용지를 이용하였는데, 그 어음용지는 資金課長 책상 위
의 손금고 안에 보관되어 있는 것을 甲이 여러 차례에 걸쳐
꺼낸 것이다. 그 어음용지는 과장 부재시에는 자금과 직원들
이 이를 쉽게 꺼내어 사용할 수 있는 상태에 있었다.

(ii) 또 甲은 자금과에 보관된 피고 회사 대표이사의 名板

을 위 어음용지에 몰래 찍었다(그 외 대표이사 등의 인장은 甲
이 각 위조한 것이다).

(iii) 피고회사가 어음受拂帳을 비치하거나, 회사의 어음발
행장부 및 출금표상의 이미 발행된 어음의 수와 남아 있는 어
음용지의 수를 대조 점검하였으면 어음용지가 대량으로 유출
된 사실을 쉽게 발견할 수 있었고, 그렇지 않더라도 거래은행
에 조회하여 은행에 비치된 당좌거래원장상의 어음거래실적
과 회사비치장부상의 그것을 대조했더라면 甲의 어음위조사
실을 발견할 수 있었을 터인데 이러한 조치를 취하지 않았다.
피고회사는 단지 月末에 1회 거래은행에서 통지하는 당좌예
금 잔액과 피고회사 장부상의 預金殘額을 대조했을 뿐이다(甲
은 뒤에 위조, 할인한 어음금으로, 앞서 유통시켜 지급기일이 도래
하는 어음이 不渡되지 않도록 은행에 입금시켰던 것이다).

3. 원고의 청구를 일부 인용한 원심판결에 대하여는 원
고와 피고가 모두 상고하였으나, 대법원은 아래 [被告의 上告
理由]에 대하여 아래 [判決趣旨]와 같이 판시하여 피고의 상
고를 기각하고, 나아가 원고의 상고도 기각하였다.

[被告의 上告理由]

이는 매우 다양한 점에 미치고 있으나 本 해설이 주안으
로 삼으려는 使用者責任에 관한 것만을 정리해 본다.

(i) 甲의 어음위조행위는 그 "業務執行에 관한" 것이라고

할 수 없다고 보아야 한다. 따라서 원심이 피고 회사의 책임
을 인정한 것은 使用者責任의 法理를 오해한 것이다.

(ii) 피고회사는 甲의 선임 및 감독에 관하여 모든 注意義
務를 다하였으므로 민법 제756조 제1항 단서에 의하여 면책
되어야 한다.

(iii) 이 사건 어음을 취득함에 있어서 원고는 그 위조어음
인 사실을 알지 못한 데 대하여 重大한 過失이 있으므로 피고
회사는 使用者責任을 지지 않는다.

[判　旨]

1. (1) "민법 제756조의 사용자의 책임에 '피용자가 그 사
업의 집행에 관하여'라는 뜻도 … 원칙적으로는 그것이 피용
자의 직무범위에 속하는 행위여야 할 것이나, 이와 같이 극단
적으로 그 범위를 좁게 해석하면 사용자책임을 정한 민법의
규정의 존재의의를 부정하고 거래의 안전을 도모하려는 입법
취지마저 도외시하는 결과를 초래할 것이므로, 이 사업의 범
위는 피용자의 직무집행행위 그 자체는 아니나 그 行爲의 외
形으로 관찰하여 마치 그 직무의 범위 내에 속하는 것과 같이
보이는 행위도 포함하는 것이라고 새겨야 할 것이다. … 이
사건 피용자인 甲의 행위는 그 본래의 책임을 일탈하고 그 지
위를 남용하여 한 것이 명백하다 하겠으나 … 외형상 본래의
직무의 집행이라고 볼 것이므로 피고회사는 달리 특단의 사정
이 없는 한 사용자로서의 책임을 면할 수 없다."

(2) "한편 피고 회사는 피용자인 甲의 선임 감독에 상당한 주의를 다하고 甲이 그 직무상 지위를 이용하여 원심확정 사실과 같이 이 사건 어음을 발행하는 등의 일이 없도록 항상 감시경계를 다하였어야 할 것이므로 피고 회사가 그 주의의무를 다하지 아니하여 이 사건 어음을 발행하여 원고로 하여금 손해를 입게 하였다면 피고 회사는 그 책임을 면할 수 없다."

2. "피고 회사는 甲의 사무의 감독에 적절한 주의의무를 다하지 못한 점이 있었다고 하겠으므로 피고 회사로서는 사용자로서의 책임을 면할 수 없다."

3. "원심이 적법하게 확정한 바에 따르면 원고가 피고의 책임을 면하게 할 정도의 중대한 과실로 이 사건 어음이 위조 어음임을 알지 못하였다고 할 수 있을지 모르나, 여러 가지 사정으로 보아 … 과실이 있다고는 하겠으나 피고 회사의 과실에 비추어 피고 회사의 책임을 면제할 정도에는 이르지 아니한다."

[解 說]

1. 어음僞造에 있어서 使用者責任主張의 契機

會社 기타 營業의 經理擔當職員이 회사 등 사용자 명의로 어음을 위조하여 이를 유통에 돌린 경우 어음의 소지인은 원

칙적으로 피위조자에 대하여 어음상의 권리를 주장할 수 없다
(어음법 제7조, 제77조 제2항).

　　물론 민법의 표견대리에 관한 규정은 어음행위에도 적용
되고, 또 그 경우 無權限者가 직접 本人의 기명날인을 하였더
라도 상대방이 그 무권한자가 본인 명의로 어음행위를 할 권
한을 가지고 있다고 믿을 만한 正當한 事由가 있을 때에는 역
시 민법의 표견대리에 관한 규정을 유추적용하여 본인에 어음
상의 책임을 부담시킬 수 있다고 인정되고 있으므로(大判 81.
3.24, 81다4(법률신문 1391, 6) 참조), 어음의 소지인으로서는
통상 이와 같은 사유를 주장하여 볼 수도 있다. 즉 어음의 소
지인은, 첫째, 어음에 본인의 기명날인을 한 經理擔當職員이
당해 어음행위를 할 권한은 없었으나 기타의 법률행위를 본인
을 대리하여 할 권한(기본적 대리권)을 가지고 있다는 사실
(위 판결이 단지 '본인에게 책임을 치울 만한 사유가 있는 경
우에는 거래의 안전을 위하여 표견대리에 있어서와 같이 본인
에게 책임이 있다고 할 것'이라고만 하는 것은, 이 基本的 代
理權 존재의 요건을 완화하는 취지인지는 분명하지 않다),

　　둘째, 어음소지인 자신 또는 그 前者 중의 1인이 그 직원
이 본인의 기명날인의 代行을 할 권한이 있다고 믿었고, 또
그렇게 믿을 만한 정당한 사유가 있다는 사실(또는, 이미 본인
명의의 기명날인이 된 어음을 無權限者를 통하여 교부받는 것이 거
래의 통상이므로, 이 경우에는 무권한자, 즉 교부자가 명의인인 본
인을 대리하여 교부할 권한을 가진다고 믿었고 또 그렇게 믿을 만
한 정당한 사유가 있다는 사실)을 주장 입증하여 본인에게 어음

상의 책임을 물을 수도 있는 것이다.

그러나 일반적으로 經理擔當職員은 단지 사실적인 경리 사무를 수행할 권한이 있을 뿐이지, 對外關係에서 회사의 대표이사를 대리하여 제3자와의 사이에 法律行爲를 할 권한이 없는 것이 보통이다. 즉 그가 가령 회사 대표이사 명의의 어음을 작성한다고 하여도 이는 上司의 지시에 따라 단지 어음 작성의 사실상의 행위를 기계적으로 하는 것뿐이고, 회사의 어음 발행에 관한 效果意思는 회사 내부의 일정한 決裁節次를 거쳐야만 형성된다고 보아야 한다. 다시 말하면 그러한 사무직원이 사실상 어음을 작성하고 이를 受取人에게 교부하였다고 해도 이는 本人의 手足으로서 하는 것일 뿐이다(이에 관하여는 崔基元, 商法學新論(下), 新版(1984), 86면 참조).

이와 같이 어음의 소지인이 어음명의인(被僞造者)에 대하여 어음상의 권리를 주장할 수 없을 경우에 흔히 제기되는 攻擊方法이 피위조자의 사용자책임이다. 즉 경리직원의 어음위조가 그의 "事務執行에 關한" 행위이므로 使用者인 被僞造者가 그로 인한 손해를 배상하여야 한다는 것이다.

2. 本判決의 意義

⑴ 주지하는 대로, 대법원은 민법 제756조가 정하는 "그 事務執行에 관하여"의 해석에 있어서 일관하여 소위 外形標準說 내지 客觀的外形說의 입장에 서 있다. 여기서 평석하려는 위의 大法院判決(이하 對象判決이라고 한다)도 그러하거니와

(위 [判旨] 1.⑴部分 참조), 그 이전에 어음僞造의 경우의 使用者責任에 관하여 내린 判決에 있어서도 그러하다.

　　가령 大判 82. 10. 26, 81다509(공보 695, 55)에 있어서는, 會社의 經理職員으로서 회사 명의의 어음이나 수표를 사실적으로 작성하는 사무를 맡고 있던 자가 그 외에 회사 대표이사 개인 명의의 어음 등도 그 대표이사의 지시에 좇아 작성하고 있었는데, 愛人의 사업자금을 도와 줄 목적으로, 자신이 보관하고 있던 대표이사의 私印과 銀行渡 어음用紙를 이용하여 위조자의 애인을 수취인으로 한 대표이사 개인 명의의 약속어음을 위조하였다. 그 수취인은 이를 제3자에게 어음할인하였고, 이를 다시 할인해 준 原告가 대표이사 개인을 상대로 사용자책임을 물어 손해배상을 청구하였다.

　　대법원은 우선, "피고 개인 명의의 어음을 작성하는 사무에 종사하는 범위에 있어서는 피고의 사실상의 被用者로 인정함이 상당"하다고 하고, 나아가 위조어음을 작성한 행위는 "정당한 사무집행 행위 자체는 아니지만 그 사무내용에 밀접하게 관련되어 있고 行爲의 外形으로부터 관찰하여도 흡사 그의 사무범위 내라고 볼 수 있기 때문에" 피고의 사용자책임을 인정할 수 있다고 하였다.

　　이 판결에 의하여서도 이미 회사의 경리직원의 어음위조에 대하여는 특단의 사정(이에 대하여는 뒤에서 살펴 본다)이 없는 한 회사가 사용자책임을 져야 한다는 判例法의 형성을 추측할 수 있는 것이었다. 그 이전에 大判 72. 5. 30, 72다512(集 20-2, 79)에서도 대법원은, 피고 회사의 경리과장으로서

현금출납사무를 맡고 있던 자가, 보관중인 代表理事의 名板과 印章을 사용하여 피고 회사 명의의 당좌수표를 위조하고 이를 담보로 원고로부터 돈을 차용한 事案에 대하여 피고 회사의 使用者責任의 성립을 前提로 하여 판시하고 있으나, 그 論旨의 要點은 원고에게 위조수표 취득에 관한 過失이 있는지 여부에 있었으므로, 이를 위와 같은 判例法形成의 基礎로 볼 것인지에 대하여는 의문이 있을 수도 있었다. 그러한 맥락에서 볼 때, 對象判決은 우선 위와 같은 判例法의 성립을 확인하여 주었다는 데 意義가 있다고 하겠다.

(2) 뿐만 아니라, 對象判決은, 원래 어음의 사실상 작성 내지 작성준비를 본래의 직무로 하였던 자가 그 직무를 벗어난 후에도 여전히 資金課에 속하는 등 사실상 어음작성사무에 근접해 있고, 또 회사의 시설이나 사무운영의 실정으로 보아 課員이 권한 없이 어음을 작성하는 것이 客觀的으로 용이한 상태가 조성되는 등의 사정이 있으면, 위조어음 작성행위는 「事務의 執行에 관한」 것이라고 볼 수 있다고 판시한 것이다.

즉, 앞서의 두 판결에서는 위조자가 어음의 사실상 작성 (내지 작성준비)을 본래의 사무로 하는 자이고, 또 被僞造者의 印章 등 어음 작성에 필요한 물건을 보관하고 있었음에 대하여(따라서 이 경우에는 어음의 위조는 외형상은 전혀 드러나지 않고, 위조자 내심의 犯罪의 意思와 결합하여야만 분명히 나타나게 된다), 本判決에 있어서는 이 두 가지 사실은 존재하지 않고, 다만 위조자는 용이하게 어음의 작성행위에 나아갈 수 있는

상태에 있었을 뿐이었던 것이다. 따라서 對象判決은 어음위조
에 관한 소위「外形標準說」을 더욱 확장한 것이라고 일단 평
가할 수 있겠다.

3. 소위「外形標準說」의 虛實

(1) 일반적으로 사용자책임은 使用者의 過失을 이유로 그
에게 책임을 부담시키는 소위 過失責任은 아니라고 이해되고
있다.

日本民法의 起草者들은 우리 민법 제756조의 原型에 해
당하는 그 民法 제715조를 제정함에 있어서, 同條는 "被用者
의 選任은 물론[日本舊民法의 起草者 보아소나드는 "選任에 失當
이 있는"경우에만 그 책임을 인정하려 하였다고 한다. 引用者 附
記] 사업의 監督에 대하여 사용자에게 不注意한 점이 있는 때
에는 피용자가 사용자의 사업을 집행함에 관하여 제3자에게
가한 損害에 대하여 사용자로 하여금 그 책임을 지도록 하려
는 것"(未定稿本 民法修正案理由書, 自第一編至第三編, 出版事項
不明, 서울대학교 도서관 所藏本, 617面)이라고 설명하여, 사용
자는 피용자의 선임·감독에 대한 사용자 자신의 과실에 기하
여 책임을 지는 것이라고 설명하고 있었다.

그러나 우리 민법 제756조의 制定過程을 살펴보면, 民法
案 제749조 제1항 本文이 "타인을 사용하여 어느 事務에 종
사하게 한 者는 被用者가 그 事務집행으로 因하여 第3者에게
가한 損害를 배상할 책임이 있다"라고 정하는 것에 대하여 당

시 民議院 法制司法委員會의 民法案審議小委員會에서 심의하
는 과정에서 다음과 같은 이유로 修正이 제안되고 있다. 즉
"本條는 他人을 사용하여 自己의 活動範圍를 擴張하는 者는
그 擴張된 範圍에 있어서 報償責任(利益이 歸하는 곳에 損失이
歸한다는 理念)을 立法한 것으로서 本條의 '사무집행으로 因하
여'라는 文句는 本來의 事務執行 自體에 局限하는 것으로 해
석되기 쉬워서 너무 狹小하여 上記 報償責任의 精神에 背反됨
으로[原文대로] '事務執行에 關하여'로 修正함이 타당하다"
(民法案審議錄, 上卷(1957), 445면 上段).

　　여기서 주목할 것은, 첫째, 使用者責任이 사용자 자신의
과실에 기한 것이라는 사고는 이미 채택되지 않게 되었고 報
償責任이 그 근거로 제시되었다는 것이고(이「報償責任」이란
말에 최초로 定義를 부여하고 이를 유의미한 개념으로 사용한 것은
岡松參太郎, 無過失損害賠償責任論, 1916(復版, 1953, 552면 以下)
인 것으로 보인다), 둘째 우리 민법상 사용자책임이 인정되는
요건으로서의「사무집행에 관하여」는 입법 당시부터, 본래의
사무집행행위가 아닌 행위에 대하여도 승인되는 것으로 예정
되었다는 것이다. 따라서 사용자책임을 광범위하게 인정한다
는 것은 이미 입법자에 의하여 요구되고 있었던 것이라고 할
수 있겠다.

　　(2) 그리고「객관적으로 보아 행위의 외형상 사무집행으
로 인정되는 행위」라는 定式은, 이러한 使用者責任의 광범위
한 인정을 뒷받침하기 위한 형식적인 근거로서, 말하자면 表

面上의 理由(Scheingrund)로서 實務에 의하여 채택된 것으로 생각된다. 그러나 그 定式은 "너무나 槪括的이고 반드시 명확한 표준이라고는 할 수 없"을 뿐 아니라(郭潤直, 債權各論, 再全訂版(1984), 684면), 그것을 事實에 대한 實質的인 判斷基準으로 할 수 있는지 의문이 든다.

가령 大判 74. 11. 26, 74다993(集 22-3, 98)은, 郡農業協同組合의 業務代理로서 예금, 적금 등의 예치를 받고, 그 조합 명의의 수표를 발행하는 업무를 수행하는 자가 그 업무처리용 인장을 사용하여 조합 상무대리 명의의 어음을 발행하여 타인의 채무담보에 제공하였고 原告는 이를 어음할인으로 취득한 경우에 대하여 "피고 조합의 상무대리는 피고 조합을 대표하거나 대리할 자격이 있는 것이 아니라 다만 조합 명의의 자기앞수표 발행을 그 관장하는 직무의 하나로 하고 있을 뿐 피고조합 명의의 약속어음을 발행할 권한은 없는 자이므로, 원심판시와 같은 경위로 약속어음을 발행하였다면 이는 개인 자격으로 발행한 것으로 볼 수 있을지언정 우리의 경험칙상 피고 조합의 직무의 일부로 또는 그와 관련하여 이를 발행한 것으로는 볼 수 없다 할 것"이라고 하여 피고 조합의 사용자책임을 否定하였다. 그러나 이 판결에 있어서 被用者의 行爲가 과연 「客觀的으로 보아 行爲의 外形上 사무집행으로 인정되는 行爲」에 해당하지 않는다고 볼 수 있을까? 앞서 본 다른 판결들과 비교하여 볼 때 적어도 행위의 외형이라는 면에서는 兩者 간에 결론을 달리할 만한 점은 없는 것으로 보인다. 단지 이 판결에서는 피용자가 조합의 대표자 명의로 어음을 발행하

지 않고 자신의 職位를 밝히고 그 명의로 어음발행을 하였다
는 것이다. 오히려 이로써 더욱 本來의 事務執行行爲와 외형
상 접근하게 되는 것이 아닌가.

　　이와 같이 일정한 이유(위 판결의 事案에 있어서는, 農業協
同組合의 公共的 性質로 인하여 그 업무의 내용이나 사무담당이 특
히 法, 즉 農業協同組合法에 정하여져 있어서, 이러한 규정의 취지
가 使用者責任의 法理에 의하여 잠탈되어서는 안 된다는 것 등)로
사용자책임을 否定하여야 할 경우에 있어서는 위와 같은 定式
은 실질적으로 유용한 기준이 되지 못하는 것이다.

　　(3) 위와 같은 外形標準說의 限界는, 가령 大判 83. 6. 28,
83다카217(공보 710, 1139)(이에 대한 評釋으로 高翔龍, 법률신문
1523호 12면이 있다)에서 분명히 드러난다.

　　이 사건에서 農地改良組合(被告)의 조합장은 그 조합의
支出役과 공모하여, 원고로부터 개인적 목적으로 차용한 돈에
관하여 그 지출역 명의로 된 당좌수표를 발행케 하여 그 담보
로 原告(相互信用金庫)에게 교부하였다. 이 때 이와 같은 채무
부담행위에 관하여 법이 정하는 道知事의 승인 등 절차를 밟
지 않아 피고 조합이 수표상 책임을 부담하지 않으므로, 原告
는 使用者責任을 내세워 손해의 배상을 구하였다.

　　이에 대하여 대법원은 "피용자의 불법행위가 외관상 사
용자의 사무집행의 범위 내에 속하는 것으로 보여지는 경우에
사용자는 민법 제756조에 의한 배상책임을 면할 수 없으나,
다만 피용자의 행위가 사용자의 사무집행행위에 해당하지 않

음을 피해자 자신이 알았거나 또는 중대한 과실로 알지 못한
경우에는 사용자에 대하여 사용자책임을 물을 수 없다"고 전
제한 다음, "원고는 신용대출 등을 사업목적으로 하는 신용금
고로서 위와 같은 피고 조합의 채무부담에 관한 법률상 제한
을 능히 알 수 있는 처지에 있다고 보여질 뿐 아니라 … 個人
이 신용금고로부터 차용하는 돈에 대하여 농지개량조합이 그
지급담보로 수표를 발행한다 함은 극히 이례에 속하는 일이라
고 하겠으므로 특단의 사정이 없는 한 원고는 이 사건 수표
발행이 적법하게 된 것이 아님을 알았거나 또는 알지 못하였
다고 하여도 중대한 과실이 있는 것"이라고 하여 被告의 使用
者責任을 否定하였다. 이 판결에 있어서와 같이 피해자의 主
觀的인 事情을 고려함을 요구하는 것 자체가「客觀的으로 보
아 行爲의 外形上 사무집행으로 인정되는 行爲」인지 여부만
으로써는 실질적인 기준이 될 수 없음을 말하여 주는 것이다.

4. 實質的인 判斷基準의 探索

(1) 물론 소위 外形標準說이 使用者責任의 성립 여부에
관한 실질적인 판단기준인지에 대한 의문이 있다고 하여도,
앞서 본 바와 같이, 사용자책임 확장의 요구에 대응하는 기능
을 수행하였고 이에 따라 판례법의 진전에 중요한 역할을 하
였음은 부인할 수 없다. 그런데 이미 어느 만큼 판례법이 구
체적으로 형성되어 있는 현단계에서, 계속 위와 같은「外形標
準」에 의하여 使用者責任을 긍정 또는 부정하는 것은 판결의

실질적인 이유를 오히려 가리는 결과를 가져올 우려가 없지
않다. 그러므로 앞으로는 使用者責任의 발생이 문제되는 각
사안을 類型別로 파악하여 보다 구체적인 판단기준을 수립할
필요가 있다고 보여진다.

(2) 그러한 관점에서, 위 3.의 大判 83.6.28(對象判決의
[上告理由] 第3點은 이 판결을 근거로 하는 것으로 추측된다)은
중요한 시사를 준다고 할 것이다. 즉, 위 판결의 사안(對象判
決도 마찬가지이다)에 있어서와 같이, 피해자의 손해가 피용자
가 일정한 직무상의 지위에 있다는 外觀을 신뢰한 데에서 연
유하는 경우, 바꾸어 말하면 그것이 상대방에 대한 신뢰에 기
초를 두어 이루어지는 거래관계에 불법행위가 개재되었음을
이유로 하는 경우에는, 사용자책임은 그와 같은 信賴의 保護,
즉 去來安全의 保護도 그 착안하여야 할 一點이 된다고 할 것
이다.

이에 대하여는 이미 大判 64.6.30, 64다3(集 12-1, 205)이
'사무집행에 관하여'라는 의미는 피용자의 행위가 직무범위
내의 행위라야 함이 일응 필요하다 할 것이나 일반인이 피용자
의 직무범위 내라고 신뢰할 수 있는 경우에는 민법상 表見代
理의 法理와 마찬가지의 法理에 의하여"使用者責任을 지우는
것이 타당하다고 判示한 바 있는 것이고, 對象判決도 "거래의
안전을 도모하려는 입법취지"를 운운하고(위 [判旨] 1.(1) 참조)
있는 것이다.

따라서 이러한 경우에는 피해자에게 그와 같은 신뢰가 없

었을 때, 즉 피용자의 행위가 본래의 사무집행행위에 해당하지 않음을 알았을 때나 또는 몰랐더라도 중대한 과실이 있어 그 신뢰를 보호할 가치가 없을 때에는 사용자책임을 부정함이 오히려 당연하다고 할 것이다. 그러나 피해자의 손해가 거래상의 신뢰와 관계없이 발생하였을 경우, 가령 피용자가 자동차를 무단으로 운전하다가 사고를 일으킨 경우에는 이러한 피해자의 신뢰보호의 문제는 애초부터 발생할 여지가 없는 것이다.

(3) 또 사용자책임의 성립 여부에 대한 실질적 판단기준의 探索이라는 관점에서 보면 對象判決의 위 [判旨] 1.(2) 부분도 중요한 의미가 있다고 보여진다.

주목할 것은, 피고의 어떤 종류의 過失을 使用者의 免責主張(즉 민법 제756조 제1항 단서 소정의 사유의 存否)에 대한 판단([判旨] 2. 部分이 이에 해당한다)에 있어서가 아니라 애초 사용자책임이 성립하는지(즉 同項 本文 소정의 요건 충족 여부)에 관한 판단에 있어서 확정하고 있는 점이다. 이것은 대법원이 이를 명확히 의식하고 있었는지 여부에 관계없이, 본래 피용자의 직무집행행위가 아닌 행위로 인한 사용자책임의 成否를 판단함에 있어서는, 사용자가 가해행위의 발생을 방지함에 대하여 상당한 조치를 취할 수 있었음에도 이를 취하지 않았다는 사정이 요구되는 경우도 있음을 示唆하는 것이 아닐까.

이 점은 사용자책임의 실제에 대하여 다음과 같은 비판이 존재함을 고려할 때 의미를 가진다. 즉 "피용자의 불법행위가 「事務의 執行에 관하여」라는 요건에 해당하는지 여부의 판단

은 사용자측의 사정과 피해자측의 사정을 比較衡量한 다음 발
생한 손해를 누구에게 어느 만큼 부담시키는 것이 타당한가라
는 관점에서 행하여져야 한다. … 外形理論이 문자 그대로
「行爲의 外形」을 신뢰한 피해자를 보호하는 이론으로 강조되
는 한, 사용자의 사정은 무시되며, 그것은 「무조건의 被害者
保護論」이 되기 쉽다"(田上富信, "使用者責任における「事業ノ執
行ニ付キ」の意義", 現代損害賠償法講座 第 6 卷(1974), 53면).

5. 小　　結

이상 주로 [判旨]의 1.부분을 중심으로 하여 對象判決의
의의를 극히 주관적으로 간략하게 추려 보았다.

對象判決은 사용자책임을 긍정한 그 결론에 있어서 수긍
되어야 할 뿐 아니라, 그 이유부여의 논리에 있어서도 受容의
立場에 따라서는 주목할 만한 것이라고 하겠다. 한편 對象判
決의 理由를 설시함에 있어서 使用者責任의 根據에 관하여
「敎科書的」說明을 하는 부분(集 33-2, 159에 수록된 부분)은
구체적인 紛爭의 타당한 解決을 第 1 次的인 任務로 하는 判決
로서는 불필요한 군더더기로 여겨진다.

[考試界, 346호(1985. 12), 210면 이하 所載]

自然力이 加功한 損害發生과 損害賠償責任

I. 問題의 提起

大判 85.11.12, 84다카1968(공보 767, 13)의 事案은 흥미
있는 문제를 제공하고 있다. 그 판결은 다음과 같은 사실관계
를 다룬다. 원고는 고급 觀賞樹를 재배하는 농장을 경영하고
있는데 1981년 3월을 전후하여 그 중의 일부가 말라 죽었다.
원고는 그 원인이 그 농장에서 약 200미터 떨어져 있는 피고
공장의 굴뚝에서 나오는 煤煙에 있다고 하여 피고를 상대로 손
해배상을 청구하였다. 피고는 관상수의 枯死는 1980년 말에서
1981년 초까지에 밀어 닥친 寒波에 원인이 있는 것이고 피고
경영의 공장과는 관계가 없다고 다투었다. 原審은 피고의 주
장을 받아들여 원고의 청구를 기각하였다. 대법원은 다음과
같은 이유를 들어 원심판결을 파기하였다. 즉, 피고 공장의 굴
뚝에서 배출된 매연이 관상수가 枯死한 직접적인 원인은 아니
라고 하여도 그런 유해물질의 분출은 관상수들이 한파에 의하
여 쉽게 凍害를 입게 한 원인이 된 것이 아닌지 의심된다. 그
러므로 원심판결이 고사의 원인이 異狀寒波에만 있는 것이라

고 하고 유해물질의 분출이 枯死의 공동원인이 되었는지 여부
를 제대로 심리하지 않은 것은 잘못이라는 것이다.

　　이 사실관계에 特異한 점은 현재의 소송에서 그 배상이
청구되고 있는 손해(보다 확대된 경우를 포함하여)의 발생에 자
연력이 加功하고 있다는 것이다. 이러한 경우 피해자의 손해
배상청구권은 그로 인하여 어떠한 영향을 받는지를 생각해 보
기로 하자.

Ⅱ. 自然力에 대한 損害賠償法的 評價

　　1. 이러한 경우 피해자는 손해의 발생에 관하여 귀책사
유가 있다고 생각하는 자를 상대로 자신의 손해 전부를 배상
하라는 청구를 할 것이다. 이하의 논의에서도 항상 문제는 그
소송의 피고가 어떠한 요건 아래서 어떠한 범위로 책임을 지
는가 하는 것이다. 말하자면 자연력의 加功이 그 피고의 손해
배상책임의 存否 내지 範圍에 영향을 미치는가, 미친다면 어
떠한 사정 아래서 어떠한 범위로 미치는가 하는 점이다.

　　경우를 나누어 생각해 보기로 하자.

　　2. 손해가 애초에 전혀 예상 외의 강력한 자연력에 의하
여 발생된 경우이어서 피고의 過失行爲가 없더라도 그 손해가
발생하였을 것이라고 인정되는 경우에는 피해자는 손해배상
을 전혀 받을 수 없다고 하여야 할 것이다. 말하자면 그 경우

손해는 그러한 과실행위가 없더라도 발생하였을 것이므로 과실행위와 손해 사이에 소위 「事實的 因果關係」[1](conditio sine qua non의 관계)가 존재하지 않는다. 위 사건의 원심이 원고의 관상수 고사가 전적으로 비상한 寒波에 起因하였다고 인정한 것은 추측건대 이러한 뜻이었을 것이다.

3. 한편 피고의 과실행위와 손해의 발생 사이에 사실적 인과관계가 존재한다고 하더라도 그 과실행위로 인한 손해와 자연력으로 인한 손해가 구별될 수 있는 경우에는 별로 문제가 없다. 왜냐하면 이러한 경우에는 각 원인과 손해 사이에는 별도의 因果의 系列이 존재하는 것이고, 따라서 각 원인에 귀책사유가 있는 자는 그 원인으로부터 발생한 손해만을 배상하면 족한 것이다. 이것은 損害의 單一性[2]과 관련되는 문제이다. 위 사건의 경우에 凍害로 말라 죽은 관상수와 피고 공장의 매연으로 인하여 죽은 관상수를 구분할 수 있는 경우에는 피고는 後者의 관상수 피해에 대하여만 배상하면 족하다.

그러나 실제의 사건에서 이를 구별하기란 쉬운 일이 아닐 것이다. 각각의 관상수에 대하여 일일이 그 고사의 원인을 사후에 확인한다는 것은 현대과학의 수준으로도 어려울 것으로

---

1) 이 개념은 종래의 通說인 소위 相當因果關係說 등에서 한꺼번에 인과관계의 문제로 처리되어 오던 자연과학적 원인결과관계 유무라는 事實認定 차원의 문제와 배상범위 내에 들어가는 손해항목의 결정이라는 規範判斷의 문제를 分離하는 입장을 전제로 하는 것이다. 즉 '사실적 인과관계'란 前者의 의미에서의 인과관계이다.

2) 이는 被害法益의 單一 여부와 관련된다고 생각해 두기로 하자.

생각되기 때문이다.

　　이러한 경우 가령 한파만이라면 50 그루의 관상수만이 죽었을 것인데 피고 공장에서 나오는 매연으로 70 그루의 관상수가 죽었다고 하면(이러한 事實認定이 어떤 증거에 의하여 가능한지 그 자체 의문이나 이는 일단 덮어두기로 한다), 그 差異 즉 20 그루에 관하여만 피고가 손해배상책임을 진다는 식으로 문제를 해결할 수 있다고 생각될지도 모른다. 그러나 이것은 죽은 관상수가 모두 동일한 가격을 가지는 경우에라면 수긍할 수 있는 것이나 그렇지 않은 경우에는 앞서와 같은 사실상 불가능한 사실인정의 문제가 다시 등장한다. 이 때 고사한 관상수 전체의 價格을 算定하여 이에 위와 같은 비율을 곱하는 식으로 피고가 배상하여야 할 손해액을 정하는 것은, 뒤에서 보는 대로 피고의 배상책임이 감경되어야 할 경우 그 배상액을 정함에 있어서 참고가 될 수 있는 算定方式이 될 수는 있을 것이나, 모든 경우에 이와 같이 산출된 액을 피고가 배상하여야 한다고 주장하는 것은 어중간한 便宜論인 것으로 생각된다.

　　문제가 되는 것은 단일한 손해(엄격한 의미에서는 단일한 손해가 아니더라도, 위에서 본 바와 같이 각 손해에 대하여 구별되는 인과계열을 입증하는 것이 사실상 불가능한 경우도 포함된다고 하여야 하지 않을까)가 複數의 原因에 의하여 발생하고(여기서는 논의의 簡略을 위하여 또 위 대법원판결의 사실관계와의 대비를 위하여, 경합되는 원인이 둘인 경우를 想定하기로 한다), 그 중 하나의 원인이 자연력인 경우이다.

(1) 이 경우 자연력 이외의 원인, 즉 피고의 過失行爲만으로도 현재 그 배상이 청구되고 있는 바의 손해(이하에서는 이를 當該損害라고 부르기로 한다)가 발생하였을 것이라면, 피고가 그 손해 전부에 대하여 배상책임을 진다고 할 것임에는 의문이 없다. 가령 工團의 여러 공장에서 각기 유해물질을 排出하여 인근의 농작물이 피해를 입었다고 하자. 그 하나하나의 공장에서 나오는 것만으로도 동일한 피해를 내기에 족한 것이라면 각 공장의 經營主는 손해 전부에 대하여 각자 배상책임을 부담하며, 자신의 공장에서 나오는 유해물질이 아니라도 손해가 발생하였을 것이라는 이유로 책임을 면할 수 없다. 만일 免責을 인정한다면 피해자는 위와 같은 경우 어느 工場主로부터도 손해배상을 받을 수 없게 되는 결과가 되기 때문이다.[3] 말하자면 이러한 경우는 손해배상책임의 발생에 요구되는 과실 행위와 손해 사이의 conditio sine qua non 관계라는 요건에 관한 例外를 이룬다.[4] 이렇게 보면 그 중 하나의 원인이 자연력인 경우에도 과실 있는 피고가 損害全部에 대한 賠償責任을 져야 함은 쉽게 이해될 수 있을 것이다.

(2) 문제는 자연력 이외의 원인만으로는 당해 손해가 아예 발생하지 않거나 또는 현재 그 배상이 청구되고 있는 바의 손해만큼의 손해, 즉 當該損害는 발생하지 않으리라고(즉 자

---

[3] 즉 각 工場主 모두가 자신의 유해물질 배출과 손해발생과는 사실적 인과관계가 없다고 主張함으로써.

[4] 이에 관하여는 우선 平井宜雄, "因果關係論", 現代損害賠償法講座 第1卷(1976), 102면 이하 참조.

연력의 介入으로 말미암아 손해가 확대되었다고) 인정되는 경우이다. 이러한 경우 피고의 행위와 손해의 발생 사이에는 事實的 因果關係가 존재함은 물론이다. 피고의 행위가 없었다면 當該損害는 발생하지 않았을 것이기 때문이다. 그렇다면 피고는 當該損害 전부에 대하여 배상책임을 부담하여야 하는가. 만일 아니라면 어떠한 요건이 있으면 피고의 책임이 경감되는가.

이 문제는 손해의 발생 내지 확대에 다수인의 과실행위가 경합되는 경우의 일정부분(그 정확한 규율대상의 획정은 차후의 문제로 하고)을 규율하는 것으로서 우리 민법이 마련한 共同不法行爲制度(제760조)의 문제와도 관련되는 것이라고 하겠다. 共同不法行爲의 法理는 다수의 판례가 소위 客觀的 行爲關聯性을 인정하여 그 규율의 대상을 매우 광범위하게 포착하는 한편, 위 규정 적용을 위하여는 그 외에 不法行爲의 요건을 충족할 것을 요구하고 각 공동불법행위자의 賠償範圍는 각자의 행위와 상당인과관계에 있는 손해에 한정된다고 하여서 일단「안정된 상태」를 보이고 있다고도 할 수 있다.[5] 그러나 그렇다면 특히 민법 제760조가 存在하여야 하는 理由는 무엇인가, 同條 제1항과 제2항의 關係는 어떠한가[6] 등의 문제와 관련하여

---

5) 郭潤直, 債權各論, 再全訂版(1984), 699면 이하(특히 701면 및 703면) 참조.

6) 가령 金曾漢·安二濬 編著, 新債權各論(下)(1965), 825면 이하는 제760조 제1항에서 정하는 '狹義의 공동불법행위'는 共謀 내지 共同의 認識이 있는 경우에 한하고, 그 외에 주관적 공동 없는 違法行爲가 競合되었으나 그 어느 편의 위법행위가 어느 부분의 損害를 일으켰는지를 알 수 없는 경우(즉 독일 民法學의 소위 Nebentäterschaft의

매우 어려운 문제를 안고 있다고 생각된다. 이는 사회에 나타
나는 여러 가지의 危險의 樣態가 갈수록 복잡·다양화되고 따
라서 그만큼 그 위험의 複合 내지 競合에 의한 사고발생의 蓋
然性도 높아지는 현재의 상황을 배경으로 하여 볼 때는 시급
히 해결하여야 할 문제라고 하지 않을 수 없다.

　　그러나 필자의 얕은 연구로는 도저히 이에 대하여 만족할
만한 해결책을 제시하여 볼 수 없다. 이하에서는 위에서 대법
원판결의 사안에 관련하여 대법원이 장차 취할 태도를 아는
데 시사를 주는 몇 개의 判決들을 지시하고 이에 약간의 코멘
트를 가하는 것에 그치기로 한다.

Ⅲ. 大法院判決로부터의 示唆

　　1. 대법원은 현재까지 자연력이 當該損害 발생에 加功한
경우에 대하여는 판시한 바 없는 것으로 생각된다. 그러나 複
數의 原因이 경합하여 손해가 발생 또는 확대된 경우에 대하
여는 판결이 상당수 있다. 이 판결들은 피해자의 행위 또는

경우. 한편 우리 나라의 판례와 다수설은 이러한 경우의 대부분에 대
하여 민법 제760조 제1항에 해당한다고 설명한다)는 同條 제2항이
정하는 "加害者 不明의 공동불법행위"에 속한다고 한다. 그러나 어떠
한 견해에 의하더라도 當該損害 전부를 배상하여야 할 책임이 발생
한다는 점에서는 다름이 없다. 오히려 위와 같은 경우가 각 原因提供
者가 當該損害 전부를 배상하여야 할 責任을 피해자에 대하여 부담
하는 민법 제760조(제1항, 제2항을 막론하고)의 「공동불법행위」에
속한다고 보아야 하는가의 문제가 검토되어야 할 것이다.

體質上의 要因이 원인으로 경합한 경우와 피고 이외의 제 3 자
의 행위가 경합하는 경우로 나눌 수 있다.

2. 當該損害의 발생에 被害者側의 사정이 가공한 경우도
둘로 나누어 생각할 수 있다. 첫째, 그것이 「過失」로 평가되어
過失相計規定(민법 제396조)의 적용을 받는 경우이다. 이 경우
에는 별도로 피고의 책임감경의 문제를 논할 필요가 없다. 둘
째, 그것에 과실상계의 규정을 그대로 적용할 수 없는 경우이
다. 이 후자의 경우가 특히 문제된다.

　　대법원판결은 그러한 경우의 한 예, 즉 사고의 발생으로
부상을 당한 피해자가 持病을 가지고 있었던 사람이어서 事故
로 인한 상해와 持病(기왕증)의 경합으로 말미암아 손해가 확
대된 경우(이 확대된 손해의 배상을 원고측에서 구하였다)에 관
하여 一貫하여 손해의 공평분담이라는 견지에서 사고로 인한
부상이 중한 결과의 발생에 기여하였다고 인정되는 한도에서
배상책임을 부담시키는 것이 타당하다고 한다(大判 77. 9. 13,
76다1877(공보 570, 10288); 大判 80. 10. 14, 80다1213(공보 646,
13320); 大判 83. 7. 26, 83다카663(集 31-4, 44) 등).

　　이와 같이 피해자측에 존재하는 사정으로 인하여 손해가
확대된 경우에는 그 손해확대의 원인이 가해자보다는 피해자
측의 支配領域에 속하는 것이므로, 또는 말을 바꾸면 그러한
사정에 대하여는 피해자측이 「더 가까운 곳」에 있으므로 이로
인한 손해를 그와 전혀 관계없는 피고에게 부담시키는 것은
적당하지 않다는 설명이 가능할 것이다. 그러나 이 설명에 대

하여는 피고의 행위가 없으면 日常生活에 있어서 피해자의 病的 素質이 현실화될 가능성이 희박하였던 경우에는 피고의 과실행위가 계기가 되어 그 소질이 원인으로 작용하게 되었다고 할 것이므로 그러한 경우에까지 책임 감경을 인정하는 것은 타당하지 않다는 批判이 있고,[7] 이 批判은 妥當하다고 생각된다.

　　하나 주의하여야 할 것은 대법원판결이 피고의 배상책임의 감경을 인정하는 결과를 도출하기 위하여 사용한 법률구성이 소위 寄與度에 따른 損害分擔이라는 점이다. 이 寄與度減責 구성은 이론적으로 보다 정밀한 고찰을 요한다. 즉 이것은 事實的 因果關係 인정 여부가 문제되는 次元에서 그 인과관계를 비율적으로 인정하는 것인가(프랑스에서는 일반적으로 경합원인으로 인한 손해의 배상이라는 문제와 관련하여 "部分的 因果關係는 部分的 責任만을 발생시킨다"는 법리가 論議되고 있다고 한다),[8] 아니면 배상액 산정의 국면에서 고려되어야 할 하나의 요소인가 등등.

　　3. 當該損害의 발생에 피고 이외의 제3자의 행위가 경합하는 경우는 어떠한가. 이 경우도 경우를 나누어 볼 필요가 있다. 즉 제3자의 행위가 不法行爲의 요건을 충족하는 경우와 그렇지 않은 경우가 그것이다. 이 중에서 後者는 자연력이

---

7) 가령, 能見善久, "共同不法行爲責任の基礎的考察(3)", 法學協會雜誌 95卷 3號(1978), 514면 이하 참조.

8) 能見善久, 위 論文(4), 法學協會雜誌 95卷 8號(1978), 1343면 以下 참조.

加功한 경우와 같이 취급되어야 할 것이다. 그러면 전자의 경우에는 피고의 책임은 그와 같은 사정으로 인하여 어떠한 영향을 받는가. 대법원은 이러한 경우를 대개 공동불법행위의 문제로 처리하여 피고 및 제3자에게 當該損害 전부에 대한 배상책임(민법 제760조에 의한 連帶責任)을 인정하고 있다고 생각된다.

(1) 大判 68. 3. 26, 68다91(集 16-1, 192)은 다음과 같은 사실관계에 대하여 판단하고 있다. 이 사건에서 피해자는 일단 피고 회사의 차에 충격되어 길에 넘어졌는데 이를 바로 뒤따라 오던 피고 서울특별시 소유의 차가 輾過하여 결국 死亡하였다. 原審은 "두 차량 운전사의 소행은 결과 전부에 대하여 모두 상당인과관계에 있는 객관적 연관공동의 과실이 있는 행위"라고 하여 공동불법행위의 성립을 인정하고 피고들에게 연대로 손해를 배상할 것을 명하였다. 대법원도 원심판결의 태도를 支持하여, "피해자의 사망의 직접 원인은 피고 서울특별시 소속 차량 운전수의 과실에 의한 역과에 있음은 물론이나, 이에 앞서 피고 회사 소속 차량 운전수의 과실에 의하여 피해자를 전도케 한 사실은 이에 인하여 일어난 역과의 원인이 되는 것이므로 위 두 과실행위는 피해자의 사망에 의한 공동원인이 된다 할 것이므로 원심이 본건 사고가 피고들의 각 차량운전수의 과실에 의한 공동불법행위로 인정한 조치는 정당하다"고 판시하였다. 그리고 피고들의 訴訟代理人이 주장한 "피고들의 책임은 단독책임이거나 아니면 책임에 따른 손해

배상액에 관하여도 각자의 부담 부분이 명시되어야 할 것"이
라는 上告理由를 받아들이지 않았다.

　또 大判 79. 8. 28, 79다1146(공보 619, 12194)은, 피해자
가 교통사고로 두개강내출혈의 상해를 입고 병원으로 옮겨져
수술받던 중 病院側의 과실로 인한 질소가스 중독으로 死亡한
경우에도 공동불법행위가 성립한다고 판시하고 있다. 이 사건
에서 피고들은 주로 사실적 인과관계 또는 상당당인과관계의
유무를 다투었으나 대법원은 그 주장을 容認하지 않았다.[9]

　공동불법행위에 관한 많은 대법원판결 중 위와 같이 말하
자면 事故가 두 번 있었다고 인정되는 사안에 관한 판결을 특
히 提示한 것은 實務가 공동불법행위를 어느 만큼 넓게 인정
하고 있는가, 따라서 민법 제760조에 따라 그 손해 전부에 대
하여 책임을 진다고 인정되는 범위가 얼마만큼 넓은가를 강조
하기 위하여서이다. 참고로 말하여 둘 것은 우리 민법 제760
조(보다 정확하게 말하면 그 原形인 일본 민법 제719조)[10]의 형
성에는 독일민법 第2草案 제753조(이는 수정을 받지 않고 독일
민법 제830조로 실정화되었다)가 결정적인 영향을 미쳤다고 인
정되고 있는데[11] 독일민법의 해석으로는 공동불법행위의 성
립에 소위 主觀的 共同性을 요구하여 우리보다는 공동불법행

---

　9) 이와 같이 각 사건의 피고들이 因果關係를 둘러싸고 자신의 주장을
　　펴는 것도 흥미있는 현상이다.
　10) 民法案審議錄, 上卷(1957), 448면 이하 참조: "현행법[依用民法을
　　말한다] 제719조와 동일하다".
　11) 이에 관하여는 前田達明, "共同不法行爲法論序說(1)," 法學論叢 99
　　卷 4號(1976), 13면 이하 참조.

위의 성립을 훨씬 좁게 인정하고 있다는 것이다.[12]

(2) 공동불법행위의 성립을 넓게 인정하는 실무의 태도가 타당한가 여부에 대하여는 별도의 논의를 요하나, 적어도 사실적으로 실무가 그러한 태도를 취하는 배경에는 다음과 같은 利益考量이 있다고 생각된다. 被害者로서는 자신의 피해 발생에 원인을 제공한 자 전원을 상대로 각자가 그 손해 전부를 배상할 것을 구하여 소송을 제기하는 것이 간편하다. 그리고 그 가해자들 사이의 종국적인 책임 분담은 求償制度를 통하여 행하여지면 되는 것이다. 말하자면 實務는 일차적으로 被害의 보다 충실한 救濟를 —— 물론 가해자들이 각자 손해배상책임발생의 요건을 충족하는 것을 전제로—— 도모하려는 것이다.

이렇게 보면 求償制度의 존재는 보다 중요한 의미를 가지게 된다. 즉 위와 같이 넓은 범위로 공동불법행위가 인정되기 때문에 當該損害 전부에 대하여 배상책임을 지기에 이른 가해자들(가해자 각 개인으로서는 이러한 배상의무가 부당한 것으로 느껴질는지도 모른다) 사이에서 「具體的 衡平」을 달성하는 것이 바로 求償權이다. 따라서 大判 80.7.22, 79다1107(集 28-2, 201)이, 피해자측에서 공동불법행위자 중의 1인에 대하여 그 책임을 免除하였더라도 다른 공동불법행위자가 손해를 배상

---

12) 가령 Larenz, Lehrbuch des Schuldrechts, 2. Bd., 12. Aufl.(1981), S. 665f. 참조. 위 註 6에서 본 바와 같은 소위 Nebentäterschaft의 경우는 각 원인제공에 대하여 독특하게 정하여지는 손해배상책임을 인정하고 있다. 이에 관하여는 同書, S. 670 참조.

하여 그에게 求償하는 경우에는 그 면제를 이유로 이를 거부할 수 없다고 하는 것도 적어도 실무의 위와 같은 입장에서는 구상권의 확보와 공동불법행위책임 사이의 밀접한 관계를 인정하지 않을 수 없는 데서 오는 결과라고 하겠다.

결국 실무가 공동불법행위를 넓게 인정하는 것은 각 損害原因과 구체적으로 발생한 損害와의 사이의 聯關을 입증한다는 곤란한 작업을 피해자에게 면하여 줌과 아울러 가해자 일방의 無資力危險(Insolvenzrisiko)을 피해자가 아니라 다른 가해자에게 부담시킴으로써 피해자를 보다 두텁게 보호하려는 것이다. 피해자가 무자력한 가해자를 상대로 가령 각 가해원인의 寄與度에 따라 손해를 분할한 결과로 산출된 손해 일부에 대하여 배상을 구하여야 한다면 그는 적어도 이 부분의 손해에 대하여는 배상을 받지 못하게 되어 그 無資力危險을 자신이 負擔하는 것이 되는 것이다. 그러나 손해 전부에 대하여 각 원인제공자 전원을 상대로 배상청구를 할 수 있다고 하면 일부 가해자의 無資力은 손해를 실제 배상한 가해자가 그를 상대로 구상하는 경우에 비로소 문제될 것이기 때문이다.

Ⅳ. 小　結

이상과 같이 大法院判決의 태도를 정리하여 본다면, 자연력이 손해발생(확대)의 一部原因을 이루는 경우는 바로 위에서 본 두 部類의 중간에 위치하는 것이라고 하겠다. 즉 그 경우는 그 경합원인이 피해자측에 보다 가까이 있는 경우(위 Ⅲ.
2.와 같이)도 아니고, 또 그 원인들 사이에「객관적 행위 관련
성」이 존재하고 나아가 구상권이라는「구체적 형평」을 달성
하는 事後裝置가 마련되어 있는 경우(위 Ⅲ. 3.과 같이)도 아니
다. 비유적으로 말하자면 그 경우는 가해자에 대하여도 피해
자에 대하여도 같은 거리를 유지하고 있다고 할 수 있다.

    이와 같은 경우 그로 인하여 발생한 또는 확대된 손해를
누구에게 부담시킬 것인가. 이미 말한 대로 매우 어려운 문제
이며, 그 해결은 공동불법행위제도를 포함하여, 競合原因으로
인한 損害의 배상책임에 관한 포괄적인 시야 속에서만 온당한
해결이 얻어질 것으로 생각된다. 그러나 여기서는 一應의 결
론을 제시하여 보기로 한다. 이 문제는 一律的으로 대답될 수
는 없을 것이다. 개개의 경우에 여러 가지의 요소를 고려하여
보다 타당한 해결을 얻지 않으면 안 된다.[13] 그러나 原則的으
로는 責任의 減輕을 인정하여도 무방하지 않을까. 自然的 災
害는 원래 누구에게도 귀책될 수 없는 성질의 것이고 그로 인
한 피해는 특별한 규정이 없는 한 ── 적어도 민사책임의 차원
에서는 ── 피해자 스스로가 引受하여야 할 危險(Risiko)에 속
한다. 이러한 위험부담에 관한 기본사상은 損害賠償責任의 有
無 및 그 範圍 劃定에 관련하여서도 관철되어야 한다. 말하자

───────────

13) 일본의 名古屋地方裁判所 1973년 3월 30일 판결(判例時報 700호 3
   면) 및 프랑스의 판례(能見善久(註 8), 1342면 이하에 소개되어 있
   다)도 그러한 方向의 結論을 내고 있다. 野村好弘, "飛驒川判決にお
   ける不可抗力の斟酌", ジュリスト 534號(1973) 29면 以下는 이에 贊
   成하고, 平井宜雄(註 4), 107면 以下는 反對.

면 가해자와 피해자에 같은 거리를 유지하고 있는 사정은 가해자에게 불리하게 援用되어서는 안 된다. 그러나 이러한 등거리가 유지되지 못하는 경우, 가령 피고가 諸般事情에 비추어 문제가 되는 자연현상을 豫見할 수 있었던 때에는 배상책임의 減輕을 인정하여서는 안될 것이다.

[考試界, 354호(1986.8), 135면 이하 所載]

製造物責任

1. 序　說

　　(1) 製造物責任(products liabilty: Produkthaftung)이란 말의 의미가 반드시 명확한 것은 아니다. 이것은 제조물책임의 법리 자체가 현재 고정적인 내용을 가지지 못하고 있고 또 그 적용대상을 확장하여 가고 있는 형편이라는 것을 생각하면, 당연한 일이라고 할 수 있다. 그러나 여기서는 논의의 진행을 위하여 우선, 어떠한 제조물의 「缺陷」으로 인하여 소비자에게 발생한 擴大損害에 대하여 그 생산자가 부담하는 책임이라고 정의하여 두기로 하자.

　　여기서 「결함」이란, 하자담보책임에 관한 민법 제580조 등에서 말하는 瑕疵와는 구별되는 개념이라고 보는 것이 일반이다. 하자는 그 물건이 통상의 용도(또는 특히 전제된 용도)를 충족하기에 적합한 성질을 가지지 못하는 것을 의미하는 반면에, 결함은 뒤에서 보는 대로 주로 그 물건이 안전성을 결하여 위험하다, 즉 사용자의 생명이나 신체 또는 다른 재산과 같은 당해 물건 이외의 法益을 침해할 가능성이 있음을 의미한다. 물론 兩者는 서로 중복하는 경우가 많을 것이나, 일반적으로는 그 불완전성의 방향을 서로 달리하는 것이라고 할 수 있을 것이다. 가령 매수한 텔레비전의 화면이 선명하지 않은 것은 하자라고 할 것이고, 그 브라운管이 폭발하였다면 이는 결함이 있는 것이라고 하겠다. 이로부터 제조물책임에 기한 被害者救濟의 내용도 하자담보책임에 있어서와는 달라지게 된다. 즉, 제조물책임에 있어서는 그「결함」으로 인하여 사용자의 다른 법익이 침해됨으로써 입은 損害(소위 확대손해)의 배상이 문제되는 것이다.

이러한 의미의 제조물책임은 製造者責任(Produzentenhaftung)이라고도 하고, 또 최근에는 그 확장된 적용범위(가령 농산물)를 고려할 때, 生産者責任이라고 부르는 것이 더욱 적절하다는 주장도 있다.

(2) 製造物責任의 법리가 독자적인 발걸음을 내딛기 시작한 것은 美國에서이다. 그리고 이 법리는 미국에서 여전히 활발하게 논의되고 또한 적용되고 있다. 그러나 이 테마는 이미 어느 하나의 개별국가에 한정되지 아니하고 세계적인 범위에서 검토되고 있다. 특히 商品의 국제적인 交易이 극히 빈번한 오늘날에 있어서는 동일한 제품이 어느 나라에 수입되었느냐에 따라 그「결함」으로 인한 책임이 달라진다는 것은 불합리하므로, 각국의 製造物責任의 법리를 서로 조화시키려는 구체적인 노력이 이루어지고 있다. 그 대표적인 예가 유럽共同體의「제조물책임 입법지침」과 이에 따른 유럽共同體 회원국들

의 국내 입법이다.

우리 나라에서는 학계에서는 단편적으로 이 법리에 대한 논의가 이루어지고 있었으나, 법원실무에서는 —— 적어도 대법원의 裁判例를 통하여 관찰하는 한—— 제조물책임의 법리가 적용될 여지가 있는 사건 자체가 별로 많이 제기되지 않은 것으로 보인다. 그런데 이는 제조물의 결함을 이유로 하는 紛爭 자체는 매우 빈번하게 발생하고 있기는 하지만 그 처리가 法廷外에서 일어나고 있을 뿐이라고 생각된다. 그러므로 제조물책임에 관한 論議는 세상모르는 이론가의 空論이라고 할 수는 없을 것이다.

한편 1989년에 消費者保護院을 중심으로 하여 제조물책임에 관하여 새로운 법률을 제정할 것을 주장하고 그 法律私案까지 제시한 바 있으나, 아직 구체적인 입법작업은 진행되고 있지 아니하다(1982년에 議員立法案으로 製造物責任法案이 국회에 제기된 일이 있으나, 法律이 되지 못하였다).

(3) 제조물책임은 근래 관심이 높아지고 있는 消費者法의 관점에서 다루어지는 경향이 있으나 그 適否는 검토를 요하며, 또한 논의되어야 할 바도 극히 다양하다. 그러나 이하에서는 다음과 같은 점에 한정하기로 한다.

우선, 大法院判決을 중심으로, 제조물의 결함으로 손해가 발생한 사안이 실무에 있어서 어떻게 법적으로 처리되고 있는가를 간단히 살펴본다. 이를 통하여 기존의 법리는 어떠한 점에서 문제가 있는가를 확인할 필요가 있다. 나아가, 다른 나라

에서 어떠한 法技術을 사용하여 어떠한 내용으로 처리되고 있
는가를 살펴본다. 그에 있어서는 첫째, 제조물책임 법리의 원
산지라고 할 미국의 사정을, 이어서 유럽共同體의「입법지침」
을 약술하기로 한다. 이상의 비교법적 고찰은 ──다른 법분야
와 비교할 때── 우리에게 직접적으로 유익한 사고의 단서를
제공할 것으로 생각된다.

2. 우리 나라에 있어서의 제조물의 결함으로 인한 손해의 법적 처리

(1) 먼저 제조물의 결함으로 인하여 당해 물건의 가치 감
액을 넘는 損害가 발생하는 일이 우리 나라에서 빈번하고 있
음을 확인하여 둘 필요가 있다.

다음은 消費者保護院의『1988년도 피해 구제 주요 사례』
중 제조물의 결함과 관련된 사례를 모은 것이다(여기서「비고」
란의 기재는 소비자보호원의 처리 결과로 보상책임을 지기로 한
사람을 말하는 것이다).

사 고 내 용	배 상 내 용	비 고
-전기요에서 화재발생	-가옥소실 배상	제 조 자
-전기다리미 합선으로 손목 부상	-치료비 및 일실이익	〃
-VTR 고장으로 결혼식 테이프 손상	-환불 및 테이프 촬영비 보상	〃
-다리미 하자로 인한 옷 손상	-교환 및 의복 배상	〃

사 고 내 용	배 상 내 용	비 고
-냉장고 고장으로 음식물 변질	-교환 및 음식물값 변상	제 조 자
-고장난 냉각기로 인한 우유 손상	-수리 및 우유값 변상	판 매 자*
-주차해 둔 차량에 화재발생	-원인불명, 할부잔액의 1/2로 합의	제 조 자
-물구나무서기 운동기구의 안전장치 미비로 목뼈 및 허리 중상	-치료비 일부	〃
-불량 병제품의 파손으로 인한 상해	-치료비	〃
-건강식품으로 인한 부작용	-치료비 및 교환	판 매 자
-복용후 머리카락 빠지는 영지로얄	-원인불명, 남은 물건에 대한 환불	〃
-염색물이 배어나오는 옷걸이	-옷감비용 및 재제작	옷걸이 제조상, 판매상, 양복점
-키미테의 과다사용으로 인한 부작용(표시 불충분)	-치료비	제 조 자
-화장품에 의한 안질환 발생	-환불과 치료비 일부	〃
-화재가 발생한 세탁기	-주택유리, 계량기 파손, 세탁중이던 의류 손실 등 (80만원)	〃
-온도조절기의 고장으로 인한 열대어 피해	-신제품 및 열대어 재공급	판 매 자
-운행도중 배선부에서 화재발생	-교환수리	제 조 자
-후륜타이어의 공기가 빠지면서 전복	-수리비용 반분	〃
-보일러의 과열로 주택외부 손상	-교환	〃
-동파 방지장치 작동불능으로 보일러 폭발	-신제품 교환	〃
-석유난로 그을음으로 인한 영업장 피해	-영업장 피해배상	〃
-온수순환펌프 하자로 인한 보일러 폭발, 주택일부 파손	-주택복구비용	시공업자
-장난감 불꽃으로 인한 화상	-치료비 50%	제 조 자

* 제조물책임의 선례가 될 것을 염려하여 대리점을 통한 대체용품 배상.

여기서 주목되는 것은 상품의 결함에 대하여 책임을 지는 것은 대부분 製造者라는 것이다. 아마도 "제품의 결함에 대하여 대부분의 소비자는 직접적인 거래관계가 없더라도 당연히 제조자가 책임을 져야 한다는 의식을 가지고 있으며, 제조자 자신도 직접적인 거래관계가 없더라도 현실적으로 제품의 결함에 대해서 책임을 지는 데 커다란 저항감을 가지고 있지 않다. 그러므로 현실의 賠償에 있어서 문제가 되는 것은 결함으로 인하여 손해가 발생했는지 여부이지 당해 결함의 발생에 過失이 있는지 여부는 아니다"라는 관찰(이상정·박인섭, 제조물책임에 관한 연구, 한국소비자보호원 연구보고서 89-03(1989), 11면 이하)은 사실에 가깝다고 생각된다.

(2) 다른 한편 法院에서 문제된 제조물책임의 사건을 살펴보기로 한다.

[1] 大判 77. 1. 25, 77다2092(集 25-1, 21)

"원고는 1972. 12. 14 경 피고가 경영하는 사료공장에서 그 판시와 같은 사료성분보증표까지 붙은 완전배합사료 2종과 종계용 기초사료 2종 각 10톤씩을 매입하여 자기 양계에 급식한바 그 3, 4일 후부터 닭들이 심한 탈모현상과 더불어 난소가 극히 위축되고 복강 내 침출물이 충만되는 등 심한 중독현상을 일으키고 계사당 매일 약 80%에 달하던 산란율이 급격히 저하되기 시작하여 약 10일이 경과한 무렵부터는 약 30% 이하로 떨어져 양계의 경제성이 완전상실되어 끝내는 모두 폐계처분하기에 이르렀다는 사실을 인정한 다음, 이어서 제1심의 증거보전절차에서 감정인 이규호가 1973년 7월경 그 간 원고가 보관하고 있던 위 배합사료와 기초사료로

써 사양시험을 한 결과 원고의 양계장에서 나타난 바와 똑같
은 시험결과를 보였고 그즈음 같은 양계업자인 소외 양재열
외 수 명도 피고 공장으로부터 구입한 배합사료와 기초사료
를 닭들에 급식한 결과 같은 현상을 나타내어 결국 모두 폐계처
분하고 말았다는 사실을 인정하고, 아울러 원고의 급식방법
이나 계사관리 또는 사료보관에 어떤 이상이 없었고 위 감정
인이 사양시험에 제공했던 사료들이 변질되거나 부패한 것도
아니고 또 원고가 이 사건 사료를 급식할 무렵 닭들에게 뉴
켓슬예방주사를 시주한 바는 있었으나 그 시주방법이나 약품
에 아무런 하자도 없었다는 사실까지를 인정하고 있는바 …
그렇다면 비록 본건 사료에 어떠한 불순물이 함유되어 있고
또 그것이 어떤 화학적 영양학적 내지는 생리적 작용을 하여
이를 사료로 한 닭들이 위와 같은 난소협착증을 일으키게 되
고 산란율을 급격히 현저하게 저하케 한 것인지는 이 사건에
서 구체적으로 밝혀지지는 않았지만 적어도 그 사료에 어떤
불순물이 함유된 것이 틀림없어 제조과정에 과실이 있었고
이로 인하여 원고가 사육하던 닭들이 위와 같은 현상을 초래
하게 된 것이라는 이른바 인과관계는 입증되었다 할 것이므
로 같은 취지에서 원심이 그 사료제조·판매인 피고에게
불법행위의 책임을 인정하였음은 정당한 것으로 보인다."

이 판결이 학자와 실무가의 주목을 끌었음은 주지하는 대
로이다. 이 사건에서 원고와 피고는 문제가 된 사료의 매매계
약을 체결한 당사자임에도 불구하고 피고의 계약책임이 추급
되지 아니하고 그 불법행위책임의 유무가 쟁점이 되었다(辯論
主義!). 결국 그 책임은 긍정되었는데, 그 결론에로 이끄는 판
단과정에서 대법원은 (i) 피고의 과실 및 (ii) 피고의 행위와 손
해(닭의 산란율 저하) 사이의 인과관계라는 두 가지 점에 관하

여, 전통적인 논리과정과는 다른 ——또는 다르다고 이해될 소지가 있는—— 방식의 추론을 하고 있다.

여기서 (i)의 점에 대하여 보면, 대법원은 "적어도 그 사료에 어떤 불순물이 함유된 것이 틀림없어, 제조과정에 과실이 있"다고 한다. 이를 가능한 범위에서 일반화하면, 손해를 일으킨 제조물에 결함이 있으면 그 제조자에게는 과실을 인정할 수 있다는 취지로 이해할 수 있을는지도 모른다. 이는 大判 79.12.26, 79다1772(판례월보 119, 17)에 의하여도 확인된다. 이 판결은 만 6세의 어린이가 문방구점에서 구입한 주사기를 가지고 놀다가 주사기의 바늘구멍이 막히자 주사기를 왼쪽 눈앞에 들이대고 주사기를 압축하는 순간 공기압력에 의하여 바늘이 튕겨 나와 왼쪽 눈이 실명된 사안에 대한 것이다. 대법원은 "원심은, 피고가 제조판매하는 교재용 또는 완구용 주사기는 주사침을 주사기 몸통에 부착시키는 합성수지부분이 견고하지 못하고 엉성하여 이를 몸통에 부착시켜 공기를 압축할 때에는 경우에 따라 주사침 부분이 쉽게 주사기 몸통에서 빠져 나올 수 있게 되어 있는바, 이는 주사기 재료가 저질일 뿐 아니라 제조상의 잘못으로 인한 제품의 현저한 결함이며, 또 동 결함은 외부적으로 노출되어 있어 이를 제조한 피고는 위와 같은 결함이 없는 제품을 만들어 동 주사기의 사용에 수반되는 사고 발생을 미연에 방지할 의무가 있음에도 불구하고 동 의무에 위반한 과실이 있다는 취지로 판단하고 있는바 … 원판결에는 과실에 대한 법리를 오해한 위법이 없"다고 한다. 여기서도 「결함 없는 제품을 만들 의무의 위반」을 過失과 同

置시킴으로써 결과적으로 "제조물에 결함이 있으면 그 제조자에게 과실이 있다"는 論理를 채택하고 있다고 할 수 있다.

물론 이를 自由心證에 의하여 사실을 인정한 것일 뿐이라고 할 수도 있을 것이나, 엄밀하게 말하면 그 결함이 제조과정의 어떠한 단계에서 누구의 행위에 의하여 야기되었는지 확정되지 아니하고서는 더 나아가 그 행위에 있어서 과연 피고가「사회생활상 필요한 주의」를 다하였는지 아닌지를 판단할수 없을 것이다. 따라서 제조물에 결함이 있다고 해서 제조자에게 과실이 있다고 하기 위하여는, 별도의 法的 推論의 단계를 끌어 들이지 않으면 안 된다. 가령 제조물에 결함이 있음이 원고의 입증에 의하여 확정된 경우에는 피고의 제조과정상의 과실은「일응 추정」되고, 피고가 자신이「사회생활상 필요한 주의」를 다하였음을 입증하여야만 책임을 면한다든가 하는 것 등이 그것이다. 그리고 실제로 다른 나라의 예를 보면, 그러한 "一應의 證明(prima-facie-Beweis)"(또는 소위 表見證明 (Anscheinsbeweis)), 나아가서는 立證責任의 轉換이 제조물책임법리의 독자적 형성에의 출발점을 이루는 것이다. 가령 독일의 경우에도 입증책임의 전환을 정면에서 인정한 1968년의 BGHZ 51. 96의 소위 닭페스트사건 이전에는, 적어도 외견상으로는 전통적인 과실인정의 방식을 유지하면서, 한편으로 소송법상의「일응의 증명」론과 다른 한편으로 실체법상의 去來安全義務, 특히 "제조과정의 조직을 적합하게 할 의무의 위반 (Organizationsmangel)"을 결합시킴으로써 문제를 해결하여왔던 것이다(위 대법원 1979년 판결은 이러한「조직결함」의 법리를 연상시킨다). 이렇게 보면, 문제는 입증책임에 관한 보다 일 반적인 입장, 즉 제조물책임의 분야뿐만 아니라, 가령 의료과 실이나 공해 등의 분야와 관련하여서도 논의되고 있는 立證輕 減을 주장하는 견해와도 연계를 가지는 것이다.

이렇게 보면 위 [1]의 대법원판결은 비록 그 설시에 부 족한 점이 있다고 할는지는 모르나("대법원판결은 생산자책임 의 특수성을 인정하고 있는 것인지 또는 인정하지 않은 것인지 그 태도가 모호하다." 金亨培, "生產者責任", 民法學硏究(1986), 493 면(원래는 判例硏究(고려대) 제 1 집(1982)) 참조), 그 사건 해결 의 결론뿐만 아니라 그 논리과정에 있어서도 이를 제조물책임 법리를 전개할 단서로 삼을 수 있는 소지를 가지고 있다고 하 겠다(이론가는 판결이 채택한 논리의 부족 내지 부적절을 비난하 기 전에, 그에 나타난 發展의 端緖를 포착하고 그에 보다 넓은 기 반의 「理論的 說明」을 주어야 한다고 생각한다).

[2]　大判 83. 5. 24, 82다390등(공보 708, 1008)

"원심판결이 인용한 제 1 심 판결은, 원고는 양계업자로 서 1980년 4 월경부터 피고 회사에서 제조, 판매하는 배합사 료를 매입하여 종전 방식에 따라[즉 다른 것들을 섞어] … 닭에 먹였더니, 같은 해 9월 중순부터 아무 이상이 없던 닭 들이 원인 모르게 졸면서 움직이지도 아니하는 등 심한 중독 증상을 나타내면서 마침내는 죽어가므로 원고는 이를 치료하 기 위하여 그 직후부터 계속하여 투약치료를 하는 등 온갖 노력을 하였으나 위와 같은 현상이 계속되다가 같은 해 10월 말경에는 약 500수 이상의 닭이 계속하여 죽어버린 사실을 확정한 다음, … [닭이 사망한 원인이 요산침착증이고, 그 병 은 주로 단백질이나 칼슘 성분의 함량이 너무 높은 사료를 지나치게 많이 급여하거나 비타민 A 결핍으로 곰팡이 독소를 초래하는 변질된 사료를 먹일 때 발생한다는 사실, 충청남도 축정과 지방축산기사가 피고 제조의 배합사료를 검사한 결과 그 일부가 농수산부에서 정한 성분규격에 미달되는 것이 있었던 사실, 원고 인근의 양계업자들 4, 5명 등도 1980년 4월경부터 피고로부터 배합사료를 매입하여 닭들에 급식한 결과 원고의 양계장에서와 같은 심한 중독증상을 나타내어 폐사한 사실 및] 원고가 이 건 사료를 보관함에 있어 어떤 잘못이 있었거나 그 배합과정이나 급식방법에 이상이 있었다고는 보여지지 아니하는 사실 등을 각 인정할 수 있다 하고, 위 인정사실에 비추어 볼 때, 원고가 매입하여 그 양계에 급식한 피고 제조의 사료에 어떤 불량성분이 함유되어 있어서 그것이 어떤 화학적, 영양학적 내지는 생리적 작용을 일으켜 이를 급식한 닭들로 하여금 폐사케 한 것인지는 구체적으로 밝힐 수 없다 하더라도, 적어도 피고의 사료가 당시 부패 변질되었거나 아니면 어떤 불순물이 그 속에 함유되어 있었던 것이 틀림없고, 그와 같은 사료를 급식시킴으로 인하여 원고가 사육하던 닭들이 폐사하게 된 것이라고 보아도 무리는 없다 할 것이라 판단하였다.

　　기록에 의하여 살펴보니, 위 판시와 같이 원고가 매입한 피고 회사 제조의 배합사료가 부패 변질되었거나 어떤 불순물이 함유되어 있다고 볼 자료를 찾아 볼 수 없으니, 이 대목은 자료의 뒷받침 없는 독단에 불과하다. [원고가 첨가하였다는 것들의 성분이 어떠한가를 심리한 바 없고, 피고 제조의 배합사료는 단백질, 칼슘 성분을 함유하고 있으나 비타민 A 성분은 아예 함유되어 있지 아니함이 분명하고, 피고 회사 제조의 배합사료 중 일부는 농수산부에서 정한 성분규격에 미달되는 것이 있다고 하니 단백질이나 칼슘 성분이 과다하였다고 볼 수 없으며] 다른 양계업자도 피고 회사 제조의 배합사료를 급여하였더니 원고 양계장에서와 같은 증상으로 닭

들이 폐사하였다고 하나 기록상 그 사육과정이 어떠한가를
알아볼 자료도 없다. 그렇다면 위 판시는 심리를 다하지 아
니하고 증거 없이 사실을 단정 … 한 위법을 범하였다."

　이 판결은 사안의 많은 점에서 앞서 본 1977년의 대법원
판결과 일치한다. 그러나 결론은 서로 다르다. 兩者의 결론이
다르게 된 分岐點은 피고가 공급한 물건에 「결함」이 있는가
여부이다. 앞의 판결에서는 문제된 사료에 "어떠한 불순물이
함유되어 있는지 구체적으로 밝혀지지는 않았"으나 "적어도
그 사료에 어떤 불순물이 함유된 것이 틀림없"다고 인정된 데
반하여, 이 판결에서 대법원은 원심판결이 그 사료에 어떤 불
량성분이 함유되어 있다고 인정한 것은 "자료의 뒷받침 없는
독단에 불과하다"고 한다. 위의 두 판결을 비교하여 보면 바
로 알 수 있는 대로, 구체적으로 문제된 물품에 결함이 있는
가 여부는 당해 사건에서의 제반 사정을 종합하여 판단된다.
가령 大判 76. 9. 14, 76다1269(공보 546, 9350)은, 채혈병의 오
염을 이유로 그 병에 담긴 혈액을 수혈받다가 쇼크로 사망한
자의 유족들이 채혈병 공급업체를 상대로 손해배상을 청구한
사건에서, 과연 그 채혈병이 본래부터 오염되어 있었는가를
인정할 증거가 없다고 하여 ――다른 이유와 아울러―― 원고
들의 청구를 기각하고 있다. 그러나 어느 경우에나, 결정적인
爭點이 된 것은 「결함」이 인정되는가 여부이지, 민법 제750조
에서 요구하고 있는 「과실」이 있느냐는 아닌 것이다.

　　결국 대법원의 태도는 다음과 같이 요약될 수 있을 것이
다. 제조물에 결함이 있다는 것이 확정되는 한, 그리고 그 결

함이 손해 발생의 원인임이 인정되는 한, 그 제조자인 피고의
불법행위책임은 긍정된다. 그러나 그 결함의 존재는 원고가
입증하지 않으면 안 된다는 것이다(이는 미국, 유럽共同體를 포
함한 다른 나라의 경우도 마찬가지이다). 물론 이 결함의 입증
자체에 관련하여서도 그 결함이 구체적으로 어떠한 것인가를
밝힐 필요는 없으나, "어떠한 결함(etwas Fehlerhaftes)"이 있
다고 하는 것은 일응 증명될 것을 요구한다. 이와 같이 대법
원의 태도를 솔직하게 정면에서 관찰하면, 실질적으로는「결
함」의 존재 여부가 사건 처리의 결론을 좌우하고 있다는 점을
우선 확인하여 둘 필요가 있는 것이다. 그리고 이 점이 ── 다
른 나라의 경우에도 그러하였거니와 ── 우리 나라에서 제조
물책임의 법리가 독자적으로 형성되어 갈 수 있는 출발점을
이룬다고 하겠다.

3. 美國의 製造物責任法理

미국에서 제조물책임은 3가지의 訴因으로써 추급된다
고 한다. 保證責任(warranty liability), 「過失」責任(negligence
liability), 嚴格責任(strict liability in torts)이 그것이다.

(1) 保證責任은 루이지애나주를 제외한 미국의 모든 주에
서 채택된 統一商事法典(UCC)에 근거를 둔 것으로서(§2-313
이하), 상품의 매매에 있어서 매도인에게 그 상품에 결함이 없

다는 보증약정을 인정하고 그 보증에 반하여 존재하는 결함으로 인한 손해에 대하여 매도인의 배상책임을 인정한다. 이 법리는 영미법상 전통적으로 인정되었던 買受人危險負擔(caveat emptor)의 원칙을 배제하는 의미가 있다. 통일상사법전상의 보증에는 명시적 보증(express warranty)과 묵시적 보증(implied warranty. 또는 "의제된" 보증)의 두 유형이 있다.

明示的 保證은 물건의 성능 기타 성질에 대한 확인 내지 약속으로부터 인정되는데, 그러한 확인은 견본, 광고, 카탈로그, 사용설명서, 라벨 등에 의하여서도 인정될 수 있다. 默示的 保證은, 명시적 보증이 매도인의 일정한 적극적 언명이나 행태로부터 의사해석의 방법으로 인정되는 데 반하여, 법률에 의하여 부과된다. 그 중 제조물책임과 관련하여 문제되는 것은 市場性(merchantibility)의 보증과 "특정용도에의 적합성"의 보증이다. 시장성보증은 다양한 내용을 가지는데, 가령 상품의 통상의 용도에 적합할 것, 용기·포장 및 라벨부착이 제대로 되어 있을 것 등을 포함한다. 특정용도에의 적합성이란 매도인이 매수인이 의도한 사용목적을 알고 있었을 때 그 용도에 적합한 성능이나 품질을 가지고 있을 것을 말한다.

이와 같은 내용의 보증이 인정되는 경우에 그 상품이 보증내용에 반하고 그로 인하여 매수인이 손해를 입었을 때에는 매도인의 「과실」을 입증할 필요 없이 그 보증위반(breach of warranty)을 이유로 그 손해의 배상을 청구할 수 있다. 애초에 이 보증책임은 직접의 계약당사자관계(privity of contract)가 없는 자에 대하여는 주장할 수 없다는 難點이 있었다. 그러나 그 후 이 점은 판례에 의하여 많이 완화되어, "최종소비자의 손에 상품이 넘어가기까지 상품에 부수하여 제조업자에 의한 묵시의 보증이 존속"하고 또한 "직접의 매수인 이외에 그 가족 기타의 이용자에게 미친다"는 데까지 인정되기에 이르렀다. 그러나 이러한 보증은 당사자 사이의 명시적인 합의로 이를 제한하거나 배제할 수 있는 여지가 있고(UCC §2-316 참조), 또 앞서 본 특정용도에의 적합성의 보증이 인정되기 위하여는 매수인이 그 용도에 맞는 물건을 고르는 매도인의 技能에 의존하였어야 한다든가(UCC §2-315), 결함 발견 후 합리적 기간 내에 통지하여야 한다든가(UCC §2-607 ⑶⒜ 참조)하는 제한적 요건의 충족이 요구되었다.

⑵ 한편 영미불법행위법의 꽃이라고 할 수 있는 「과실」책임에 기하여 제조자의 책임을 물을 수도 있다. 그러나 「과실」책임을 묻기 위하여는 피고의 注意義務(duty of care) 위반을 입증하여야 하므로, 제조물책임과 관련하여서는 대개 뒤에서 보는 엄격책임을 선호한다고 한다. 그러나 엄격책임의 법리가 적용되지 않는 한도에서는 「과실」책임도 문제된다. 논자들이 드는 예로는, 물건양도가 아닌 用役提供의 경우, 專門職業責任(professional liability)의 경우 등이 이에 속한다. 「과실」책임을 물을 수 있는 때에는, 엄격책임과는 달리 경우에 따라 징벌적 손해배상을 청구할 수 있는 이점이 있다.

⑶ 미국의 製造物責任法의 핵심은 嚴格責任에 있다. 원고

가 물품의 결함(defect)과 그 결함으로 인한 손해의 발생을 입
증하면 제조자는 그「과실(negligence)」의 유무에 불구하고 손
해를 배상하여야 한다는 것이다. 그러므로 가장 중요한 것은
缺陷의 개념인데, 미국의 법원은 이에 대하여 다양한 접근을
보이고 있다. 가장 폭넓게 채택되고 있는 것은 제 2 불법행위
법리스테이트먼트 제402(A)조가 정하는 접근방식이다. 동 규정
은 다음과 같이 정한다.

§ 402A. Special Liability of Seller of Product for Physical
Harm to User or Consumer

(1) One who sells any product in a defective condition un-
reasonably dangerous to the user or consumer or to his pro-
perty is subject to liability for physical harm thereby caused
to the ultimate user or consumer, or to his property, if

(a) the seller is engaged in the business of selling such a
product, and

(b) it is expected to and does reach the user or consumer
without substantial change in the condition in which it is sold.

여기서 문제는 어떠한 경우에「부당하게 위험」한 것이라
고 인정되는가 하는 점이다. 이 용어는 위험하다는 것만으로
는 충분하지 않고 그 위험성이 부당한 것이어야 함을 강조하
기 위하여 채택되었다(가령 칼은 위험하나 그렇다고 결함이 있는
것은 아니다). 그러나 이러한 위험의 正當/不當의 이분법은 전
통적으로「과실」책임의 경우에도 채택되어 온 것으로서 양 책
임의 한계를 모호하게 한다고 비판되었다. 그리하여 애초에는
소위 消費者期待理論이 주목되었다. 이것은 뒤의 유럽공동체

지침에서도 채택된 것인데, "일반인이 정당하게 기대할 수 있
는 정도의 안전성"을 갖추지 못한 것이 곧 결함이라고 파악한
다. 그러나 특히 제조물책임의 법리의 발전을 이끌어 온 캘리
포니아 대법원(주지하는 대로, 州가 이 점에 대한 관할권을 가지
고 있다)은 소비자기대이론만으로는 충분하지 않다는 태도를
취하였다(Barker vs. Lull Engineering Co., 20 Cal. 3d 413(1978):
"위험한 제조물에 대한 공중의 신뢰는 그리 높지 않은 것이므로 소
비자의 기대를 기준으로 하면 제조자의 책임은 부당하게 면제될 수
있다"). 그리고 소위 위험/이익 분석(risk-benefit analysis) 이
론을 제시하였다. 그것은 결국 (ⅰ) 물품이 본래의 용법대로 또
는 합리적으로 예견가능한 용법으로 사용되었을 때 보통의 소
비자가 기대하는 만큼 안전하게 작동하지 아니하였음을 원고
가 입증하거나, (ⅱ) —— 제조물책임이 주로 문제되는 뒤에서 보
는 소위 設計缺陷(design defect)에 관하여—— 원고는 제조물
이 원래의 설계대로 제조되었으나 그 제조물이 손해 발생의
近接原因(proximate cause)이 되었음을 입증하고 한편 피고는
모든 관계요소를 고려한 이익형량으로 볼 때 그 설계를 현재
문제되고 있는 내용대로 하는 利益이 그러한 설계에 고유한
위험을 초과함을 입증하지 못하면, 그 제조자는 책임을 져야
한다는 것이다. 현재의 추세는 제조물의 결함 유무에 관한 판
단을 위와 같은 위험/이익 분석에 의하여 한다고 한다.

　　결함은 대체로 다음의 세 유형으로 나누어진다. 첫째, 결
함 없이 설계된 물품이 제조과정상의 잘못으로 위험하게 된
경우를 제조결함(manufacturing defect. 독일의 Fabrikationsfeh-

ler에 해당한다)이라고 한다. 둘째, 설계 자체가 부적당하게 되어 있는 경우를 설계결함(독일의 Konstruktionsfehler)이라고 한다. 제조결함은 개개의 물품에서만 문제되나 설계결함은 동종의 제품 전부에서 문제되므로 그 영향은 훨씬 크다. 또한 설계의 적정 여부를 판단하는 것은 개별적인 제조과정상의 잘못 유무를 판단하는 것보다 더욱 어렵다. 셋째, 사용설명이 부적절하거나 위험에 대한 적당한 경고가 결여된 경우를 판매결함(marketing defect. 독일의 Instruktionsfehler)이라고 한다.

피고는 원고의 위와 같은 엄격책임청구에 대하여 몇 가지 전형적인 방어수단을 가진다. 중요한 것은 (i) 比較過失(comparative negligence. 이에는 원고의 과실비율에 따라 손해배상액을 감액하는 「순수한 비교과실」론과, 원고의 과실이 피고의 과실보다 큰 경우에는 전혀 배상을 인정하지 않는 「수정된 비교과실」론이 있다. 종전의 寄與過失論은 엄격책임에 있어서는 인정되지 않는 경향이다), (ii) "예견할 수 없는" 誤用 또는 構造變更(엄격책임을 배제한다), (iii) 정부기준의 준수(정부에 정한 안전기준의 준수를 피고가 입증하면 결함의 부존재가 "반증가능하게 추정"된다는 입장을 택하는 州가 몇 개 있다), (iv) 기술수준 및 개발위험(前者는 제조 당시의 기술수준이나 과학적 지식에 비추어 결함이 없다는 주장으로, 판매 시까지의 기술발전을 결함 유무의 판단에 있어서 배제한다는 실제적 의미를 가진다. 後者는 독일의 Entwicklungsgefahr에 해당하는 것으로, 신개발의 약품 등에서 그 잠재적인 위험성이 의심되기는 하나 그 확증에는 시간이 요구되는 경우 결함이 없다고 하는 주장이다. 후자를 어느 범위에서 면책사유로 할 것인지에 대하여는 논의가 많다) 등이다.

  최근에 미국의 제조물책임법의 영역에서 논의되고 있는
것으로는 가령 기업 및 시장점유책임(enterprise and market
share liability)을 인정할 것인가의 문제이다. 가령 여러 개의
회사가 인체에 유해한 약품(여기서는 합성에스트로겐 DES)을
제조하였고 그를 복용한 임산부의 딸들 중 약 0.1% 정도가
10세가 넘어서 암에 걸리는 것으로 판명되었는데, 그 환자는
어머니가 어느 회사의 제품을 복용하였는지 입증할 수 없다는
사안에서, 캘리포니아 대법원은 피고 회사가 원고의 어머니가
복용한 것이 자기 회사의 제품이 아님을 입증하지 못하는 한
시장점유비율에 따른 배상책임을 져야 한다고 판시한 것이다
(Sindell vs. Abbott Laboratories, 26 Cal. 3d 588(1980): "법원에는
두 가지 選擇肢가 있다. 즉, 기존의 이론에 경직되게 집착하여 그러
한 제조물로부터 발생한 손해에 대하여 그 전보를 거절하든지, 변
천하는 필요성을 충족시킬 수 있는 새로운 구제수단을 창출해 내든
지 하는 것이다. … 거시적인 정책적 관심에서 판단하건대 결함 있
는 물품의 제조로 인한 손해에 대하여는 피고측이 그 손해의 비용
을 더 잘 감수할 능력이 있다").

4. 유럽共同體의 「제조물책임 입법지침」과 회원국
    에의 受容

 ⑴ 유럽공동체의 理事會는 1985년 7월 25일 "제조물 결

함의 책임에 대한 회원국 법령의 조화에 관한 입법지침"(이하 그냥 「입법지침」이라고 한다)을 의결하였다. 이 입법지침은 1985년 7월 30일 회원국에 공고되었다. 그 제19조에 의하면 회원국은 "지침의 공고일로부터 늦어도 3년 내에 이 지침을 이행하기 위하여 필요한 법령"을 공포하도록 하였다.

제조물책임의 규율에 관하여는, 우선 각 나라 사이에(가령 공업국과 농업국 사이, 그리고 수출국과 수입국 사이에), 나아가 산업계와 소비자 사이에 심각한 이해관계의 충돌이 있다. EC회원국의 이 점에 대한 종전의 법상태는, 전통적 과실책임에 입각하면서 나아가 입증의 문제에 관하여도 특수한 취급을 인정하지 않는 나라들(이탈리아, 스페인, 포르투갈, 그리스), 과실책임에 기하도록 하면서도 입증책임을 전환하고 나아가 면책입증을 어렵게 하는 나라들(독일, 영국, 아일랜드, 네덜란드, 덴마크), 그리고 過失推定을 통한 사실상의 危險責任을 인정하는 나라들(프랑스, 벨기에, 룩셈부르크)에 이르기까지 다양하였다고 한다. 또 산업계는 위험책임에 대하여는 과실책임의 유지, 가능한 한 낮은 액으로 하는 책임최고한도의 설정, 「개발위험」의 항변, 物損의 배제, 책임기간의 제한(대개는 5년)을 주장한 반면, 소비자측은 개발위험을 포함하여 賠償額 그리고 期間에 있어서 제한이 없는 위험책임, 결함과 손해 간의 인과관계에 관한 입증책임을 제조자에게 부과하여야 한다고 주장하였다. 「입법지침」은 이러한 상충하는 이해관계를 절충하여, 어렵게 타협에 도달한 결과이다.

⑵ 제 1 조는 "제조물의 제조자(Hersteller)는 그 생산물의 결함으로 야기된 손해에 대하여 책임이 있다"라고 규정한다. 제조자는 귀책사유가 없는 경우에도 책임이 있다. 여기서「결함」이란 정당하게 기대되는 안전성을 갖추지 못한 것을 말한다.

그 책임의 범위에는 원칙적으로 上限이 없다. 그러나 타협안으로 회원국들에 대하여 사망 및 신체상해에 대하여 책임을 제한할 가능성을 열어 놓고 있다. 그러나 책임제한은 개개의 사안에 따라 정하여지는 개별적 제한이 아니라 일반적 제한이어야 한다. 物的 損害에 대한 책임은 무제한이다.

⑶ "제조물"은 動産에 한정된다(제 2 조). 부동산은 제외한다. 그러나 동산의 생산자는 이 동산이 다른 동산 또는 부동산의 일부가 되는 경우에도 책임을 진다.

원칙적으로 "농업에 의한 자연생산물"및 수렵물은 제외된다. 그러나 제15조 제 1 항 a는 소비자보호를 위하여 그것이 필요한 경우 이러한 물건을 포함시킬 수 있도록 회원국에 위임하고 있다.「입법지침」은 "농업에 의한 자연생산물"을 "토지, 가축사육 또는 어업상의 수확물"로 정의한다. 이러한 생산물은 최초의 가공에 의하여「제조물」이 된다.

⑷ 제 3 조는 책임을 지는 자의 범위를 규정한다. "제조자"에는 최종생산물의 제조자뿐만 아니라, 부품의 생산자, 원료의 생산자도 포함된다. 이러한 사실상의 생산자 외에도, 일정한 범위의 사람들이 그와는 다른 책임원인에 의하여 책임을

진다. 가령 자신이 판매한 상품의 진정한 출처를 비밀에 붙이고 제조자로서 행세하는 자도 책임을 진다. 「입법지침」은 이러한 외관유발행위로서 당사자가 "상품에 자신의 이름, 상표 또는 기타의 인식표지를 붙이는" 것을 들고 있다.

결함 있는 상품의 판매자는 책임을 지지 않는다. 그러나 제조자가 확인되지 않는 경우에는 각 단계의 공급자가 제조자로서 책임을 진다. 그러나 공급자는 자신에 대한 공급자 또는 제조자를 적시하는 경우 책임이 면제될 수 있다(제3조 제3항). 나아가 결함 있는 제품을 제3국에서 유럽공동체에 수입하는 수입업자도 책임을 진다(제3조 제2항).

(5) 제7조는 제조자가 책임을 면하는 근거를 열거하고 있다. 물론 이러한 근거의 존재를 입증하는 책임은 제조자에게 있다.

제조자는 생산물을 유통시킨 경우에만 책임을 진다(제7조의a). 아직 인도되지 않거나, 도난당하거나, 횡령당한 상품에 대하여는 책임이 없다. 또 제조자는 제조물을 유통시켰을 때 존재하였던 결함에 대하여만 책임을 진다(제7조의b). 상품 운송 중의 적절하지 아니한 취급으로 또는 피해자 자신에 의하여 발생한 결함은 제조자에게 책임을 지울 수 없다. 나아가 제조자는 영업으로 생산·판매하는 경우에만 책임을 진다(제7조의c). 개인적 목적의 사용을 위한 제조는 포함되지 않는다.

"開發危險"에 대한 책임의 문제는, 앞에서 본 대로, 후에 이르러 더욱 높아진 안전성의 기준을 충족하지 못하게 되고 따라서 사후에 결함 있는 것으로 인정되나 애초에는 결함 없던 제품에 대한 책임범위의 문제라고 할 수 있다. 그러한 요구는 사실상 제조자의 개량이나 혁신을 방해하게 될 것이다. 왜냐하면 생산자는 개량이나 혁신을 통하여 스스로 자신이 초기에 내놓은 제품을 사후적으로 "결함 있는"것으로 만들 수 있기 때문이다. 이런 불합리를 막기 위하여 제 6 조 제 2 항은 이러한 경우에 있어서의 결함의 존재를 부인하고 있다.

(6) 1990년 6 월 말까지 확인된 바에 의하면, 위「입법지침」에 따라 영국, 그리스, 이탈리아, 룩셈부르크, 덴마크, 독일, 포르투갈이 제조물책임법을 제정하였고, 네덜란드가 법안을 의회에 상정하고 있으며, 기타의 나라(프랑스, 벨기에, 스페인 등)는 정부안을 마련해 놓은 상태라고 한다.

5. 小   結

이상 제조물책임에 관하여 필요한 최소한의 사항을 간략하게 살펴보았다. 종래부터 외국의 입법동향에 ——경우에 따라서는 지나치게—— 민감한 우리 나라로서는, 특히 유럽 각국에서 제조물책임법이 성립되었다는 사정이 입법적 熱情에 불을 당길는지도 모른다. 그리고 사실 國際交易이 활발한 요즈음에, ——외국에 수출된 우리 나라 상품의 결함에 대한 책임이 그 나라에서 엄격하게 추급되는 것과 발맞추어—— 외국으로부터의 수입품에 존재하는 결함으로 말미암아 발생한 損害에 대하여도 보다 엄격한 責任을 부과할 필요도 있을 것이다. 그러나 다른 立法의 경우도 마찬가지이겠으나, 특히「결함」과 같이 불법행위법의 상당 부분을 마크할 새로운 개념을 도입하는 法律을 마련함에 있어서는 事前에 충분한 연구와 검토가 필요하다고 생각된다.

[後　記]

1. 本稿는 1990년 4월 2일에 서울대학교 법학연구소의 제3기 司法發展硏究課程을 위하여 행한 講義의 원고(受講生들에게 배포되었다)를 바탕으로 한 것이다.

2. 本文의 2.(2)에서 언급한 제조물책임에 대한 判例의 展開는 결국 大判 92. 11. 24, 92다18139(集 40-3, 158)에 의하여 일단락되었다. 이 판결의 내용에 대하여는 本書 240면을 보라.

한편 本文의 3.에서 略述한 제조물책임법리의「母國」미국에서의 그 내용에 대하여는, 데이빗 드뷔셰르/로버트 헤프트, 梁彰洙 譯, 美國의 製造物責任法, 저스티스 27권 1호(1994. 7), 25면 내지 54면도 아울러 참조하라.

民法의 觀點에서 본 知的財産權法
—— 著作權侵害의 救濟手段을 중심으로 ——

I. 序 —— 民法과 知的財産權法

(1) 민법은 사법의 일반법이라고 일컬어지고 있다. 사람이
그냥 사람으로서 살아가는 데 있어서 없어서는 안 될 것들이
무엇이냐 하면 이것을 재산과 가족이라고 보는 것에서 민법은
출발한다. 이와 같이 민법이 예정하고 있는 사람은「그냥 사
람」으로서 이러한 사람을 국가 기타 권력을 중심으로 결합한
단체의 구성원의 자격을 가지는 경우의 사람과는 구별하는 것
을 전제로 하고 있다.

이와 같이「그냥 사람」이라도 개개인을 놓고 보면 그의
재산관계와 가족관계는 제각각이다. 그러한 천태만상의 재산
관계나 가족관계 중에서 모든 사람에게 공통된 것 또는 많은
사람에게 공통적으로 나타나는 것을 모두 모아서 법적으로 규
율하겠다는 것이 적어도 이념적 출발점에 있어서는 민법이 가
지고 있는 거창한 꿈이다. 그래서 민법은 소유권, 계약, 혼인,
친자관계, 상속 등을 그 규정대상으로 한다.

　　그런데 그와 같은「재산」으로서 구체적으로 우리 민법전에 나타난 것은 소유권이나 저당권 등과 같은 物權과 계약상의 채권이나 불법행위로 인한 손해배상청구권 등과 같은 債權의 둘뿐이다. 이 때 채권이란 다른 사람에 대하여 어떠한 행위(급부)를 청구할 수 있는 권리로서 어떠한 대상을「자기의 것으로」하는 것과는 기본에 있어서 다르다. 그런데 이와 같이 어떠한 대상을「자기의 것으로」하는 권리, 비유적으로 말하자면 그 대상을 직접 자기의 일부로 하는 권리는 민법에서는 원칙적으로 물건, 즉 공간에서 연장을 가지는 유체물에 대하여서만 인정되고 있다. 그리하여 그와 같은 권리는 이름도「물권」이라고 붙여져 있다. 유체물 이외의 대상, 가령 인간의 정신적 활동의 결과로 생긴 기술상의 또는 예술상의 창작 그 자체는 우리 민법이 정하는 물권의 대상이 되지 못한다.

　　이것은 아마도 다음과 같은 사정에 연유하는 것이 아닐까 추측된다. 우리 민법은 1958년에 공포되고 1960년 1월 1일부터 시행되었다. 그러나 그 내용은 주로 19세기에 유럽대륙의 국가, 특히 독일, 프랑스, 스위스에서 만들어진 여러 민법전에 정하여져 있는 제도들을 그대로 본딴 것이 대부분이다. 그런데 유럽대륙에서 위와 같은 민법전이 만들어질 당시에 사람들이 가지고 있던「재산」이라고 하면 주로 토지나 금전과 같은 물건이 주요한 것이었고, 요컨대 위와 같은 정신적인 창작 그 자체의 경제적 중요성에 대하여는 아직까지 충분히 주목되지 못하고 있었고, 이에 따라 그것의 법적 규율에 관하여도 성숙하고 정치한 이론이 발달하지 아니하였다는 것이다. 또는 그러한 정신적인 창작물은 이러한 창작에 종사하는 계층에 대하여만 의미가 있는 것이므로 모든 사람 또는 많은 사람에 관련된 사항만을 정하는 민법이 다룰 것이 아니라고 생각하였는지도 모른다.

어쨌든 민법은 「재산」의 설정, 이전, 변경에 관하여 일반적으로 규정하고 있음에도 불구하고, 거기에서 말하는 「재산」에는 정신적 창작물은 포함되지 않고 있다. 그 후 그와 같은 정신적 창작물에 대한 법적 보호에 관한 법, 소위 지적재산권법이 눈부시게 발전하였음은 주지하는 대로이다. 그러나 그러한 창작물에 대한 권리의 성립은 별론으로 하고, 그 **권리의 성질이나 이전이나 권리가 침해된 경우의 구제수단**(Rechtsbehelfe; remedies)에 관하여 보면 이에 관한 법리는 민법이 정하고 있는 권리의 이전방법이나 권리구제수단을 전제로 하여 이를 보충, 수정하는 방식으로 전개되고 있다. 이러한 의미에서 이 점에 관한 한 지적재산권법은 민법의 특별법이라고 할 수 있다.

(2) 이것은 뒤집으면 지적재산권법을 제대로 이해하려면 민법에 대한 이해가 필요하다는 말이 된다. 물권법(property law)을 알지 못하고서는 지적재산권법(intellectual property law)을 알 수 없다고 하면 지나친 말일까?

우선, 권리의 법적 성질이라는 점에서 그러하다. 지적재산권은 물권의 성질을 가진다. 좁은 의미의 물권이 공간을 차지하고 있는 有體物을 지배의 대상으로 하고, 지적재산권이 눈에 보이지 않는 정신적 창작물을 대상으로 한다는 점이 다를 뿐, 그「지배」의 내용은 동일하다. 즉 배타성(특허법 제94조: "특허권자는 業으로서 그 특허발명을 실시할 권리를 **독점**한다"), 절대성, 양도성 등을 가진다. 이로부터 뒤에서 살펴보려고 하는 권리가 침해된 경우의 救濟手段의 유사성이 우러나온다.

나아가, 권리의 이전이라는 점에서도 그러하다. 지적재산권의 양도 등「변동」에 관한 법리는 물권변동의 법리로부터 유추한 것이다. 가령 특허법 제101조는 특허권의 이전은 登錄을 하여야 그 효력이 발생한다고 정하는데, 이는 부동산소유권의 이전은 登記를 하여야 그 효력이 발생한다는 민법 제186조와 그 구조가 같다. 또 專用實施權의 특허권에 대한 관계는 地上權 등 用益物權의 소유권에 대한 관계와 같아서, 전용실시권의 설정·이전에도 용익물권에서처럼 등록을 요건으로 하고 있다.

마지막으로, 오늘 말하고자 하는 침해에 대한 구제수단이라는 점에서도 마찬가지이다. 이 점을 특히 잘 드러내는 것으로는, 救濟節次의 측면이다. 특허권이 성립되려면 특허청에 특허출원을 하여야 하는 등으로 그를 위하여 특별하게 마련된 기관에서 특별한 절차(특허심판, 항고심판)를 밟아야 한다. 그러나 특허권이 침해되었음을 이유로 하여 그 침해의 정지를 청구하거나 손해배상을 받거나 하려면, 일반의 민사소송절차(가처분 등 보전절차를 포함하여)에 의하여야 한다. 또한 뒤에서 보는 것처럼, 이 구제수단의 내용이라는 점에서는 지적재

산권법은 부분적인 몇 가지 특수한 것을 제외하고는 민법에서
정하는 물권침해에 대한 구제수단을 빌어오고 있다.

중요한 것은, 지적재산권법은 이러한 점들에 관하여 민법
의 법리를 전제로 하고 있다는 점이다. 가령 특허권의「등록」
에 관한 법리를 지적재산권법학에서는 열심히 논하지 않으며,
또 논할 필요도 없다. 그것은 이러한 법리에 대하여는 민법학
에서 이미「등기」와 관련하여 상세한 논의를 하여 온 결과의
蘊蓄이 있으므로, 필요가 있다면 그것을「차용」함으로써 족하
기 때문이다. 그러므로 "좋은 민사법률가가 아니면 좋은 법률
가가 아니다(Nul n'est bon juriste, s'il n'est un bon civiliste)"라
는 말은 지적재산권법에 대하여는 특히 타당한 것이라고 생각
된다.

흔히 새로 등장하는 법분야는 그 분야의「고유성」또는
「특유성」을 강조하는 경향이 있다. 이는 법의 세계에서 시민
권을 얻기 위한 자기주장이라는 점에서 이해될 수 있는 점도
있다. 그러나 지적재산권법처럼 이제 누구도 그 시민권을 부
인하지 않는 법분야에서는 이제 스스로의 발전을 위해서라도
다시 근원으로 돌아가 자신들의 세계를 다시 음미하여 볼 필
요가 있을 것이다.

(3) 다른 한편 민법의 입장에서도 지적재산권법이 제기하
는 문제들과 그에 대한 지적재산권법학의 응답을 제대로 이해
하고 이를 자신의 발전을 위한 자료로 삼을 필요가 있을 것이
다. 민법이「시민사회의 일반법」으로서 그 정당성과 유용성을

오늘날에도 확인받을 수 있으려면, 그 시야를 민법전, 즉 과거의 시점에 만들어진 법률에서 다루어진 소재에만 국한하여서는 아니 되며, 새로이 등장하는 문제와의 대면을 통하여 자신의 전래의 이론과 설명방식을 끊임없이 오늘날에도 통용될 수 있는 것으로 개선하여야 한다.「일반」은 훨씬 유동성이 높고 다양한「특수」에 의하여 항상 새로운 활기와 생명력을 획득하여야만 유지될 수 있으며,「상태」는 항상「과정」의 관점에서 음미되어야 하는 것이다.

　　이러한 관점에서 보면 지적재산권법은 민법에게는 매우 의미 있는 과제 또는 도전이 될 수 있다.

　　(4) 저작권은 특허권 등의 소위 공업소유권(또는 산업재산권)과 함께 지적재산권의 양대 영역의 하나임은 주지하는 대로이다. 지적재산권을 공업소유권과 저작권으로 나누는 것 자체가 그 양자의 성격에 다른 점이 있음을 시사하는 것이라고 하겠다. 그 중에서 민법과의 관련에서 중요한 것은, 저작권에 관하여는 그 권리의 내용을 이루는 학문이나 예술 또는 문학상의 창작물은 **저작자의 인격 자체의 발현**이라는 성격을 가지고 있다는 것이다. 우리 나라의 저작권법도 이 점을 고려하여 제11조 이하에서 소위 저작인격권을 인정하고 이에 대한 특별한 보호수단을 마련하고 있다.

　　민법에서도 인격권(Persönlichkeitsrecht)은 비교적 새로운 권리로 치부되고 있다. 가령 姓名에 대한 권리(성명권)와 같이 개별적으로 인격적 이익을 보호하는 것은 전부터 인정되어

왔으나, 일반적으로 초상, 프라이버시, 표현, 공적인 의견진술
등을 포괄하는 일반적인 인격적 이익에 관한 권리는 제 2 차
세계대전 이후부터 본격적으로 논의된 것이다.

　　이와 같은 일반적인 인격적 이익에 관한 논의의 성과는
저작인격권의 내용과 그 보호방법 등을 생각함에 있어서도 중
요한 참고가 될 수 있으리라고 생각된다. 또한 저작권법에서
명문으로 인정된 「저작인격권」의 규정은 민법에서 일반적으
로 논의되고 있는 인격권에 대하여 부분적으로 성문법의 기초
를 주는 것으로서, 그 규정의 해석론 등은 당연히 민법의 입
장에서도 예민한 주의를 기울이지 않으면 안 될 것이다.

　　그러나 여기서는 저작인격권에 대하여는 할애하기로 하
고, 주로 저작재산권을 중심으로 민법의 관점에서 본 저작권
의 법리를 살펴보기로 한다. 그러나 이와 같이 논의를 한정하
더라도 범위는 지나치게 넓어지므로 이하에서는 저작권의 침
해에 대한 구제수단만을 다루기로 한다.

Ⅱ. 著作權法上의 救濟手段

　　(1) 저작권법 제 8 장(제91조 내지 제97조)은 저작권이 침해
된 경우에 권리자가 가지는 구제수단의 종류 및 내용에 대하
여 정하고 있으며, 나아가 어떠한 경우에 권리의 침해를 인정
할 것인가에 대하여도 보충적으로 정하고 있다(제92조). 동법
에 열거된 구제수단은 (i) 침해정지청구권 및 침해예방청구권

(제91조), (ii) 저작재산권 침해의 경우의 손해배상청구권(제93조), (iii) 저작인격권 침해의 경우의 명예회복 등 청구권(제95조, 제96조)이다(이는 특허권이 침해된 경우의 구제수단을 정하는 특허법 제126조 내지 제131조의 규정도 기본적으로 마찬가지이다).

이러한 권리들 중 (i)은 저작권의 침해 자체가 더 이상 또는 장래에 발생하지 않도록 하는 것을 목적으로 하는 것이고, (ii)와 (iii)은 이미 침해가 이루어진 것을 전제로 하여 그 침해로 말미암아 권리자가 입은 손해를 배상받는 것 등을 목적으로 하는 것이다. 말하자면 양자는 구제의 내용이 현저히 다르다. 뿐만 아니라 전자는 그와 같은 침해 또는 침해의 우려가 발생한 데 대하여 상대방에게 고의 또는 과실(이들을 합하여「귀책사유」라고 부른다)이 존재할 것을 요구하지 않음에 반하여, 후자의 손해배상청구권이 발생하려면 침해자에게 그와 같은 귀책사유가 있어야만 한다는 점에서도 다르다. 이것은 구제수단이 부여되기 위한 요건면에서의 차이이다.

이러한 구제수단들은 모두 민법에 있어서 소유권 등 물권이 침해된 경우(이하 사정에 따라 침해될 우려가 있는 경우를 포함하여 말하는 때도 있다)에 대하여 정하는 구제수단에 대응하는 것이다. 가령 소유권자의 소유물방해배제 또는 방해예방청구권(민법 제214조) 및 불법행위로 인한 손해배상청구권(동법 제750조), 명예훼손의 경우의「명예의 회복에 적당한 처분」을 청구할 권리(동법 제764조)와 대비하여 보라.

(2) 저작권법은 특히 그 제91조 제 2 항에서 침해정지 등

을 청구함에 있어서 "침해행위에 의하여 만들어진 물건의 폐기나 그 밖의 필요한 조치"를 청구할 수 있다고 규정한다. 민법에는 이러한 규정이 없다. 그러나 이 규정은 제1항의 침해정지청구권과 별도의 권리를 인정한 것은 아니고, 단지 그 침해행위를 더욱 실효 있게 정지시키기 위하여 그에 필요한 구체적인 조치를 예시하는 것일 뿐이라고 할 것이다. 즉, 위 규정은 제1항의 내용을 구체화하는 것이라고 하겠다.

(3) 그 외에 저작권법 제93조 제2항, 제3항은 손해배상청구를 함에 있어서 저작재산권자를 입증의 곤란으로부터 구제하기 위하여 손해의 존재 또는 액에 관한 추정규정을 두고 있다(특허법 제128조 제1항, 제2항에서도 동일한 규정을 두고 있다). 이러한 규정도 민법에는 없는 것이다.

동조 제2항은 "그 권리를 침해한 자가 침해행위에 의하여 받은 이익"을 저작권자가 입은 손해액으로 추정하고 있다. 이 경우의 "이익"이란 뒤의 3. (2) 및 (4)에서 보는 바와 같은 부당이득법적 의미의 이익, 즉 저작권의 "이용" 그 자체를 말하는 것이 아니라, 영업상의 수익과 같이 침해자가 저작권을 이용한 결과로 얻은 구체적인 재산권 증가를 의미한다고 할 것이다.

또한 동조 제3항의 저작권자는 "그 권리의 행사로 통상 얻을 수 있는 금액"을 손해액으로 하여 그 배상을 청구할 수 있다고 정한다. 이에 대하여는 동항이 "제2항의 규정에 의한 손해액 외에"라고 前置하고 있기 때문에, 동항은 제2항의 손

해액, 즉 침해자가 침해행위로 얻은 이익에다가 더하여 저작
권자가 "그 권리의 행사로 통상 얻을 수 있을 금액"의 배상을
청구할 수 있음을 규정하는 것이라고 하는 견해가 있다(宋永
植 外 著, 知的所有權法(1987), 872면). 그 견해에 의하면 위 제
3항의 문언을 "제2항의 규정에 의한 외에"라고 규정하거나
일본의 저작권법 제114조(동조 제2항에 의하면 "통상 받을 수
있는 금액"을 청구할 수 있다고 하고, 동조 제3항 제1문에서 "전
항의 규정은 동항에 규정하는 금액을 넘는 손해의 배상을 방해하지
않는다"라고 한다)와 같이 규정하지 않는 한, 위 제3항을 최소한
도의 배상청구가능액을 정한 것으로 해석할 수는 없다고 한다.

　　그러나 입법자의 의도에 비추어 보아도 위 제3항은 저작
권자의 입증의 노고를 덜고 최소한도 이만큼의 배상청구를 가
능하도록 하기 위하여 마련된 규정이라고 보아야 할 것이고,
위 규정의 문언도 이에 반한다고는 단정할 수 없다. 만일 위
의 견해와 같이 해석한다면 저작권자에게 그가 실제로 입은
손해 이상의 배상청구를 인정하게 되는 경우도 있어서 부당하
다. 최근의 大判 96. 6. 11, 95다49639(공보 96상, 2121)도 이
러한 취지로 판시하고 있다. 즉 "[저작권법 제93조 제3항은]
피해 저작재산권자의 손해액에 대한 입증의 편의를 도모하기
위한 규정으로서 최소한 위 제3항의 규정에 의한 금액은 보
장하여 주려는 것이므로, 결국 제2항에 의한 금액과 제3항
에 의한 금액 중 더 많은 금액을 한도로 하여 선택적으로 또
는 중첩적으로 손해배상을 청구할 수 있다고 보아야 할 것"이
라는 것이다. 이 판결은 "변호사가 쓴 법조소설에 나오는 형

사사건과 동일한 사건내용 및 표현을 극작가가 그대로 또는
다소 변경을 가하여"TV주말연속극의 대본으로 만들어 결국
방영된 사안에 대한 것이다. 이 사건에서 원심은 "극작가가
대본의 집필료로 받은 고료(특별고료 포함)에서 극작가 자신의
기여도와 세금 및 일반관리비 등 경비를 공제한 금액"을「침
해자가 침해행위로 얻은 이익」에 해당한다고 하여, 이 금액을
저작권법 제93조 제 2 항에 기하여 손해배상으로 저작권자에게
지급하라고 명하였고, 대법원도 이러한 결론을 긍정하였다.

Ⅲ. 不當利得返還請求權

(1) 위와 같이 저작권법에서 정하는 구제수단 외에 다른
법에 의하여 인정되는 구제수단을 저작권이 침해된 경우에 행
사할 수 없는가?

이러한 경우에 문제되는 것은 민법 제741조 이하에서 정
하는 부당이득반환청구권이다. 이에 대하여 1986년 12월 31일
자로 개정되기 전의 저작권법(소위「1957년 법」)의 제66조는
"선의이며 과실 없이 저작권을 침해하여 이익을 받음으로써
타인에게 손실을 가한 자는 그 이익이 현존하는 한도에 있어
서 이를 반환하여야 한다"고 규정하고 있었다. 그런데 개정법
률에서는 이를 삭제하였다. 그러나 그 취지가 저작권 침해의
경우에 부당이득반환청구권을 인정하지 않는다는 데 있는 것
은 아니라고 생각된다. 오히려 위와 같은「1957년 법」의 규정

을 그대로 두면, 부당이득반환청구권이 거기서 정하는 경우 ("선의이며 과실 없이 저작권을 침해한 경우")에만 인정되고 기타의 경우에는 이를 인정하여서는 안 된다는 것으로 오해할 소지가 있다. 설사 위의 규정을 그렇게 이해하지 아니하고 일반적으로 민법의 부당이득법리를 완전히 배제하는 의미는 아니라고 해석한다고 하여도, 적어도 민법에서는 부당이득반환의무가 수익자가 선의이기만 하면 현존이익에로 제한되는데 (민법 제748조 제1항 참조) 저작권 침해의 경우에는 선의뿐만 아니라 무과실이어야만 비로소 현존이익의 반환으로 족한 것으로 된다고 규정한 것이라고 해석될 여지가 충분히 있다.

　　개정 저작권법이 위의 규정을 삭제한 것은, 이러한 불필요한 오해의 소지를 없애고 또는 원칙의 제한을 부인하여서, 부당이득반환에 관하여는 일반적인 민법의 규정에 따르도록 하는 취지인 것으로 추측된다. 도대체 일정한 권리가 침해된 경우에 권리자에게 부당이득반환청구권을 인정하는 일반적인 원칙을 하필 저작권의 침해의 경우에만 배제할 아무런 이유도 존재하지 않는 것이다.

　　(2) 법률상 원인 없이 타인의 재산 또는 노무로 인하여 이익을 얻고 이로 인하여 타인에게 손실을 가한 자는 그 이익을 반환하여야 한다(민법 제741조). 이를 뒤집어 말하면, 그와 같이 자신의 재산을 침해당한 자는 상대방에 대하여 그가 얻은 이익을 반환할 것을 청구할 수 있다. 따라서 타인의 저작권을 "법률상 원인 없이," 즉 그 저작권을 이용한 계약상 또는 법

률상의 권리 없이 그것을 이용하여 이익을 얻은 자는 그 권리
자에 대하여 그 이익을 반환하여야 한다. 이러한 권리를 부당
이득반환청구권이라고 한다.

　　이 권리가 발생하는 데는 침해자에게 침해에 있어서 고의
또는 과실이 있을 것이 요구되지 않는다. 이 점이 손해배상청
구권과 크게 다른 점 중의 하나이고, 동시에 부당이득반환청
구권을 행사함에 따른 이점의 하나이다.

　　(3) 또한 손해배상을 청구하기 위하여 저작권자는 자신이
상대방의 침해행위로 말미암아 손해를 입었음을 주장, 입증하
여야 한다. 그러나 저작물은 그 자체로서는 하나의 표현물에
불과한 것이고, 그것이 시장에서 어떠한 상업적 가치를 가지
는가 하는 점은 반드시 분명한 것이라고는 할 수 없다. 따라
서 가령 자신이 그 저작권에 기하여 일정한 수입을 얻고 있었
는데 피고의 침해행위로「인하여」그 수입이 일정한 액수만큼
줄었음을 입증할 수 있는 경우를 제외하고는 그로 인하여 손
해가 발생하였음을 입증하고, 나아가서 그 액수까지 밝히는
일은 쉬운 일이 아니다. 그러므로 특히 아직 시장화되지 않은
저작물이나 또 시장화되었더라도 제3자에게 저작물의 이용
을 승낙함으로써 직접 시장으로부터의 이익을 얻는 것이 아닌
경우에는 피고의 침해행위로 인한 손해를 입증하는 것은 거의
무망한 일이다. 따라서 저작권법은 저작권자에게 그러한 입증
의 부담을 덜기 위하여 여러 가지의 장치를 마련해 두고 있다
(제93조 제2항, 제3항 참조). 그러나 그 경우에도 그 장치를 동원

하기 위한 전제의 입증도 반드시 용이하다고는 할 수 없다.

　　그런데 부당이득반환청구권은 저작권자가 받은 손해의 배상을 구하는 것이 아니라, 반대로 침해자가 저작물을 이용(이 때「이용」이란 가장 넓은 의미로 이해되어야 한다)하여 얻은 「이익」의 반환을 구하는 것이다. 그리고 중요한 것은 부당이득에서 말하는「이익」이란 반드시 침해자가 그 이용행위로 인하여 시장으로부터 얻은 이익, 즉 영업이익을 말하는 것이 아니고, 그와 같이 타인의 저작권을「이용」(가장 넓은 의미에서)하였다는 것 자체도 여기서 말하는「이익」에 포함된다는 것이다. 따라서 저작권자로서는 그와 같은 사용이익의 객관적인 대가(민법 제747조 제1항에서 말하는 "가액")의 반환을 청구할 수 있는 것이다. 그리고 그「가액」은 통상의 實施料(licence fee)를 의미한다.

　　이와 같이하여 저작권자로서는 부당이득반환청구를 함으로써, 손해배상청구를 하는 경우에 부딪치는 위와 같은 손해의 존재 및 그 액에 대한 입증의 필요를 회피할 수 있게 되는 것이다. 이렇게 보면 이러한 의미의「이익」은 저작권법 제93조 제3항에서 말하는 "그 권리의 행사로서 통상 얻을 수 있는 금액"과 같은 의미라고 하여야 할는지도 모른다.

　　⑷ 일반적으로 부당이득반환청구권이 발생하기 위하여는, 첫째, 상대방이 타인의 저작권을「이용」하여 이익을 얻는 것과 아울러, 둘째, 그로 인하여 권리자가「損失」을 입어야 한다고 설명되고 있다. 그러나 상대방이 저작권을 객관적으로

「이용」한 사실만 입증되면 권리자는 만일 그와 같은 저작권의 이용을 허락하는 계약을 맺었다면 받을 수 있었을 객관적 사용료 상당액의 지급을 청구할 수 있을 것이다. 그 이유는 다음과 같다.

우선, 부당이득반환청구권의 발생요건 중에서 "상대방이 이익을 얻었을 것"이라는 요건은 위에서 본 대로 상대방이 남의 저작권을 이용한 것 자체가 벌써 「이익」을 얻었을 것으로 해석된다. 따라서 상대방이 프로그램을 무단 이용하여, 실제로 영업상 이익이 남았는가 하는 이용의 결과 여하는 「이익」의 성립 여부에 영향을 미치지 않는 것이다.

나아가서 "권리자가 손실을 입었을 것"이라는 요건도, 설사 권리자가 자력이 없어서 어차피 그 프로그램에 의하여 수입을 얻었을 현실적 가능성이 없다고 하더라도, 그러한 수입을 얻을 수 있는 추상적·일반적 가능성까지 없는 것은 아니므로 일반적으로는 「손실」을 입었다고 인정된다. 따라서 "권리자가 손실을 입었을 것"이라는 요건도, 특별한 사정이 없는 한, 상대방이 권리자의 승낙을 얻음이 없이 프로그램 저작권을 사용하였다는 것 자체에 의하여 인정되는 것이다. 최근의 大判 96.5.14, 94다54283(공보 96상, 1835)이, 농지의 상공에 송전선이 무단으로 설치되어 있는 경우에 농지소유자가 한전을 상대로 부당이득의 반환을 청구한 사건에서, "현재의 상태로도 그 토지에 고층의 건조물을 지을 수 있으며, 그 때까지 농지로만 사용되어 왔고 또 농지로 사용하는 데 아무런 지장이 없어 원고가 「아무런 구체적 손해」를 보지 않았다고 하더라도, 그 소유권을 행사함에 있어 아무런 장애를 받지 않았다고 할 수 없"다고 설시하고, 토지의 상공에 대한 구분지상권에 상응하는 임료 상당의 손해를 입었다고 하여, 원고의 부당이득반환청구를 인용하고 있는 것도, 마찬가지의 태도에 입각한 것이라고 이해될 수 있겠다.

(5) 부당이득반환청구권의 내용은 「상대방이 얻은 이익」이다. 위에서 본 바와 같이 상대방이 얻은 이익은 저작권의 「이용」그 자체이다. 그리고 이러한 이익은 그 자체로 반환할 수는 없는 것이므로, 즉 원물반환이 불가능하므로, "그 가액을 반환하여야 한다"(민법 제747조 제1항)

이 때「그 가액」을 어떠한 기준에 의하여 정하여야 하느냐에 대하여는 견해가 나뉠 수 있다. 그러나 이는 받는 「이익」의 객관적인 가치를 금전으로 환산하여 산정하여야 하고 (소위 객관적 가치설), 당사자가 가지는 주관적인 가치를 기준으로 하여서는 안 될 것이다. 그렇다면 반환하여야 할 "이익"은 결국, 만일 침해자가 한 것과 같은 프로그램의 이용에 관하여 이를 허락하는 계약이 체결된다면 사용자는 어느 만큼의 사용료를 지불하여야 할 것이냐에 따라 결정될 것이다. 말하자면 침해자가 반환하여야 할 「이익」은 그 저작권의 실시료 상당이 될 것이다.

이것은 뒤집어서 말하면, 상대방은 그 실시료 상당만을 지급하면 되고, 만일 그 저작권을 이용함으로써 막대한 수입을 얻은 경우에도 그 수입 전부를 반환할 필요는 없다는 것을 의미한다. 이것은 부당이득반환청구권이라는 권리의 속성에 의한 것이기도 하고, 다른 한편 그러한 많은 수입에는 침해자 자신의 탁월한 능력이나 노력이 가미된 것이므로 그 전부를 반환시키는 것은 타당하지 않다는 실질적인 고려에 의한 것이기도 하다.

Ⅳ. 名譽回復請求權

⑴ 저작권법 제95조의 의의에 대하여 본다.

저작권법 제95조는 "저작자는 고의 또는 과실로 저작인격권을 침해한 자에 대하여 손해배상에 갈음하거나 손해배상과 함께 명예회복을 위하여 필요한 조치를 청구할 수 있다"고 규정하고 있다. 위의 규정은 저작인격권의 침해를 요건으로 하고 있고, 저작재산권 침해의 경우에 대하여는 규정하지 않고 있다.

일반적으로 사람의 인격적 이익이 침해된 경우에는 그 구제수단에 있어서 특별한 고려가 요구된다고 이해되고 있다. 우선 원칙적 구제수단으로서의 손해배상은 금전으로 이루어지는데(민법 제394조 참조), 명예나 성명, 프라이버시, 초상 등의 인격적 이익이 침해된 경우에는 금전배상만으로써는 피해자가 입은 재산적 또는 정신적 손해의 충분한 전보는 불가능한 경우가 적지 않고 또 재산적 손해만에 대하여 보더라도 구체적으로 이것을 입증할 수 없는 경우가 대부분이다. 반면 그

경우에는 적당한 처분에 의하여 금전배상에 갈음하게 하거나
그것을 보충하는 것이 가능하고 또 효과적인 경우도 많다. 이
와 같이 인격적 이익에 대한 구제로서 금전배상 이외의 방법
을 인정하는 것은 다른 외국에서도 보편적으로 인정되고 있
다. 가령 스위스채무법 제49조 제2항은 명문으로 이를 인정
하고 있으며, 독일이나 프랑스에서는 학설, 판례에 의하여 인
정되고 있다. 우리 민법 제764조는 인격적 이익 중 특히 명예
훼손의 경우에 대하여 손해배상과 아울러 또는 이에 갈음하여
"명예회복에 적당한 처분"을 명할 수 있다고 정하고 있다.

그런데 인간의 정신적 창작물에는 일반적으로 그 창작자
의 인격이 배어 있기 마련이다. 그리고 이러한 측면에 착안하
여 법은 가령 공표권, 성명표시권, 동일성유지권 등을 저작자
에게 인정하고 있다(저작권법 제11조 이하 참조). 따라서 저작
권법 제95조는 민법 제764조가 정한 명예훼손의 경우 외에 저
작인격권 침해의 경우에도 "명예회복을 위하여 필요한 조치"
를 청구할 수 있도록 한 것이다.

(2) 명예회복조치에는 구체적으로 어떠한 것이 있을까?

법원이 명할 수 있는「명예회복에 필요한 조치」로서 종래
생각되어 온 것은, 사죄장의 교부, 공개의 법정에서의 사죄,
피고 패소판결의 공고 등이나, 실제에 있어서 가장 중요한 것
은 신문 등에 사죄광고 또는 취소광고를 하는 것이다.

그런데 이와 같이 침해자의 명의로 **사죄광고**를 하도록 하
는 조치에 대하여는 일방적인 의사를 강제한다는 의미에서 피

고의 양심의 자유(헌법 제19조)에 반하는 것이 아닌가 하는 의
논이 있다. 그러나 대부분의 학설은 이를 헌법에 위배되지 않는
다고 한다(일본의 最高裁判所 1956년 7월 4일 판결(民集 10, 785)도
동일한 취지로 판시하였다). 이에 반대하는 학설은 그 대안으로
서, 피고의 행위가 원고의 인격적 이익을 침해한 불법행위라
고 법원에 의하여 인정되었다는 구체적이고 간결한 내용의 광
고를 법원이 그 이름으로, 그러나 피고의 비용부담으로 하는 것
을 제안하고 있다. 이 점에 대하여는 우리 나라의 憲法裁判所가
1991년 4월 1일의 헌법소원심판결정(89헌마160 사건)에서 민법
제764조와 관련하여 거기서 말하는「명예회복에 적당한 처분」
에 사죄광고가 포함된다고 해석하여 법원이 명예훼손을 가한
가해자에 대하여 사죄광고를 명하는 것은 헌법이 보장하는 良
心의 自由를 해치는 것이어서 허용되지 않는다고 판시하였다.

　　이는 저작권법 제95조의「명예회복을 위하여 필요한 조
치」의 해석과 관련하여서도 마찬가지라고 할 것이다.

　(3) 원고의 청구와의 관계는 어떠한가?

　　여기서 말하는 "명예회복에 필요한 조치"는 피해자인 원
고의 청구가 있을 때에만 법원이 이를 명할 수 있다고 할 것이
다. 즉, 이러한 조치를 할 것인가는 반드시 원고의 의사에
기하여 하여야만 한다. 왜냐하면 원고로서는 자신의 저작권이
침해되었음이 외부로 알려지지 않도록 하는 데 대하여 정당한
이익을 가진다고 할 것이기 때문이다. 따라서 예를 들면 원고
가 금전배상만을 청구하고 있는데, 피고가 신문지상에 사죄광

고를 하는 것만으로 충분하다고 항변하여도 이는 당연히 배척
되어야 할 것이다.

　그러나 원고가 이를 청구하였더라도 법원은 반드시 그 청
구내용대로의 명예회복조치를 피고에게 명하여야 하는 것은
아니다. 법원이 피해의 전보를 위하여 필요하다고 판단하는
범위 내에서 그러한 조치의 내용과 범위를 정할 수 있다고 보
아야 할 것이다. 따라서 경우에 따라서는 원고가 청구하는
「조치」보다 그 종류나 그 내용에 있어서 경미한 것을 명하는
것은 허용되어도 좋을 것이다.

　大判 88. 6. 14, 87다카1450(법률신문 1768, 8)에서는 저작
인격권 침해의 사안에 대한 것은 아니나, 명예회복조치와 관
련하여 흥미있는 판단을 하고 있다. 원고회사는 이 사건에서
피고가 아파트위탁관리계약을 둘러싸고 경쟁관계에 있는 원
고회사의 명예와 신용을 훼손하였다고 주장하고, 금전배상과
아울러 그 아파트 관리사무소의 게시판에 사죄광고문을 게재
할 것을 청구하였다. 원심은 피고가 원고회사의 명예를 훼손
한 사실을 인정하고 금 3백만원의 금전배상을 명하였다. 그러
나 사죄광고청구부분에 대하여는 여러 가지 사정을 들어 그것
이 "훼손된 명예를 회복하기 위한 조치로서 필요하고 효과적
이며 또한 판결로써 강제하는 것이 정당하다고 인정되지 않는
다"고 하여 이를 기각하였다. 이 원심판결에 대하여는 원고회
사와 피고가 모두 상고하였는데, 특히 원고회사는 사죄광고청
구를 기각한 조치를 비난하였다. 이에 대하여 대법원은 "원고
가 명예훼손으로 인한 피해자로서 손해배상과 아울러 사죄광

고를 함께 청구하고 있다면 법원은 그 명예훼손이 있는 것으로 인정될 때 원고의 청구범위 내에서 명예회복처분을 금전배상과 함께 명하거나 또는 전자만을 명하거나 아니면 전자를 인정함이 없이 후자만을 명할 수 있는 것이다"라고 판시하여 원고회사의 상고를 기각하였다. 이러한 대법원의 판단은 저작권법 제95조의 해석에 대하여도 지침이 될 수 있을 것이라고 생각된다.

문제는 원고가 명예회복청구만을 청구하였는데, 법원이 이를 제쳐 두고 금전배상을 명할 수 있는가 하는 점이다. 그러나 이것은 위 대법원의 판결에서도 말하는 바의「원고의 청구범위」를 넘어선 것으로 허용될 수 없다고 생각된다.

(4) 집행상의 문제에 대하여 살펴보자.

앞서 든「명예회복에 필요한 조치」와 같은 것은 민사소송법 제695조에서 말하는 "의사의 진술"에 해당한다고 볼 수 없기 때문에, 이것을 명하는 판결이 확정되었다고 하여 동 규정에 의하여 바로 명예회복에 필요한 조치를 한 것으로 의제될 수는 없다.

피고 이외의 자가 발행하는 일정한 신문 등을 통하여 명예회복에 필요한 조치를 할 것을 명한 경우에는 당해 신문사와의 당해 광고게재계약을 체결하면 그 목적을 달성할 수 있고, 또 그러한 계약체결 자체는 피고의 비용으로 피고 이외의 자(가령 원고)가 대신하는 것도 가능하므로 오히려 소위 대체집행(민사소송법 제692조 참조)에 적합한 사항이라고 할 것이다. 다만 당해 판결에 소송의 당사자가 아닌 신문 등의 제3자가 구속되는 것은 아니므로, 만일 이들이 광고게재계약의 체결을 거부하면 당해 명예회복조치를 명하는 판결은 결국 집행불능이 되었다고 할 수밖에 없다.

Ⅴ. 共同著作權者의 權利行使

(1) 지적재산권에 관한 우리 법의 규정을 읽어 보면 눈에 띄는 것 중의 하나는, 특허권 등이 여러 사람의 共有에 속하는 경우 그 각자의 독립적인 권리행사를 민법의 원칙보다 훨씬 제한하고 있다는 점이다.

가령 특허법은 "특허권이 공유인 경우에는 각 공유자는 **다른 공유자의 동의**를 얻지 아니하면 그 지분을 양도하거나 그 지분을 목적으로 하는 질권을 설정할 수 없다"(제99조 제2항)고 한다. 또 "… 각 공유자는 다른 공유자의 동의를 얻지 아니하면 그 특허권에 대하여 전용실시권을 설정하거나 통상실시권을 허락할 수 없다"(동조 제4항)라고 한다. 그러나 민법에서 공유지분의 양도나 담보설정 등 처분은 자유이다(민법 제263조). 또한 타인에게 사용을 허락하는 등의 「관리에 관한 사항」은 "지분의 과반수로써" 할 수 있다(민법 제265조 본문).

왜 이러한 제한이 필요한가는 지적재산권의 성질을 탐색하는 데 있어 흥미로운 소재가 될 수 있다고 생각된다.

(2) 한편 저작권법에도 유사한 규정이 있다. 그런데 여기서는 저작인격권과 저작재산권에 따라 다른 규율이 행하여지고 있다. 가령 제15조, 제45조는 공동저작물의 저작인격권·저작재산권의 행사에 대하여 정하고 있는데, 그 각 제1항은 "공동저작물의 저작인격권[저작재산권]은 저작자 전원의 합의에 의하지 아니하고는 이를 행사할 수 없[으며, 다른 저작재산권자의 동의가 없으면 그 持分을 양도하거나 질권의 목적으로 할 수 없]다. 이 경우 각 저작[재산권]자는 信義에 반하여 합의의 성립을 방해[하거나 동의를 거부]할 수 없다"(괄호안은 저작재산권에 관한 제45조의 규정이다)고 정한다. 이는 아마도 앞서 본 특허법 제99조 제2항, 제4항과 같은 취지를 정한 것이라고 생각된다.

(3) 그런데 흥미로운 것은 저작권법 제97조이다. 이에 의하면, "공동저작물의 각 저작자 또는 각 저작재산권자는 다른 저작자 또는 다른 저작재산권자의 동의 없이 제91조의 규정에 의한 청구[侵害停止 등 請求]를 할 수 있으며 그 저작재산권의 침해에 관하여 자신의 持分에 관한 제93조의 규정에 의한 損害賠償의 請求를 할 수 있다"라고 한다. 이 규정은, 우선 저작인격권의 침해로 인한 **침해정지청구권**은 각자가 제한 없이 행사할 수 있으며, 또한 저작재산권의 침해를 이유로 하는 손해배상청구도 마찬가지임을 정하는 것으로 해석될 수 있다.

그런데 의문은 여기서부터 생겨난다. 즉, 그렇다면 이 규정에서 지시하지 아니한 구제수단에 대하여는 어떠한가? 가령 저작권법이 규정하고 있는 저작인격권의 침해로 인한 損害賠償請求權이나 名譽回復 등의 請求權(同法 제95조)의 경우에는 공동저작자가 이를 단독으로 행사할 수 있는가, 아니면 제15조 제1항으로 돌아가 "저작자 전원의 합의에 의하지 아니하고는" 행사할 수 없는가? 또 앞서 본 부당이득반환청구권의 경우는 어떠한가?

이는 결국 법해석방법상의 가장 초보적인 문제, 즉 反對解釋에 의할 것인가(그렇다면 공동저작자의 단독행사를 부정하게 된다), 類推解釋에 의할 것인가(반대로 공동저작자도 단독으로 이들 권리를 행사할 수 있다)에 귀착한다. 前者를 주장하는 쪽에서는 특히 앞서 본 대로 저작권법 제15조, 제45조가 공동저작자의 권리행사를 일반적으로 제한하고 있음을 근거의 하나로 들 것이다. 그런데 문제를 더욱 어렵게 하는 것은, 그 저작권법 제15조, 제45조의 규정이 민법의 원칙에 대한 예외라는 점이다. 다시 말하면 저작권법 제15조, 제45조의 예외를 정하는 것처럼 보이는 앞서 본 저작권법 제97조는 실상은 민법의 원칙으로 돌아가는 내용을 정한 것이다.

나는 이 점을 고려하여, 後者의 입장을 채택하고 싶다. 우선 손해배상청구를 단독으로 할 수 있는 터에, 그것과 마찬가지로 재산적 형평을 구하는 바의 부당이득반환청구를 단독으로 할 수 없다는 것은 균형이 맞지 않는 것으로 생각된다. 나아가 저작인격권의 침해의 경우에도 보다 강력한 사전적·원인치유적 구제수단을 단독으로 할 수 있다면, 사후적 구제수

단에 불과한 손해배상청구(결국 위자료의 청구가 될 것이다)도
단독으로 할 수 있다고 하여야 하지 않을까?

[丁相朝 編, 知的財産權法講義(1997), 45면 이하 所載]

[後 記]

이 글은 서울대학교 법학연구소가 1996년 9월부터 12월
까지 시행한 전문분야법학연구과정 제2기(지적재산법법과정)
에서 저자가 행한 講義의 원고이다. 그 후 위 과정에서 행하
여진 강의의 원고를 바탕으로 위에서 본 『知的財産權法講義』
가 편집, 출판되었다.

[再刷에 따르는 追記]

大判 99.5.25, 98다41216(공보 99하, 1243)은 "공동저작물에
관한 권리가 침해된 경우에 저작권법 제95조에 의한 저작인격권의
침해에 대한 손해배상이나 명예회복 등 조치청구는 저작인격권의
침해가 저작자 전원의 이해관계와 관련이 있는 경우에는 전원이 행
사하여야 하지만, 1인의 인격적 이익이 침해된 경우에는 단독으로
손해배상 및 명예회복조치 등을 청구할 수 있고, 특히 저작인격권
침해를 이유로 한 정신적 손해배상을 구하는 경우에는 공동저작자
각자가 단독으로 자신의 손해배상청구를 할 수 있다"고 판시한다.
이는 기본적으로 본문의 V.(3)(340면 이하)에서와 같은 견해라고
생각된다.

제 5 부　法學敎育

民法講義에 앞서서

I. 들어가기 전에

1. 법 공부는 앞으로의 자기의 일을 위하여 하는 것이다. 「일」은 삶을 유지하는 데 필요한 자원을 얻으려고 하는 生計 手段일 뿐만 아니라, 우리가 그것을 수행하는 속에서 살아 있는 보람을 찾는 天職이다. 일이 없으면 삶의 가장 중요한 한 측면이 결여된다.

법 공부는 대학에 들어오기 위하여 한 공부나 또 단순한 「교양」 쌓기와는 다르다. 이들 공부는 말하자면 이제 하려는 법 공부의 밑거름 또는 준비로서 하였다고도 할 수 있다. 자신의 「일」에 소홀하고 싶지 않다면 법 공부를 소홀하게 하여서는 안 된다. 자신의 일을 함부로 하는 자는 스스로를 함부로 하는 것이므로, 남으로부터도 함부로 대접받을 것이다.

2. 법 공부에 대하여는 예전부터 각종의 비난이 있다.

(1) 하나는, 「빵을 위한 학문」이라는 것이다.

그러나 우선 여러분은 학문을 하는 것이 아니다. 醫學生
이 육신의 병을 고치기 위하여 醫術을 배우는 것처럼, 法學
生은 사회의 분쟁을 해결하기 위하여 法術, 즉「善 및 衡平
의 技術(ars boni et aequi)」을 배운다. 아직은 학문이라기보다
는 技藝를 배운다고 하는 편이 적절하다.

나아가 오늘날의 어떠한 대학교육도 한편으로는「빵을
위하여」행하여지는 것이다. 그리고「빵을 번다」는 것은 나날
의 책임을 다하기 위한 존귀한 행위이다.

(2) 다른 하나는, 권력의 앞잡이가 되기 위한 공부라는 것
이다. 그러나 기본적으로 법률가는 법치주의를 실현하는 자이
며, 기본적 인권의 수호자이다. 불행하게도 우리 역사에서 종
종 발견하는「권력의 앞잡이」가 된 법률가는 법의 이념을 왜
곡하는 법세계의 變種이며, 그러한 변종은 다른 어느 분야에
서도 존재한다.

(3) 또 다른 하나는, 법 공부는 출세의 도구라는 것이다.
「출세」가 일반사람들이 사회생활의 측면에서 가치를 부여하
는 바(예를 들면 富, 權力, 名望 등)를 얻는 것을 가리킨다면, 출
세하고자 하는 것은 사람의 통상적인 욕구이다. 그리고 그「출
세」를 위하여 기업경영을 하는가, 학문을 하는가, 승려가 되는
가 또는 법 공부를 하는가 사이에는 차등이 없다. 아마도 문제
는, 법을 단순히 그러한 세속적 가치를 얻기 위한 수단만으로
사용하지 않고 이를 통하여 그 이상의 다른 高次의 가치를 실
현하도록 노력하여야 한다는 점에 있다. 그리고 이는 법률가뿐

만 아니라 다른 모든 전문인에게 부과된 과제이기도 하다.

(4) 이상과 같이 법 공부에 대한 비난은 매우 감정적인, 따라서 의미의 폭이 넓은 단어를 사용하고 있으며, 일종의 정치적 선동구호 또는 질투심의 발로 이상의 것이 아니라는 느낌이 든다. 私利에 의하여 왜곡된 법 공부나 법률가의 모습에 바탕을 두고서 법 공부 일반에 대하여 비난하는 것은 마치 자동차 사고가 일어나므로 자동차를 아예 다니지 못하도록 하여야 한다는 주장처럼 본말이 전도된 것이다. 우리는「좋은」법 공부,「바람직한」법률가를 지향하여야 하며, 또 이것이 충분히 가치 있는 일이고 또한 가능하다는 것을 다짐함으로써 족하다.

3. 일반적으로 법 공부를 함에 있어서 필요한 자세라고 하면, 무엇보다도 "배우기만 하고 생각하지 않으면 혼란스럽고, 생각만 하고 배우지 않으면 위태롭다(學而不思則罔 思而不學則殆)"는 공자의 말처럼, 읽는 것과 생각해 보는 것을 마차의 두 바퀴처럼 균형잡히게 하여야 한다는 것이다.

뒤의 Ⅲ.2.에서도 말하지만, 흔히 법 공부라고 하면 언필칭「교과서」라는 것을 처음부터 끝까지 몇 번이고 읽어가는 것으로 알기 쉽다. 그러나 교과서에 쓰여져 있는 것이 무슨 뜻인지, 어떠한 경우가 어떻게 처리되어야 한다는 말인지를 알지 못하면, 이는 피곤한 徒勞일 뿐이다. 요컨대 그 수많은 명제들의 구체적 의미를 생각해 보아야 하는 것이다.

　　그런데 예를 들면 시험답안지를 채점하다 보면, 법의 중
요한 원칙에 해당하는 것을 엉뚱하게 이해를 하고 있는 경우
가 적지 않다. 이는 혼자서 함부로「생각」만 굴리고 과연 그
이해가 옳은지를 넓은「읽음」을 통해서 검증해 보지 않았기
때문일 것이다. 다시 공자의 말대로,「배우고 때에 맞게 익혀
체득하는」(學而時習之) 습관이 긴요한 것이다.

Ⅱ. 民法 工夫의 重要性과 어려움

　　민법공부는 법 공부 전체에 있어서 막중한 비중을 지니
고 있다. 대체로 법 공부를 시작하는 사람은 민법, 그 중에서
도 민법총칙의 교과서를 읽는 것으로 시작한다. 또 실제로 법
공부를 하여 본 경험이 있는 사람이라면 민법이 법 공부의 반
또는 그 이상이라는 말을 흔히 한다. 그것은 다음과 같은 몇
가지 이유에 의한 것이다.

　1. 민법은 방대한 내용을 담고 있다.

　　우리 나라에는 많은 법률이 있는데, 그 중에서 민법은 앞
서 말한 대로 1천1백 개 이상의 條文으로 되어 있는 최대의
法律이다. 또한 민법은 身元保證法・失火責任에 관한 法律・工
場抵當法・公益法人의 설립・운영에 관한 法律・住宅賃貸借保
護法・假登記擔保 등에 관한 法律・集合建物의 所有 및 管理
에 관한 法律・自動車損害賠償保障法・約款의 規制에 관한 法

律·割賦去來에 관한 法律·訪問販賣 등에 관한 法律 등 많은 특별법과, 나아가 민법전에 규정되어 있는 제도를 구체적으로 실현하기 위한 供託法·戶籍法·不動產登記法·遺失物法과 같은 民事附屬法律를 거느리고 있다. 이들도 역시 통상 민법공부의 범위 내에서 다루어지고 있다.

　현재의 법과대학 또는 법학과의 대체적인 교과과정상으로 보아도, 민법은 대체로 6개의 단위(민법의 各編을 하나의 단위로 하되, 다만 債權編은 이를 총칙과 각칙(또는 총론과 각론)으로 나누어 두 단위로 하고 있다)로 1학년부터 4학년까지 걸쳐 있으며, 그 외에「사법입문」이나「민법연습」또는「재산법특강」등이 마련되어 있다.

　2. 이와 같은 量的 문제보다 훨씬 중요한 점은, 질적으로 그 규율내용이 普遍的이고 多樣하며 동시에 自足的이라는 것이다.

　민법은 사람이기만 하면 일상적으로 문제되는 사항, 즉 쉽게 말하면 재산관계와 가족관계 중에서 보편적인 것을 규율하고 있다. 그런데 온갖 종류의 재산적 이해관계가 복잡하게 얽혀 있는 양상을 잠깐만이라도 생각하여 본다면, 또 남녀관계 나아가 부부관계나 부모와 자식 간의 관계 등이 얼마나 착잡하고 다양한가를 잠깐만이라도 생각하여 본다면, 즉 한마디로 하면 사람이 그냥 사람으로서 살아 가는 모습이 그 능력과 욕구와 희망에 좇아 얼마나 다채로운가를 생각하여 본다면, 민법 그 자체의 복잡성과 다양성을 쉽사리 짐작할 수 있을 것이다.

그러므로 하나 하나의 규율대상마다 그 전개의 양상에 맞추어 규정을 「원칙/예외/그 예외에 대한 예외/또 그 예외 …」와 같이 多層的·複眼的으로 구축하여 가지 않을 수 없으며, 또한 그 다양한 규율 사이에 모순이 없도록 논리적·체계적 자리를 마련하여 놓아야 하는 것이다.

그리고 민법이 규율하는 내용은 自足的이어서, 다른 법영역에 마련되어 있는 규정이나 제도를 원용하는 일이 별로 없다. 그만큼 요건과 효과를 주도면밀하게 구성하고 있다.

3. 민법은 역사적으로 보면 아주 오래 전부터 발전하여 가장 완벽하게 전개된, 다시 말하면 「끝까지 생각된」 法技術을 담고 있다.

이는 주로 근대 이후에 입헌주의나 죄형법정주의가 자리를 잡은 후에 비로소 체계적으로 전개된 憲法이나 刑法의 제도나 이론과 대비하여 보면 쉽사리 알 수 있는 일이다. 그리하여 다른 많은 法領域은, 민법으로부터 개념이나 명제를 차용하여 스스로의 제도나 이론을 전개하거나, 적어도 민법상의 개념이나 이론 또는 제도를 바탕으로 하여 그 위에서 자신이 다루는 사항의 「특수성」에 좇은 특별한 법리를 발전시켜 가고 있다. 이는 特別私法의 대표격인 商法은 물론이고(예를 들면 상법 중 해상법이나 보험법은 해상운송계약법 또는 보험계약법으로서 민법상의 계약법리를 당연한 전제로 하고 있으며, 어음·수표법도 민법이 정하는 채권양도에 관한 일반법리를 수정·보충한다는 관점에서야 비로소 제대로 이해될 수 있다), 민법의 실행절차법인 民事訴訟法(가령 「청구」의 개념 등), 나아가 민법과 관련이 별로 없을 것 같은 行政法(가령 그 기축적 지위에 있는 「行政行爲」의 개념 등) 등에 있어서도 다를 바 없다. 그리하여 많은 경우에 민법은 다른 법영역에 존재하는 「흠결」을 보충하는 역할을 한다.

Ⅲ. 몇 가지 方法의 提案

이처럼 민법은 매우 방대하고 어려운 내용을 담고 있다. 이를 이해하는 것은 결국 자신의 노력에 의하여야 하는 것이고, 또 그 노력은 상당한 것일 수밖에 없다. 마지막으로 여러분이 앞으로 민법을 공부해 가는 데 있어서 요령이라고 할 것들을 들어두기로 한다.

1. 우선 法典을 중시하라는 것이다. 법전은 모든 법공부의 출발점이다. 법조문이 인용되어 있으면, 언제나 법전을 들추어 꼼꼼하게 읽어야 한다. 「교과서」는 말하자면 法典의 의미를 보다 자세히 풀어 해석하고 거기에 법전이 규정하고 있지 않은 것을 보충하면서 체계를 세운 것에 불과하다고도 말할 수 있다.

2. 나아가 현재 우리 나라의 법공부 재료는 주로 「교과

서」로 되어 있다. 그런데 많은 경우에 교과서는 法學生들의
법공부의 자료로서보다는, 抽象的 命題를 체계적·종합적으로
서술하는 학문적 작업의 관점에서 작성된 것이기 때문에, 初
學者가 이를 통하여 법의 속살을 알기에 별로 적합하지 않다.
그러나 어쨌거나 현재의 상황에서는 교과서를 통하여 법의 세
계로 들어갈 수밖에 없는 현실이다. 그런데 교과서를 접하는
데 있어서는 다음과 같은 점에 주의하여야 한다.

첫째, 읽은 「교과서」의 量에 집착하여서는 안 된다. 모든
공부가 그렇듯이, 민법공부도 체계적으로 하여야 함은 당연
하나, 통상 하는 방법, 즉 民法總則 교과서의 머리부터 꼬리까
지 거의 아무것도 이해하지 못하면서 「꾹 참고」 그냥 몇 번씩
이고 읽어가는 것은, 가능한 방법 중의 하나라고는 할 수 있
어도, 역시 우둔한 방법이다.

둘째, 그 의미를 곰곰이 생각하여 보아도 알 수 없는 것
은 의문되는 점을 적어두고, 다음으로 넘어간다. 그러면 후에
이에 관련되는 서술이 다시 나오고, 그 때 비로소 앞서 알 수
없었던 점을 알게 되는 경우가 의외로 많다.

셋째, 「교과서」에 인용되어 있는 裁判例를 찾아 읽고, 또
「참조」 표시가 되어 있는 것(교과서에 "… 참조"라고 쓰여 있는
것은 "참조하라"는 명령으로 이해할 것이다)은 그 부분으로 가서
읽어야 한다. 모르는 용어가 나오면 그 의미를 알고 넘어가야
한다.

넷째, 특히 민법총칙의 강의에서는 그 「총칙」으로서의 성
질 때문에 민법전의 총칙편에 규정되어 있지 아니한 제도나

개념 또는 명제를 당연한 전제로 하여 논의를 진행하여야 하는 경우가 매우 많이 있다. 이와 같은 법제도 등에 대하여 미리 어느 정도의 윤곽을 파악하는 것이 필요하다.

다섯째, 學說對立의 내용에 집착할 필요가 없다. 무엇이 문제되고 있는가를 파악함으로써 족하다.

3. 다른 모든 공부에서도 마찬가지로, 무비판적 受容과 「외우기」처럼 위험한 것은 없다. 이를 피하기 위하여는, 우선 교과서의 추상적 명제가 어떠한 구체적 事實關係를 대상으로 하는 것인가를 눈 앞에 그려 보아야 한다. 그러한 의미에서도 교과서에 인용되어 있는 裁判例를 찾아 읽어보는 것은 매우 유익하다.

그렇다고 해서 「외우기」를 외면하여서는 안 된다. 「외우기」는 특히 공부의 초입단계에서 매우 중요한 공부방법이다. 물론 외워야 할 것을 구별해 내는 것 자체가 어려운 일이기는 하나, 일단 중요한 定義나 槪念, 중요한 法制度의 기본적 내용은 외워야 한다.

Ⅳ. 小　　結

위대한 법학자 사비니가 말한 대로 법은 「어떠한 관점에서 바라본 人間事」이다. 인간사가 다양하고 복잡한 만큼, 법도 당연히 복잡하다. 그러므로 이것은, 고시공부를 시작하려

는 야심 있는 젊은이들이 흔히 다짐하듯이, 가령 「3년 내에
끝낼」 수 있는 성질의 것이 아니다. 고시공부는 3년 내에 끝
낼 수 있을지 몰라도, 그것은 법 공부의 출발에 불과하다.

　　모든 진지한 「일」과 마찬가지로 법 공부는 일생에 걸쳐
사람들의 시시콜콜한 사연과 욕망에 겸허하게 귀기울이면서
시련과 모색을 쌓아감으로써 조금씩 전진하여 가는 「成人의
공부」이다. 아마도 그것은 남이 쓴 글을 익히는 것에 그치지
는 않는다. 법 공부의 긴 과정은 동시에 한 사람으로서의 성
장의 궤적이기도 할 것이다. "한 가지를 잘 알고 행하는 것은
백 가지에서 어설픈 것보다 더 높은 자기완성(Bildung)을 주
는 것이다."(괴테)

　　　　　　　　[法政考試, 1998년 3월호, 247면 이하 所載]

法的 思考의 具體的 展開

── 司法試驗 採點所感 ──

1.

⑴ 司法試驗의 2차시험에서 문제를 출제하고 답안지를 채점한 사람이 소위「채점평」이나「채점소감」을 써서 공표하는 일이 언제부터 행하여졌는지 잘 알지 못하겠다. 우리 나라의 사법시험제도에 영향을 주었다고 생각되는 다른 나라의 경우를 살펴보아도, 이러한 일은 별로 없는 것 같다.

한편 나는 평소부터 다음과 같은 생각을 품어 왔다. 사법시험에 수많은 사람이 매달린다. 그러므로 답안을 어떠한 **방법**으로 작성하여야 하는지, 문제를 내는 사람이 어떠한 *方法*으로 답안이 작성되기를 요구 또는 기대하는지 하는 것은 그 많은 사람들의 관심사일 것이다. 특히 요즈음 점점 많이 출제되고 있는 소위「사례형 문제」에 대하여는 더욱 그러하다. 그런데 그에 대하여 우리는 과연 대부분이 수긍하는 적절한 방법을 가지고 있는 것인가? 우리는 지금까지 그에 대한 논의를 소홀히 하여 온 것은 아닐까? 기껏해야 고시잡지 등에서 행하여지는 모의시험과 이에 대한 교수들의 「講評」, 그리고 「演習」이라는 제목을 가진 몇몇의 책 정도가 아닐까 한다. 그런데 간혹 이것을 읽어 보면, 대체로 그 사안을 다룸에 있어서 논의되어야 할 爭點이 무엇인가, 다시 말하면 어떠한 **내용**을 다루어야 할 것인가에 중점이 놓여 있다는 인상을 받는다. 그에 대한 예외는, 내가 아는 범위에서는, 金亨培 교수가 쓴 『事例研究 民法演習』의 冒頭에 있는 「民法事例의 解決方法」 정도이다.

이러한 상황은, 결국 우리의 법학교육이 가지고 있는 問題點들의 또 다른 樣相에 다름아니라고 여겨진다. 나는 1995년 초에 法學教育의 問題點에 대하여 글을 쓴 일이 있다(梁彰洙, "法學教育의 問題點", 저스티스 28권 1호(1995), 79면 이하. 그후 同, 民法研究, 제4권(1997), 53면 이하에도 所載). 나는 당시 폭풍처럼 일어난 법학교육의 문제점의 지적에 대하여, 많은 분들이 이를 制度의 관점에서 바라보는 데 대하여 내심 어떠한 반발을 느꼈다. 법학교육제도에도 문제가 없다고 할 수는 없지만, 그것보다도 대학교수들이 행하고 있는 법학교육의 내용 또는 방법에 反省의 餘地가 없는가 하는 것이다. 다소 장황하더라도 그 글로부터 몇 구절을 옮겨 보기로 한다(저스티스 28권 1호, 83면부터 86면까지).

"제가 관찰하여 온 바에 의하면, 우리의 법학교육은 대체로 추상적 법이론의 전달을 내용으로 하고 있습니다. 그것은 구체적으로 발생한 분쟁(또는 분쟁유형)이 어떠한 법적 장치에 의하여 어떻게 해결되는가(또는 어떻게 해결되어야

하는가)를 알게 하는 것에는 별로 주의가 기울여지고 있지
않습니다. 말하자면 법은 대체로「學理」로서 가르쳐지고, 법
의「事理」로서의 측면 내지는 그 具體的 適用의 측면은 소홀
히 되고 있지 않은가 하는 것입니다.

　예를 들어 보겠습니다. 법대생들은 전공공부의 초입에서
대체로「민법총칙」을 가장 중요한 과목으로 배웁니다. 여기
서는 온갖 낯선 法槪念이 등장합니다. 권리능력, 행위능력,
법정대리인, 부재자, 실종선고, 법인, 법률행위, 의사표시, 비
진의의사표시, 허위표시, 착오, 무효, 취소, 상대적 무효, 일부
무효, 무효행위의 전환, 대리, 조건, 정지조건, 해제조건, 소멸
시효, 시효중단 등등 일일이 들기로 하면 끝이 없을 것 같습
니다. 그런데 이들 법개념 또는 법제도에 대한 강의에서의
설명은 대체로「敎科書」에서의 敍述內容과 敍述方式에 좇아
서 이루어지고 있는 것이 실정이 아닌가 추측합니다. 그런데
이「교과서」라고 하는 것이 그 원래의 말뜻처럼 法學生들의
법공부의 자료로서 저술된 것이 아닙니다. 이것은 오히려 抽
象的 法命題를 체계적·종합적으로 서술하는 學問的 觀點에
서 작성된 것입니다. 그러므로 가령 錯誤에 대하여서 보면,
이에 대한 강의는 그것이 구체적으로 어떠한 내용의 紛爭에
서 어떠한 內容으로 적용되는가 하는 것보다는, 가령 錯誤이
면 1. 착오의 의의, 2. 착오의 종류, 3. 착오의 요건, 4. 착오의
효과 … 하는 식으로 일정한 방식에 따라 배열된 命題들을
설명하는 데에, 그리고 그 자체 하나의 완결된 體系를 가지
는 것으로 설명하는 데에 重點이 놓이게 됩니다.

　그런데 이러한 방식의 법학교육은 錯誤法理가 구체적 분
쟁에서 어떻게 적용되는가를 학생들에게 이해시키는 데에는
문제가 있지 않은가 생각합니다. 예를 들어 A가 B로부터 어
느 땅을 샀는데 그는 그 땅 옆으로 곧 도로가 뚫리리라고 믿
고 시가보다 비싸게 샀다고 합시다. 나중에 그러한 도로개설
계획은 없는 것이 밝혀졌습니다. A는 그 계약을 '물리려고'

합니다. 계약을 없는 것으로 하려는 A의 意圖를 관철하는 데
는 다양한 법적 수단을 구사할 수 있을 것입니다. ① 계약금
을 포기함으로써, ② 暴利行爲를 주장함으로써, ③ B의 詐欺
를 주장함으로써, ④ 자신의 錯誤를 주장함으로써 등등. 실제
의 裁判例를 보면, 다양한 법장치 간의 이러한 기능적 연관
은 쉽사리 알 수 있습니다. 뿐만 아니라 만일 계약이 효력 없
는 것으로 되었다고 하는 경우에, 당사자 사이에 이미 행하
여진 이행, 가령 지급된 代金이라든가 인도된 땅(그리고 그
동안의 使用利益)의 返還 등의 문제는 「민법총칙」에서가 아
니라, 저 뒤의 「채권각론」(대체로 민법총칙보다 약 1년 반쯤
뒤에 수강하는 것으로 교과편성되는 것이 보통입니다)에서
강의되고 있는 不當利得의 法理에 의하여 처리됩니다. 그런
데 「교과서」에서는, 적어도 착오를 설명하고 있는 민법총칙
의 교과서에서는 당연히 錯誤와 不當利得과의 이러한 관련을
설명해 놓고 있지 않습니다. 이러한 예는 얼마든지 들 수 있
습니다."

　　"많은 사람이 현재의 법학교육은 理論에 치중하고 實務
를 무시하고 있다고 비판합니다. 그런데 저는 이러한 비판은
이론/실무의 二分法에서 출발하는 점에 기본적으로 문제가
있다고 생각합니다. 도대체 현재 법학교육에서 가르쳐지고
있다는 소위 「이론」이란 무엇을 가리키는 것일까요? 앞서 본
예에서 보자면 착오의 의의, 종류, 요건, 효과 … 등에 관한
抽象的 法命題들을 강의실에서 그대로 다시 말하고 학생들로
하여금 이것을 외우도록 하는 것이 소위 「이론」의 「교육」인
가요? 또는 비유하자면, 날고기를 씹지도 아니하고 삼키도록
하고 시험지 위에 소화되지 않는 채로 그대로 쏟아놓게 하는
것이 「이론」의 「교육」인가요?

　　현재의 법학교육에서 문제인 것은 그것이 「이론」을 가르
치는가, 「실무」를 가르치는가 하는 敎育對象의 점이 아니라,
「이론」이 의미하는 바를 이해·납득시키고 그것이 실제의 분

쟁에서 가지는 기능을 제대로 전달하는가 하는 敎育內容의 점에 있다고 생각합니다. 다시 말하면, 현재의 법학교육은 주로 교과서에서 쓰여져 있는 추상적 법명제들을 보다 抽象度가 덜한 다른 용어로 바꾸어 말하는 데 치중하고 있지, 그것이 우리 주변에서 일어날 수 있는 紛爭에 어떻게 관련되며 그 紛爭의 法的 解決(즉 권리의무의 확인)에 있어서 그것이 어떠한 指針을 주는지는 설명하지 않는 데 그 문제의 태반이 있다는 것입니다."

"학생들은「學說의 對立」에는 매우 민감한 반응을 보입니다. 그리고 아마도 강의실에서의 강의도 그 점에 비중이 놓이지 않나 추측됩니다. …[중략]… 주지하는 대로 태아에게 권리능력이 인정되는 예외적 경우에 "胎兒의 法律上의 地位를 어떻게 이해하고 理論構成을 할 것인가에 관하여는 見解가 나누어져 있"습니다(郭潤直, 民法總則, 新訂版(1992), 140면 이하). 그리고 이「교과서」는 태아에게 권리능력이 인정되는 경우를 標題語的으로 들고 그 구체적 내용에 대하여는 아무 설명이 없는 반면에 이「견해의 대립」에 대하여는 약 3면에 걸쳐서 갑론을박하고 있습니다.「교과서」란 위에서 본 대로 學問하는 사람의 立場에서 쓰여진 것이므로, 이 주로 法律構成(juristische Konstruktion)에 관한 문제에 대하여 詳論하는 것을 나무랄 수는 없을 것입니다. 문제는 이러한 입장에서 쓰여진「교과서」가 법학을 이제 공부하는 학생들에게 그야말로 敎科書로 쓰여지고 있다는 점입니다.

학생들은「태아의 권력능력에 관한 정지조건설 또는 해제조건설」은 알고 있어도, 대습상속이나 유증 등의 경우에 태아가 어떠한 권리와 의무를 가지게 되는가 하는 정작 의미 있는 점은 알지 못합니다. 위의 법률구성의 문제에서 어떠한 입장을 취하더라도 그것은 실제로 거의 일어나지 않는 드문 경우에 태아의 법적 지위에 사소한 差異만을 결과하는 것일 뿐인데도 말입니다. 말하자면 법학교육은 學者의 觀點에서만 흥미를 불러일으킬 문제에 지나치게 기울어져 있으며,「현재 행하여지는 법」의 이해 또는 법의 실제 적용의 관점은 소홀히 되고 있습니다. 우리가 학사과정에서 法學者를 양성하는 것이 아님은 명백하지 않습니까?"

(2) 이번에 채점한 것은 사법시험이 1천8백여, 군법무관시험이 1백2십여 해서 도합 2천2백부가 넘었다. 이 많은 답안지를「비판적」내지「평가적」으로 읽는 데는 무척 많은 시간과 노력이 요구되었다. 짜증은 비단 올여름의 더위에만 그 이유가 있는 것은 아니었다. 그 기나긴「인내」의 과정에서 몇 가지「소감」이 저절로 차츰 가슴 밑바닥에 가라앉아 結晶을 이루었다. 그것은 결국 동시에 위에서 말한 법학교육의 문제점에 대한 例證으로서의 의미를 가지는 것이었다.

한편 나는 기말시험 등에서 약간 더 긴 사례형 문제를 내고 이에 대한「一應의 採點基準」을 두 번 발표한 일이 있는데, 이것도 참고가 될지도 모르겠다. 즉,「負擔 있는 不動産의 賣買」, 考試研究 1989년 11월호 70면 이하(本書 381면 이하 所載) 및「住宅賃貸借와 目的物의 讓渡 또는 任意競賣」, 月刊考試 1992년 1월호 62면 이하가 그것이다.

이하의 글을 읽어가는 데 편의를 위하여 이번에 출제한 사례형 문제를 들어 두기로 한다.

택시운전사 A는 그 소유의 택시에 손님 S를 태우고 가다가 C 회사의 운전사 B가 회사의 업무로 운전하던 그 회사 소유의 버스와 충돌하는 사고를 일으켜서 결국 S에게 도합 3천만원의 손해를 입혔다. 그 사고는 A와 B가 6 : 4의 비율로

운전상의 잘못을 저지름으로써 일어난 것이었다. C 회사는 S 에게 2천만원의 손해배상금을 지급하면서, S와의 사이에 "그 외에는 C에게 일체의 손해배상청구를 하지 아니하기로" 하는 약정을 하였다.

　　　이 때 S, A, B, C 사이의 민사상의 법률관계를 논하시오.

2.

　　내가 이해하는 바로는, 소위 「사례형 문제」를 출제하는 일차적인 의미는 이상에서 지적한 바와 같은 문제점에 대한 對應手段의 하나라는 점에 있지 않은가 생각된다. 그러니까 현재 통상 행하여지는 법 공부는, 법제도의 배후에 깔려 있는 제도목적이나 이익형량이나 평가관점 등은 도외시하고, 그 법제도의 겉으로 드러난 모습을 이루고 있는 것들, 가령 죽은 문자로서의 추상적 법명제에만 집착하는 경향이 없지 않다. 요컨대 율법의 정신은 배우지 않고 율법의 문자만을 중시하게 되기 쉽다. 이러한 공부방법을 고집하고 있으면, 실제로 일어나는 紛爭(법공부는 결국 그것을 해결하기 위하여 하는 것이다, 醫學공부와 마찬가지로.)에 추상적 법명제를 그대로 「포섭」할 수 없게 하는 새로운 사정요소가 있으면, 이제 어찌할 줄 모르고 마치 지도나 나침반 없이 정글에 들어간 사람처럼 헤매게 된다. 바로 이와 같은 경우에, 자신이 익히고 있는 제도목적이나 이익형량이나 평가관점 등을 동원하여 未知의 영역 안으로 새로운 길을 낼 수 있는지 여부를 통하여 법 공부를 제대로 하였는가를 알 수 있지 않겠는가?

사례형의 문제에서는 추상적인 법명제를 보다 구체적인 사실에 **적용**하는 能力을 테스트하는 데 주안이 있는 것이다. 그것은, 추상적 법명제를 제대로 「이해」하고 있는가는, 그것을 외어서 답안지 위에 뱉어놓는 방식으로는 알 수 없고, 그것을 구체적 사실에 적용하는 場에서야 비로소 이를 보다 정확하게 알 수 있다는 생각에 기초하는 試驗方式인 것이다. 즉 법의 「의미이해」는 (i) 구체적 사안에 법리를 적용할 줄 알고, (ii) 그 적용이 단순한 삼단논법이 아니라 그 사안에서 제시된 갖가지의 事情要素들을 법적으로 세밀하게 **평가함으로써 얻어지는 사물논리**(Sachlogik)의 형태로 행하여져야 한다는 것이다.

물론 이러한 「사례형」의 문제에도 여러 가지의 出題方式이 있을 수 있다. 그러나 현재의 사법시험의 外的 條件, 가령 시험시간이 2시간으로 정하여져 있다거나 法典 이외에는 아무런 문헌도 참고할 수 없다거나 하는 제한을 고려하여, 이번과 같은 문제가 출제되는 것이다. 만일 시간이 충분히 주어지는 등의 조건이 이상적으로 갖추어진다면, 가령 상상의 의뢰인 甲이 변호사사무실을 방문하여 자신의 법률문제를 상담한 대화를 녹취한, 훨씬 길고 일반 사람의 말로 되어 있는 기록을 주고, 그에 기하여 "甲의 다른 관련자에 대한 법적 지위를 논하라"는 식으로 출제를 하는 것도 생각하여 볼 수 있다고 여겨진다.

(1) 그런데 법규의 「적용」은 결국 법률효과의 발생 또는

불발생에 대한 판단을 종착점 내지 목표로 하는 것이다. 그러므로 우선 문제가 되는 **법률효과의 발생 또는 불발생이라는 결론이 명확하게 제시되어야** 한다.

(a) 그런데 그 결론을, 예를 들면 "甲說을 택하면 X가 되고, 乙說을 택하면 Y가 된다"는 식으로 내는 서술에는 의문이 들지 않을 수 없다. 결론과 관련되는 것이라면, 자신의 태도를 ——理由를 제시하여—— 선택하는 것이 좋다고 생각한다. 물론 設問의 내용 나름이겠지만, 적어도 "원칙적으로는 이러저러할 것"이라는 정도의 입장채택은 필요하다고 하겠다.

또한 가령 "만일 C가 **자동차운행자로서의 책임을 져야 한다면**, 그는 S에게 3천만원을 배상할 의무가 있다"고 하거나 "만일 C가 A에 대하여 **과실비율에 의한 구상을 청구할 수 있다면**, 그는 1천2백만원의 지급을 청구할 수 있다"고 하는 서술도, 문제로써 문제를 답하는 것이 되어 좋지 않다.

(b) 한편 막연히 「법률효과」의 발생 여부에 대한 판단이라고 하여도 단지 어떠한 권리의무관계(법률관계)가 존재한다 또는 존재하지 않는다는 것만으로는 부족하고, 보다 나아가 그 권리의무관계의 내용이 가능한 한 구체적으로 제시되어야 한다. 특히 채권채무가 문제되는 경우에는 그 내용이 가령 금전지급인 경우에는 그 額數에까지 정확하게 언급하는 것이 바람직하다.

서술형 문제에서라면, 가령 단지 "손해배상채권이 발생한다"라고 말하면 충분할지 모른다. 그러나 사례형 문제에서는

얼마의 손해배상을 하여야 하는지를 밝힐 수 있는 경우에라면
이를 밝혀야 하는 것이다. 요컨대 사례형 문제의 要諦는 그
제시된 사실의 法的 意味 내지 含意를 끝까지 追及하여 해명
하는 데 있는 것이다.

(2) 나아가 법적 논의에서는 어느 경우에도 그러하거니와
명확한 결론만큼이나 이유의 제시가 중요하다.

그런데 이유의 제시에도 여러 가지 차원 또는 방식이 있
을 수 있다. 그러나 여기서 사례형 문제가 왜 출제되는가를
생각하여 볼 필요가 있다. 이는 다시 말하지만 법의 「적용」의
능력을 테스트하기 위한 것이다. 그러므로 수험자는 그 **적용**
의 과정을 보여 주어야 한다.

(a) 그렇게 보면 꽤 많은 수의 수험생이 채택한 다음과 같
은 방식에 대하여는 그것이 과연 적절한지 의문이다. 즉, 「공
동불법행위」, 「사용자책임」, 「부진정연대채무」, 「손해배상에
관한 합의」 등에 대하여 각각 별도의 항목을 마련하여 그 「요
건」과 「효과」를 추상적 명제로, 즉 설문에 나타난 사실과는
아무런 관련 없이, 일단 설명하여 놓는다. 그리고 마지막에
「본건의 해결」 또는 「본건에의 적용」이라는 한 항목을 두고
는, 설문에 나타난 事情要素들에 대한 법적인 평가가 전혀 없
이(이 점에 대하여는 뒤의 5.(2)도 참조) 바로 "(1) A와 B는 공
동불법행위를 이유로, C는 사용자책임을 이유로 각기 3천만원
의 손해배상책임을 지고, A는 그 외에 채무불이행을 이유로

같은 책임을 진다. (2) …"등등으로 결론에 해당하는 敍述을
이어가는 것이다.

　　또한 위의 각 토픽마다 같은 방식으로 추상적으로 설명을
하고서는 마지막에「본건의 해결」또는「본건에의 적용」이라
는 항목을 두어 가령 "그러므로 設問에서 A와 B는 공동불법
행위를 이유로 하여 3천만원의 손해배상책임을 진다"고 하는
것도 별로 차이가 없는 것이다. 이러한 방식은 단지 토픽별로
「본건의 해결」을 갈라 놓았다는 것, 다시 말하면 서술의 위치
가 다를 뿐이다.

　　이러한 방식들에서는 우선 A와 B에 대하여 애초 왜「공
동불법행위」라는 것이 문제되어야 하는지가 제시되지 않는다.
기껏해야 冒頭에 대뜸 "本問은 공동불법행위에 관한 문제이
다"라는, 근거 없이 단정적인 언명이 있을 뿐이다.

　　나아가 설문에 나타난 사실 중 어떠한 부분이 어떠한 이
유로 A와 B의「공동불법행위」의 책임요건(가령 민법 제760조
제1항에서 정하는 "共同의 不法行爲" 등)과 연결되는지가 드러
나지 않는다.

　　요컨대, 위와 같은 답안방식은 추상적 법명제가 구체적
사실에「적용」되는 과정을 보여주지 않는다. 오히려 사례형
문제를 출제하면서 피하고자 하였던 바, 즉 추상적 법명제와
구체적 사실이 서로 상관없이 따로따로 놀고 그 사이에는 답
안작성자의 감(hunch)만이 뚜렷한 자취도 없이 횡행하는 모
습을 더욱 적나라하게 드러내는 것이다.

(b) 물론「이유의 제시」를 학설의 음미 또는 대립하는 학설 중 어느 하나를 선택하는 것과 同視하여서는 안 된다. 물론 경우에 따라서는 反對立場에 대한 論駁 그 자체가 이유제시가 될 수 있다. 그 경우에도 甲說과 乙說의 내용을 쓰고, "甲說이 옳다고 생각한다"고만 하고 甲說이 옳다고 생각되는 이유를 전혀 대지 않는 것이라면, 역시 이유제시가 있다고 할 수 없다.

결국 자신의 입장을 정당화할 수 있는 利益衡量 등의 評價要素가 간단명료하게, 또 가능하면 반대입장이 댈 수 있는 (댈 것으로 예상되는) 論據와의 대비 아래 지적되어야 한다(예외적인 경우에는 관련되는 法律條項의 引用만으로도 충분할 것이다). 그리고 자신의 입장은 문제되는 사항에 대한 결론에 있어서도 그것을 정당화하는 이유의 논리에 있어서도 일관되어야 한다.

(c) 다른 한편 사례형 문제에서 추상적 법명제는「적용」을 전제로 하여서만 의미를 가진다고 할 것이다.

設問에 비추어 논의할 필요가 없는 추상적 법명제 또는 그에 관한 논의는 들먹일 필요가 없다. 가령 使用者責任(자동차손해배상보장법의 運行者責任이 선행하나, 어쨌건 문제될 여지는 있다)의 성립요건으로서 요구되는「업무관련성」의 내용과 범위에 대하여는 주지하는 대로 여러 가지 논의가 있다. 그러나 여기서는 운전사 C가 회사의 업무로 버스를 운전하다가 운전상의 잘못으로 사고를 일으켰다는 것이므로,「업무관련성」은 당연히 긍정되는 것이다. 다시 말하면,「업무관련성」에 관하여 어떠한 견해를 취하든 결론에는 영향이 없다. 그렇다면 여기서 이에 관련한 학설상의 논의에 언급할 이유는 없지 않을까. 또한 사용자책임의 요건으로서 피용자에게 고의·과실이 요구되는지에 대한 견해의 대립을 상세히 설명하는 답안도 있었다. 그러나 설문에서는 이미 피용자 B의 과실이 제시되어 있기 때문에, 이를 논하는 것은 無益하다.

설사 애써 공부한 내용이 設問과 어떠한 점에서 관련되는 것이라고 하더라도 그 배운 것(보다 정확하게 말하면「외워 둔 것」)을 그대로 토해 놓아서는 안 된다고 생각된다.

이하 몇 가지 보다 구체적인 점을 지적하여 두기로 한다.

3.

사례형 문제에서는 그 設問에 제시된 사실이 다루어져야 한다. 이는 뒤집어 말하면, 한편으로 설문에 제시된 사실은 주어진 것으로 받아들여야 함을 의미하고, 다른 한편으로 설문에 제시된 사실을 전제로 하여 그로부터 論議되어야 할(논의될 만한) 토픽을 제대로 파악하고 그 법적인 含意를 끝까지 추급하여 보아야 한다는 것을 의미한다.

⑴ 설문에서 사실로서 제시되어 있는 것을 가정할 필요는 전혀 없는 것이다.

가령 "A에게 사고의 발생에 대하여 과실이 있다면 그는

S에 대하여 손해배상의무가 있다"는 식의 답안도 없지 않았다. 그러나 A의 과실은 이미 주어진 것이다. 설문에서 사실로서 제시되어 있는 것을 가정할 필요가 어디 있는가? 이런 종류의 답안에 종종 접하게 되어 그 때마다 仰天하지 않을 수 없었다.

또한 "민법 제760조 제1항에서 말하는 「공동」은 주관적 공동설에 따라 의사의 공동을 의미한다고 해석할 것이다. 그러므로 이 사건에서 A와 B 사이에 가해의 공모 등 공동의사가 있다면, A와 B는 그 규정에 의하여 공동불법행위의 책임을 진다"고 한 답안이 있었다. 그러나 차량충돌사고에서, 그것도 두 운전사의 "6 : 4의 운전상의 잘못"으로 인하여 발생한 사고에서, 「가해의 공모 등 공동의사」가 어떻게 해서 있을 수 있는가?

(2) 設問에서는 C 회사가 S에게 **현실적으로** 2천만원을 손해배상금으로 지급하였다.

(a) 이 사실이 당사자들의 법률관계에 미치는 영향, 가령 A 및 B의 S에 대한 각 채무가 그 한도에서 소멸하는지, 아니면 그 지급에도 불구하고 그들은 S에 대하여 여전히 전액에 관하여 채무를 부담하는지에 전혀 언급하지 아니한 답안이 의외로 많았다.

이와 같이 C의 현실적 배상금지급이 가령 A나 B의 S에 대한 채무에 대하여 어떠한 영향을 미치는지에 대하여 언급이 있어야 한다는 요청은, 가령 "부진정연대채무에 있어서는 채무자 1인이 변제를 하면 다른 채무자의 채무도 소멸한다"는 一般的 敍述, 특히 부진정연대채무의 일반적 법리를 논하면서 이루어진 위와 같은 서술에 의하여서는 통상은 충족되지 않는다고 보아야 할 것이다. 왜냐하면 設問에서는 채무액 전부가 아니라 그 일부인 2천만원만이 지급되었고, 이와 같이 채무자 1인의 「一部의 辨濟」가 다른 채무자의 채무에 어떠한 영향을 미치는가가 이 設問에 특유한 문제로서 특히 고려되어야 하기 때문이다.

이와 같이 중요한 포인트에 언급하지 아니한 답안은, 대부분의 경우에, C와 S 사이에 행하여진 "그 외에는 일체의 손해배상청구를 하지 아니하기로 하는" 약정이 어떠한 효력을 가지는가, 특히 설문에서 제시되지도 않은 「豫見하지 못한 後遺症」이 발생한 경우에도 그 효력이 미치는가 하는 토픽에만 주목하여 이에 대하여 열심히 논하고 있다.

設問에서 명백하게 제시된 바의 2천만원 지급의 사실은 외면하고, 그와 같은 말하자면 「假定的」 사실을 중시하는 태도는 도대체 어디서 연유하는 것일까?

(b) 또한 結論에서 "C는 「합의」에 의하여 2천만원의 손해배상을 할 의무를 부담한다"고 하거나, 「합의」와 관련하여 화해의 창설적 효력을 논하면서, "C는 이 약정의 효과로 S에 대하여 2천만원을 지급할 의무를 부담한다" 또는 "S는 이 약정에 기하여 C에 대하여 2천만원의 지급을 청구할 수 있게 된

다"고 쓴 답안이 드물지 않았다.

　　그러나 設問을 보면, C는 S에게 현실로 "2천만원을 지급
하면서" S와의 사이에 그 이상의 손해배상청구를 하지 아니
하기로 하는 약정을 한 것이다. 그러므로 이미 그 약정의 단
계에서는 C의「의무」또는 S의「청구할 권리」를 운위할 여지
는 없다고 하여야 하지 않을까? 현실로 지급한 것과 지급하기
로 약정한 것은 채무의 소멸 여하를 좌우하는 법적으로 중요
한 사항이다. 위와 같은 서술은 설문에 나타난 사실 자체를
엄밀하게 음미하여야 한다는 요청에 비추어 볼 때 부족한 점
이 있다고 하지 않을 수 없다.

　　(c) 또 가령 "부진정연대채무관계에 있는 A나 B(또는 C)
가 S에게 손해배상금을 **지급하였다면**, 그는 다른 채무자에 대
하여 구상권을 가진다"고만 한 답안도 적지 않았다. 그러나
그러한 가정된 사실에 입각한 서술을 할 것이 아니라, S에게
2천만원이 실제로 지급된 것을 이유로 하여 A 또는/및 B에
대하여 구상권을 가지는지, 만일 가진다면 나아가 어떠한 내
용의 구상권을 가지는지를 바로 논의하여야 할 것이다.

　　(d) 한편 "C는 S에게 2천만원을 지급하였으므로 A 및 B
에게 구상권을 가진다"고만 서술하고 더 이상 그 구상권이 구
체적으로 어떠한 내용의 것인지를 전혀 언급하지 않는 답안도
적지 않았다. 앞서 말한 대로 설문에서 어떠한 사실이 주어진
이상 거기서 인정되는 권리의무를 한껏 구체적으로 추급하여
보아야 한다. 그것은 권리의무의 내용이 金錢支給인 경우에는

당연히 그 액수에까지 미치는 것이다. "C는 A에게 구상권이 있다"는 서술과 "C는 A에 대하여 ○원의 구상을 청구할 수 있다"는 서술은 마치 "서울역에 가면 경주에 가는 기차표를 살 수 있다"는 것과 "지금 서울역에 가면 8월 7일 오전 9시 30분발 서울발 경주행 기차표를 구입할 수 있다"는 것만큼의 차이가 있는 것이다.

또한, 구상관계가 "內部的 부담비율에 따라" 발생한다고 만 하고, 도대체 그「내부적 부담비율」이 어떠한 내용인지, 그에 의하면 구체적으로 얼마를 구상할 수 있는지에는 언급하지 않는 경우도 있었다.

(3) 사용자 C 회사가 S와의 사이에 한 소위「합의」는 피용자 B의 S에 대한 책임도 면하게 하는 것인가? 즉 특히 "그 이상 아무런 손해배상도 청구하지 않겠다"는 약정은, 비록 그 문언이 "C에게" 배상청구하지 않겠다는 것임에도 불구하고 「제 3 자를 위한 계약」으로서 피용자 B에게도 배상청구하지 않겠다는 것으로 意思解釋될 여지는 없는가? 그 可否間에 토픽으로 될 만한 점이다.

이를 정면으로 문제삼지 않고, 아무런 언급도 없이 S는 나머지 1천만원을 A에 대하여 여전히 청구할 수 있다고만 하고, B에 대하여도 청구할 수 있는지는 아예 전혀 언급하지 않은 답안이 많았다.

4.

한편 設問에서 문제되지 아니한 것에 대하여는 원칙적으로 언급할 필요가 없다고 생각된다. 有害한 言明은 물론이고, 不必要한(無益한) 言明도 피하여야 한다. 앞의 3.에서 말한 바와도 연관되는 것인데, 문제되는 것은 논하고 문제될 여지가 없는 것은 논하지 말아야 한다.

(1) A와 B에게 각각 사고발생에 대한 과실이 있다고 하여서 A 및 B(또는 C)의 S에 대한 책임에 논하면서 過失相計의 점에 언급한 답안이 적지 않았다. 그러나 과실상계는 피해자에게 과실이 있는 경우에 비로소 문제되는 것인데 設問에서 문제의 자동차사고가 "A와 B가 … 운전상의 잘못을 저지름으로써 일어난 것"이었다고 하면, 그것은 S에게는 논의될 만한 과실이 없었다는 말이다. 그리고 被害는 S에게 발생하였고 A나 B(또는 C)의 손해에는 일절 언급하지 않고 있다. 그러므로 A와 B에게 각각 과책이 있다고 하여도, 다름아닌 피해자 S에 대한 책임을 살핌에 있어서는 과실상계를 논할 필요는 없지 않았을까?

(2) 설문의 C와 S 사이의 약정에 관하여는 거의 대부분의 답안이 「예상하지 아니한 후유증 등의 후속손해」의 처리에 대하여 언급하였다. 물론 그 논의가 반드시 필요없다고 잘라 말할 수는 없을 것이다. 그러나 설문에서는 "**결국 S에게 도합 3천만원**의 손해를 입혔다"고 한다. 그리고 그 손해가 S의 신체

의 훼손(「후유증」은 이를 전제로 하여서만 생각할 수 있다)으로부터 발생한 손해인지도 밝히고 있지 아니하다. 이 정도면 손해액에 관한 한 그 이상 論議의 여지가 없다고 하여도 좋지 않을까?

그렇다면 그것 외에 별도의 「예상하지 아니한 후속손해」를 운위할 필요는 없다. 바꾸어 말하면 종래 소위 「손해배상 당사자 사이의 합의」와 관련하여서 전형적으로 논의되는 토픽 중에서 「예상하지 아니한 후속손해」의 점은 미리부터 이번 출제에서는 문제삼지 않기로 하였다고도 할 수 있다. 오히려 논의를 예상하였던 점은 그 「합의」가 다른 손해배상의무자의 법적 지위에 어떠한 영향을 미치는가 하는 것이었다.

그런데도 이 문제에 길게, 아주 길게 판례와 학설의 세부까지 다룬 답안도 적지 않았다. 앞서 본 대로 설문에서 제시된 사실로부터 법적 결론을 얻는 데 관련이 없는 것은, 비록 자신이 애써 공부한 것이라고 하여도, 이에 대하여 언급을 할 필요가 없다. 물론 언급하여서 안 될 것은 없지만(그러한 의미에서 無害的이다), 그러나 그 긴 서술에서 오는 답안의 균형의 왜곡은 결코 좋은 느낌을 주지 않았다.

(3) 다음과 같은 답안도 있다. "A의 책임과 관련하여서는 호의동승도 문제되나, 여기서 S는 손님이라고 하였으므로 이 문제는 해당되지 않는다."

이 무슨 쓸데없는 말인가? 이를 쓰면서 도대체 읽는 사람에게 무엇을 기대하였을까, 궁금하여 견딜 수 없었다. 아마도 논점을 파악하는 단계에서 머릿속에 얼핏 떠오른 생각을 그대로 적어놓은 것으로 추측된다. 그러나 그러한 머릿속의 着想과 具象化된 답안작성 사이에는 칸이 쳐져야 한다.

(4) 이 점은 약술형 문제에 대하여도 마찬가지로 지적할 수 있다. 가령 "부동산을 매수하고 인도받은 자의 등기청구권의 소멸시효"를 논함에 있어서 「부동산을 매수하고 인도받은 자의 법적 지위」 일반을 논할 필요는 없는 것이다. 물론 그것이 그 사람이 가지는 등기청구권 또는 그 소멸시효와 관련되는 것이라면 당연히 언급하여야 하겠지만, 그와 아무런 연관도 지움이 없이 果實收取權·「賣却되고 引渡된 物件의 抗辯」 등을 논하는 이유는 어디에 있을까?

5.

또한 抽象的 法理論을 지나치게 중시하는 경향은 아무래도 두드러졌다. 이는 특히 學說의 對立 또는 對立되는 學說에 불필요하게 비중을 두는 데서 나타났다. 그럼에도 불구하고 여전히 法的 推論의 전개에 있어서 論理的인 先後를 무시하는 답안 또한 많은 것은 왜일까?

사안형 문제에서 學說 또는 學說의 對立을 어떻게 다루어야 할 것인가. 물론 이에 대하여는 아직 定論이 없다. 그러나 내 생각으로는, 우선 중요한 것은, 원칙적으로 그 選擇이 중요한 의미가 있는 경우, 즉 어떠한 견해에 좇는가에 따라 결론이나 이유제시의 줄기가 달라지는 경우에 한하여 다루어야 한다는 점이다. 나아가 이를 다룸에 있어서도 각 학설의 내용을 設問의 사실에 대입하여 설명할 것이지, 가령 "甲說은 이러저러한 내용이고, 이에 따르면 이러저러한 귀결이 된다. 乙說은 이러저러한 내용이고, 이에 따르면 이러저러한 귀결이 된다"는 식으로 추상적인 명제를 외워 쓰는 것은 바람직하지 않다고 하겠다. 그리고 특히 앞에서도 잠깐 말한 대로 무엇보다도 자신이 선택하는 입장에 대한 正當化의 理由를 명확하게 밝혀야 한다.

(1) 우선 무엇을 「대립하는 학설」이라고 볼 것인지 자체가 문제이다. 어떠한 학설을 아직 「유효한」 학설이라고 볼 것인가. 다른 나라에서 주장되고 있는 학설은 어떻게 볼 것인가. 예를 들면 가령 불법행위와 계약불이행 사이의 법조경합설은 어떠한가?

(2) 가령 민법 제760조 제 1 항의 공동불법행위와 관련하여 거기서 「공동의」를 어떻게 해석하는가에 대하여는 주지하는 대로 학설의 대립이 있다. 그런데 각 학설의 내용은 그것대로 추상적으로 설명하고 이어 그 중 하나의 학설을 「타당한 것」으로 선택하고나서, "그러므로 사안에서 보건대 A와 B는 공동불법행위의 책임을 진다"고만 서술하는 답안이 많았다. 그러나 가령 그들 학설 중 소위 「객관적 공동설」을 택한다고 하더라도, 과연 사안이 어떠한 근거에서 그 학설이 말하는 「공동성」의 내용을 충족하는지를 제시하려는 노력이 행하여

져야 한다. 다시 말하면 「객관적 공동설」의 내용을 "복수의
행위의 객관적 공동으로 족하다고 한다"는 것으로 파악하였
다면, 이 사안에서 A와 B의 행위가 어떠한 근거에서 「객관적
으로 공동」인 것이라고 할 수 있는지를 밝혀 그 판단의 中間
項을 제시하여야 하며, 추상적 명제로부터 비약하여 구체적인
결론이 단지 막연히 감각만에 의거하여 제시되어서는 안 된다
고 생각한다. 법의 적용은 요컨대 「이유대기」를 제쳐놓고는
공허한 것이다.

　　그러므로 가령 차량의 충돌사고는 복수의 운전자가 동시
에 같은 장소에서 관여하여 일어나는 것이므로 그 각 운전자
의 「운전상의 잘못」 있는 운전행위는 피해자 또는 일반인의
객관적 입장에서 보면 하나의 공동행위라고 볼 수 있다는 등
등의 설명이 필요하다고 여겨진다.

　　(3) 또 이와 관련하여 말하면, 민법 제760조 제 1 항의 공
동불법행위에 관하여 소위 주관성 공동설을 취하면서, 설문의
경우에는 A와 B 사이에 이러한 요건이 결여되어 있으므로 同
項의 공동불법행위에는 해당하지 않는다고 하고 나아가 同條
제 2 항의 공동불법행위에 해당한다는 견해를 피력한 답안도
없지 않았다. 그러나 제760조 제 2 항은 "共同 아닌 數人의 行
爲 중 어느 者의 行爲가 그 損害를 加한 것인지 알 수 없는
때"라고 그 요건을 정하고 있다. 그런데 설문의 경우에는 S의
손해가 A와 B 각각의 과실행위에 의하여 발생하였음을 분명
하게 말하고 있다. 다시 말하면 손해를 발생시킨 원인행위와

그 주체가 이미 밝혀져 있는 것이다. 그러므로 여기서 제760
조 제1항의 해석에 대하여 어떠한 입장을 취하든, 설문의 경
우에 제760조 제2항을 적용하는 것은 있을 수 없다고 하겠다.

(4) 답안 중에는, 민법 제760조 제2항을 적용하는 경우에
는 당사자가 자신의 행위와 손해발생 사이에 인과관계가 없음
을 증명하여 免責될 수 있다는 점에서 동조 제1항의 경우와
는 다른 특징이 있다는 설명을 하는 것이 있었다.

그러나 만일 민법 제760조 제2항의 규정이 적용된다면,
즉 甲과 乙 중「누구의 행위에 의하여 손해가 발생하였는지
不明」인 것이 확정되었다면, 그 때에는 이미 甲이나 乙의 행
위가 손해발생과「인과관계가 없음을 증명」하는 것은 논리적
으로 불가능하다. 뒤집어서 말하면, 전에는 불명확함이 확정
된 것을 이제 와서 명확하게 할 수는 없으며, 또한 만일 명확
하게 하였다면 이는 이제 제760조 제2항에서 정하는 "어느
者의 行爲가 그 損害를 加한 것인지를 알 수 없는 때"에 해당
하지 않게 된다. 그러므로 그 경우는 민법 제760조 제2항이
적용될 수 없는 경우가 되는 것이다. 따라서 위와 같이 "제2
항이 적용되는 경우에는 인과관계 없음을 증명하여 면책될 수
있다"는 언명은 엄밀하게 말하면 논리적으로 모순이라고 생
각된다(물론 위와 같은 답안이 말하고자 하는 바의「免責」이란 바
로 이와 같이 민법 제760조 제2항의「要件을 애초부터 充足하지
못하는 것」을 의미하는 것으로 善解될 여지가 없는 것은 아니다).

또한 이는「寄與度減責」을 제2항의 특징의 하나로 든 경

우에 대하여도 마찬가지이다. 기여도감책에 대하여는 여러 가
지 논의가 있으나, 하나 분명한 것은 그것은 적어도 손해의
발생에 여러 사람의 행위 또는 상태(가령 既往症이나 特異體質
과 같은) 또는 自然事 등이 관여하였음이 밝혀진 경우에 비로
소 논의되는 것이다. 그리고 "어느 者의 行爲가 그 損害를 加
한 것인지를 알 수 없는 경우"에는 그 자체로 이미 소위「寄
與」가 있었는지 또는 어느 정도의 기여가 있었는지를 논의할
基礎가 缺如되어 있음이 명백하다.

  (5) 답안의 冒頭에서 A의 책임을 논하면서, "손해배상으
로 3천만원을 지급할 의무가 있다"고 하고, 이어서 "그러나 C
가 2천만원을 지급하였으므로 그 한도에서 A의 책임은 소멸
하여, 결국 1천만원의 배상책임이 남는다"고 하는 경우도 있
었다. 물론 그 결론은 옳은 것인지 모르지만, 여기서 문제삼고
자 하는 것은「서술의 논리적인 순서」에 관하여서이다.

  C의 2천만원 지급은 당연히 그 한도에서 A의 손해배상
의무를 소멸시키는가? 그것은 C가 A의 S에 대한 책임과 일정
한 연관이 있는 채무(부진정연대채무)를 부담하기 때문이 아닐
까? 가령 C가 S에 대하여 아무런 손해배상책임을 부담하지
아니함에도 불구하고 그와 같은 책임을 진다고 잘못 생각하여
2천만원을 S에게 지급하였다고 가정하여 보자. 그 경우에도
A의 책임은 1천만원으로 감축되는가? 오히려 그 경우에는 원
칙적으로 C가 S에 대하여 2천만원의 반환을 非債辨濟로서 청
구할 수 있다고 할 것이다(민법 제745조는 이러한 경우 변제자

가 원칙적으로 반환청구권을 가진다는 것을 전제로 하는 규정이
다). 그렇다면 A의 책임이 C의 2천만원 지급에도 불구하고
그 한도에서 소멸할 이유가 없다고 할 것이다.

　　그러므로 논리적으로는 우선 A의 책임에 이어서 C의 S
에 대한 책임을 확정하고 나아가 그 각 책임 간의 관계를 논
한 다음에 그러한 관계에 있는 C의 일부변제가 다른 채무자
A의 책임에 미치는 효과를 검토하는 것이 순서일 것이다.

　　⑹ 답안의 처음에「부진정연대채무」의 의의와 내용과 성
립하는 경우를 교과서에서처럼 빈틈없이 설명하고난 다음에
야, A, B, C가 S에 대하여 어떠한 책임을 지는가를 논한 답안
이 적지 않았다. 그러나 우선 설문에서 왜 부진정연대채무가
문제되는가를 살펴보지 아니한 채로 대뜸 이것부터 내세울 이
유는 납득하기 어렵다. 나아가 설문에서「부진정연대채무」의
법리로서 문제되는 것은, (i) 그 채무자 중 一人이 채권자와
사이에 한「합의」(일부변제와 일부면제을 포함한다)의 효력이
다른 채무자에게 미치는가, (ii) 그 채무자 중 一人이 일부변제
를 한 경우에 다른 채무자에 대하여 구상할 수 있는가 정도가
아닌가 한다. 그렇다면 위와 같은 교과서적으로 周到한 설명
은 불필요한 것이라고 하겠다.

6.
끝으로 몇 가지 사소한 것을 지적하여 둔다.

⑴ 設問을 誤讀한 예가 없지 않았다. 특히 당사자의 동일성을 착각하여 A, B, C, S를 혼동한 것이 분명한 답안이 있었다. 그리하여 A에게 4의 과실이 있고 B에게 6의 과실이 있다고 하거나, C 회사의 피용자가 S라고 하였다.

⑵ 漢字에 대하여 그 표기나 음독의 잘못이 예상 외로 많았다. 表現代理(이는 表見代理라고 제대로 쓴 예가 더 적지 않은가 느껴질 정도이다), 救償, 物權的 基待權, 債務者則, 善義, 불진정연대채무, 신의측, 휴유증 등이 대표적인 예이다.

⑶ 항목을 나누어 쓰지 아니하고, 마치 소설처럼 또는 新聞社說처럼 죽 이어서 쓴 답안이 있었는데, 읽기가 쉽지 않았다.

[考試硏究, 1996년 12월호, 215면 이하 所載]

[後 記]

이 글은 저자가 1996년 6월 시행된 제38회 사법시험의 제 2 차시험에서 시험위원으로 일하여 답안지를 채점한 소감을 적은 것이다.

負擔 있는 不動産의 賣買

Ⅰ. 序

1. 들어가기에 앞서

(1) 다음 2.의 "문제"는 내가 1988년 제2학기에 채권법 Ⅱ (채권각론) 강의의 학기말시험문제로 냈던 것에 극히 사소한 변경을 가한 것이다. 그리고 Ⅱ.는 그 답안에 대한 채점을 하면서 「일응의 기준」으로 삼은 내용이다. 따라서 이것은 그에 부합하는 정도에 따라 점수를 주는 바의 「모범답안」은 결코 아니다(그런 것은 있을 수 없다고 생각한다). 거기서 제시된 논점 이외의 것을 제시한 답안도 없지 않으며 또 반대의 입장을 택한다고 하여 그것만으로 감점되는 것도 아니다(오히려 조리 있는 반대 입장의 개진은 加點要素로 작용하기도 한다).

학기말경에 고시잡지에 소개되는 「각 대학 기말고사문제」를 보면, 상당수의 대학에서 적어도 민법에 관한 한 시험문제를 事案解決型으로 출제하고 있다. 그리고 매년 시행되는 사법시험에서도 민법의 문제 중 하나는 역시 사안해결형으로 출제되고 있는 것이 거의 관행이 되다시피 하였다(이 점은 수험생 사이에서도 주지되어 있다고 생각된다). 그런데 이러한 문제(특히 사법시험의)나 그에 대한 "모범답안" 또는 "채점평"들을 읽어 보고 내가 느끼는 것은 현재 사법시험에서 출제되고 있는 바와 같은 언필칭 사안해결형 문제는 소위 論述型 문제와 별로 다를 바가 없기 때문에 정작 사안해결형 문제로써만 평가할 수 있는 수험생의 어떤 능력을 제대로 평가할 수 없지 않을까 하는 점이다.

　여기서 사안해결형 문제를 가지고 평가하여야 할 수험생의 능력이란 어떤 것인가를 굳이 상세히 논하려 하지 않거니와, 요컨대 그것은 현재 출제되고 있는 것보다는 훨씬 더 문제해결지향적(「이론지향적」과 대비한 의미에서)이어야 하고, 또 효과지향적(「요건지향적」과 대비한 의미에서)이어야 한다고 생각한다. 특히 하나의 분쟁을 법적 가공을 거치지 않은 덩어리로 제시해 놓고, 그 분쟁당사자의 한 편의 입장에 서서 그의 이익을 옹호하기 위한 다양한 법적 도구를 그 분쟁사실의 덩어리로부터 추출해 낼 것을 요구함으로써 수험생이 민법의 여러 제도나 개념이 구체적인 분쟁의 해결에서 실제로 수행하는 기능을 제대로 이해하고 있는가를 평가해 보아야 할 것이다.

　아래의 글은 이러한 점을 염두에 두면서 출제된 문제의 한 예인데 참고가 될 만한 점이 있기를 바란다. 사실 논술형 문제에 대하여는 어느 정도 답안의 定型이라고 하는 것을 각기 상정할 수도 있을 것이나, 사안해결형 문제에 대하여는 그

러한 것에 관하여 偏差가 적지 않다고 하겠다. 나의 의견으로
는 출제한 사람은 수험생의 이러한 불안을 없애기 위하여, 또
채점에 있어서의 자신의 재량행사의 공정성을 담보하기 위하
여, 자기 나름대로의 기준을 공개할 의무가 있다고 생각한다.
그것이 脫呪術化(Entzauberung)의 한 시도가 될 것이라는 기
대가 이하의 글을 공개하는 한 이유이다.

　(2) 이러한 유형의 문제는 우리 대학의 학생들에게는 별
로 낯익은 것이 아니기 때문에(그러나 점점 익숙하여지고 있음
은 명백하다) 시험이 있기 직전의 수업시간에 대개 다음과 같
은 수험요령을 구두로 제시하여 둔다.

　(i) 사안을 주고 關係當事者의 利益을 확보하기 위한 방도
를 제시하라고 하는 경우에는 생각할 수 있는 모든 법률상의
주장을 제시하는 것이 중요하다. 필요한 경우에는 事實關係의
補充을 하여야 할 것인데, 이러한 보충을 얼마나 다양하게 또
적합하게 하느냐 하는 것도 무시할 수 없다.

　(ii) 나아가 주어진 또는 보충한 사실관계에 기하여 여러
가지의 공격방법을 열거함에 있어서는 이유를 반드시 제시하
여야 한다(일정한 경우에는 법률조항의 인용만으로도 족할 것이
다). 그러나 사안의 해결과 관계없는 抽象的 法律論은 극력
피할 일이다. 자신의 입장을 정당화 또는 설명하는 評價要素
(利益衡量要素 등)를 간단명료하게, 또 가능하면 반대입장의
논거와의 대비 아래, 지적하여야 한다.

　(iii) 法律의 關係條項은 철저하게, 정확하게, 세부에 이르

기까지 지시하여야 한다.

　(iv) 자신의 입장은 法律評價의 결론에 있어서도, 그것을 정당화하는 이유의 논리에 있어서도 일관되어야 한다.

2. 問　題

> 　　甲은 자기 앞으로 所有權登記가 되어 있는 그 소유의 부동산(대지 100평과 그 위의 주택 50평)을 1988년 2월 1일 乙에게 3천만원에 매도하는 계약을 체결하고, 같은 날 계약금으로 5백만원을 乙로부터 받았다. 나머지 대금은 같은 해 2월 말에 1천만원을 지급받고, 같은 해 3월 말에 1천 5백만원을 所有權移轉登記에 필요한 서류와 상환으로 지급받기로 약정하였다. 그리고 甲이 違約한 경우에는 契約金의 倍額을 乙에게 지급하고, 乙이 위약한 경우에는 계약금을 "沒取"한다고 정하였다.

　(1) 위 부동산에는 債權最高額 2천만원의 根抵當權이 A은행을 위하여 설정되어 있었다. 그 근저당권은 甲의 조카인 B가 A은행으로부터 차용한 1천 5백만원을 담보하기 위한 것이었다. 乙은 1988년 2월 28일에 甲에게 매매대금 1천만원을 지급한 후에 위와 같은 근저당권의 존재사실을 비로소 알게 되었다. 乙은 甲에 대하여 어떠한 法律上의 攻擊方法 또는 防禦方法을 가지는가?

　(2) 위 부동산에는 甲 이전에 이를 소유하고 있던 C가 D에게 설정하여 준 抵當權이 존재하고 있었다. 이 저당권에 기한 任意競賣節次가 진행되어 丙이 위 부동산을 競落받았다. 이 사실은 甲과 乙 사이의 위 매매계약에 기한 법률관계

에 어떠한 영향을 미치는가?

　　(3) 乙은 자신의 모든 의무를 약정대로 이행하고 위 부동산에 관한 소유권등기를 이전받았다. 그런데 위 부동산 중 건물은 丁이 1987년 11월 15일 甲과의 사이에 기간은 입주일로부터 1년, 保證金은 1천만원으로 정하여 傳貰契約을 체결하고(전세권등기는 하지 않았다), 같은 달 20일 保證金完給과 동시에 그 가족과 같이 입주하여 오늘 현재도 거주하고 있다.

　　㈎ 乙은 丁에게 위 주택의 인도를 청구할 수 있는가?

　　㈏ 위와 같은 丁의 傳貰事實은 甲과 乙 사이의 법률관계에 어떠한 영향을 미치는가?

Ⅱ. 採點上 一應의 基準

1. 設問 (1)에 대하여

　(1) 物件賣渡人은 買受人에게 매매목적물에 관한 완전한 권리, 즉 부담 없는 소유권을 이전하여 주어야 할 의무를 부담한다. 따라서 사안에서 賣渡人 甲은 A은행을 위한 根抵當權(A은행과 B 사이에 그 구체적인 내용이 增減變動하는 계속적인 去來關係가 있는 것이 아니고 단지 1회의 貸借關係밖에 없는데, 그 확정된 채권의 담보를 위하여 위 根抵當權登記가 이루어졌다면, 이로써 근저당권이 설정되는 것이 아니라 일반의 저당권이 설정되었다고 볼 여지도 없지 않다)을 소멸시키고, 또 그 根抵當權登記를 말소한 후에야 비로소 위와 같은 의무를 제대로 이행("채무의 내용에 좇은 이행")할 수 있다. 賣渡人 甲이 위 저당권을

소멸시키지 않은 경우에는 買受人 乙은 위와 같은 "채무의 내
용에 좇은 이행"의 제공(大判 79. 11. 13, 79다1562(공보 623,
12347)에 의하면, 抵當債務의 소멸뿐만 아니라 근저당권등기의 말
소에 필요한 서류의 제공까지도 요구된다)이 있을 때까지 자신의
의무, 즉 1천 5백만원의 殘代金支給義務의 履行을 거절할 수
있다(민법 제536조 제 1 항. 이하 민법의 조항은 法名을 특히 지시
하지 않는다).

(2) 한편 A은행이 抵當權을 實行하면 매수인 乙은 그 소
유권취득이 불가능하거나 또는 취득한 소유권을 상실할 우려
가 있다. 따라서 제588조의 규정을 적용 내지 유추적용하여
"그 위험의 한도에서"(채권최고액인 2천만원의 한도에서) 대금
의 지급을 거절할 수 있다(大判 88. 9. 27, 87다카1029(集 36-2,
164)는 이 점을 분명히 밝히고 있다. 依用民法 제577조는 "매수한
부동산에 저당권의 등기가 있는 때"에는 매수인은 소위 滌除의 節
次가 종료할 때까지 그 대금의 지급을 거부할 수 있다고 정하고 있
었다. 민법은 滌除制度를 채택하지 아니하였고, 따라서 위와 같은
규정도 두지 아니하였다). 그러나 사안에서 乙은 이미 中渡金까
지는 지급하였으므로 殘金 1천 5백만원의 지급을 거절할 수
있을 뿐이다. 이 경우 甲은 그 잔금의 供託을 청구할 수 있으
나(제589조), 이 供託請求에 대하여는 위 (1)에서 본 同時履行
의 抗辯權으로써 대항할 수 있을 것이다.
    제589조에 기한 代金支給拒絶權과 위 (1)에서 본 同時履
行抗辯權과의 관계는 반드시 명확한 것은 아니다. 오히려 후

자의 권리가 인정되는 범위에서는 전자의 권리가 성립할 여지
가 없다고 하여야 하지 않을까 생각되기도 한다.

(3) 다른 한편 賣買目的物에 저당권이 설정되어 있다는
사실만으로는 그 목적물에「瑕疵」가 있다고 할 수 없다. 민법
은 저당권의 행사로 인하여 매수인이 그 소유권을 취득할 수
없거나 취득한 소유권을 잃은 때에 관하여 賣渡人의 擔保責任
을 정하고 있다(제576조). 이는 거기까지 이르지 아니하고 단
지 저당권이 설정된 것만으로는 매도인의 담보책임을 물을 수
없다는 취지라고 하여야 할 것이다.

(4) 殘金履行期日에 乙이 그 대금을 제공하였음에도 불구
하고 甲이 위 (1)에서 본 바와 같은 내용의 所有權移轉債務의
이행을 하지 아니하였다면, 甲은 履行遲滯의 상태에 빠지게 된
다. 이 경우에 乙은 우선 損害賠償을 청구할 수 있다. 그 액은
違約金約定에 따라 ──제398조 제 2 항에 의하여 감액되지 않
는 한──5백만원이 될 것이다(제398조 제 4 항 참조). 또한 乙은
상당한 기간을 두어 履行을 催告하고 그 기간이 徒過하면(그
동안 乙은 자기 채무의 이행을 준비해 두어야 한다. 大判 82.6.
22, 81다1283등(集 30-2, 146) 등 참조) 賣買契約을 解除할 수
있다.

(5) 나아가 乙은 甲에 대하여, 매매계약을 체결함에 있어
서 목적물에 존재하는 부담으로서 去來觀念上 주요한 것(즉

사안에서는 A은행을 위한 저당권——특히 甲 스스로가 설정하여
준——의 존재)을 告知하여 줄 의무(소위 "附隨義務"로서의 告知
義務)를 위반하였음을 주장할 수 있을는지도 모른다. 만일 이
주장이 허용된다면 乙은 甲에 대하여 그 의무의 위반으로 인
하여 발생한 손해의 배상을 청구할 수 있을 것이다. 이 때 賠
償額은 구체적으로 乙이 告知義務違反으로 말미암아 입은 損
害額(가령 위와 같은 사정을 고지받았다면 계약을 체결하지 않았
을 것인데 그 고지를 받지 못함으로 인하여 계약을 체결함으로써
지출한 비용 등)을 算定하여 정하여질 것이고, 위 매매계약
상의 위약금약정에 의하여 정하여질 수는 없다고 할 것이
다. 사안에서의 위약금약정은 給付義務(소위 "주된 의무")의
不履行으로 인한 損害賠償에 관한 것으로 意思解釋되기 때문
이다.

2. 設問 (2)에 대하여

(1) 競落을 原因으로 하는 丙에의 所有權移轉(競落代金을
완납한 때. 競賣法 제3조 제1항)이 甲과 乙 사이의 매매계약
이전에 있었다면 그 매매는 타인의 권리를 매매한 것이 된다.
따라서 매도인 甲은 丙으로부터 목적물의 소유권을 취득하여
매수인 乙에게 이전하여야 한다(제569조). 만일 이것을 할 수
없는 경우에는 乙은 매매계약을 해제할 수 있다(제570조 본
문). 계약이 해제되면 甲은 乙에게 이미 受領한 賣買代金 합
계 2천5백만원과 이에 대한 각 수령한 날로부터의 法定利子

를 반환하여야 한다(제548조 제 1 항 본문, 제 2 항).

한편 甲의 損害賠償責任에 관하여는 약간의 문제가 있다. (i) 우선 담보책임의 규정에 따라 甲은 만일 乙이 善意라면 그에게 손해배상을 하여야 한다(제570조 단서). 이 때 "선의"란 위 단서조항에서 보는 대로 "계약 당시 그 권리가 매도인에게 속하지 아니함"을 모르는 것을 말하며(제570조 단서), 단지 目的不動産에 D 앞으로의 근저당권이 설정되어 있음을 아는 것만으로는 "선의"가 아니라고 할 수 없다. 이 때의 손해배상은 소위 履行利益의 賠償이다(통설, 판례). 그렇다면 이 경우에 乙은 違約金約定에 따라 契約金 相當額, 즉 5백만원의 지급을 청구할 수 있을 것이다. (ii) 나아가 "惡意"의 매수인이라도 매도인의 債務不履行을 이유로 하여 손해배상을 청구할 수 있다(제390조 본문). 大判 70. 12. 29, 70다2449(集 18-3, 443) 등 판례는 이 경우 歸責事由에 관한 立證責任을 매수인에게 부담시키고 있으나 의문이다. 그러나 사안에서 매매계약 체결 당시 이미 競賣節次가 진행되었고 그 결과 競落人 丙의 소유권취득이 확정되었다면, 이러한 사정은 매도인 甲이 그 不發生을 "책임져야 할 사유"에 속한다고 할 것이므로, 입증책임이 누구에게 있느냐와는 상관없이, 甲이 손해배상책임을 진다고 하겠다.

(2)

(가) 競落에 의한 丙의 소유권취득이 매매계약 후에 있었다면, 그리고 그것이 甲의 의무이행에 장애사유가 된다면(일

반적으로는 이를 긍정할 것이다), 이는 원래 일반적인 債務不履行의 法理에 의하여 해결될 성질의 문제이다. 계약 당시 매도인 소유에 속하는 물건이 그 후 제3자의 소유가 되었다면 "다른 특별한 사정이 없는 한" 매도인의 매수인에 대한 所有權移轉義務는 履行不能된 것으로 평가된다는 것이 확고한 판례의 태도이다. 이러한 法理는 매수인에게 일단 유효하게 소유권이 이전되었으나, 그 이전에 설정된 저당권의 실행으로 말미암아 매수인이 소유권을 상실한 경우에도 마찬가지로 인정될 것이다. 그리고 이러한 사유로 인한 이행불능은 그러한 사유의 불발생을 매도인이 "책임져야 할" 것이기 때문에 매도인은 원칙적으로 損害賠償, 契約解除 등의 債務不履行責任을 져야 한다.

(나) 다른 한편 민법은 제576조에서 "매매의 목적이 된 부동산에 설정된 저당권의 행사로 인하여 매수인이 그 소유권을 취득할 수 없거나 취득한 소유권을 잃은 때"에 관하여 따로 규정을 두고 있다. 이 규정의 적용에 있어서는 매수인 乙에의 所有權登記移轉이 丙의 所有權取得 이전인가 이후인가는 고려될 여지가 없음은 위 규정의 文言에 의하여 명백하다. 그리고 이 책임의 적용에는 매도인에게 귀책사유가 있는지 여부를 묻지 않는다.

그에 의하면 매수인은 계약을 해제할 수 있고(제1항), 또 손해가 있으면 그 배상을 청구할 수 있다(제3항). 그런데 통설에 의하면 이 때의 손해배상은 소위 信賴利益의 배상에 한정된다고 한다. 그러나 이 규정이 있다고 하여 위와 같은 경우에 대하여 일반적인 債務不履行法(제390조)의 적용을 전적으로 배제한다고 해석할 수는 없는 것이고, 적어도 履行利益의 배상을 인정하는 한도에서는 그와 같은 법 적용이 허용되어야 할 것이다.

3. 設問 (3)에 대하여

(1)

(가) 乙은 사안의 부동산의 소유자 甲과의 사이에 그에 관한 賣買契約을 체결하고 그의 의사에 기하여 所有權登記를 이전받았으므로 위 부동산의 소유자이다(제186조). 乙은 소유자로서 그 不動産을 占有하고 있는 丁에 대하여 그가 그 부동산을 "점유할 권리"를 가지고 있지 않는 한 그 占有의 引渡를 청구할 수 있다(제213조).

(나) 丁은 前所有者 甲과의 사이에 체결한 傳貰契約에 기하여 위 부동산 중 주택을 점유하고 있다. 문제는 이 전세계약의 효력을 새로운 소유자인 乙에게도 유효하게 주장할 수 있는가에 있다.

원래 丁이 債權的 效力을 가지는 전세계약을 그 계약의 당사자가 아닌 제3자에게 유효하게 주장할 수 있으려면 법이 정하는 일정한 요건("對抗力")을 갖추어야 한다. 丁이 傳貰權登記를 하지 않고 있는 위 사안에 있어서, 그 요건의 구비 여

부는 ——개별사안에 특유한 여러 가지 障碍事由의 不存在를
전제한다면 일반적으로 —— 乙 앞으로 소유권등기가 이전되
기 전에 丁(이미 주택을 점유하고 있다)이 위 주택에 주민등록
을 하고 있는가에 달려 있다고 할 수 있다(주택임대차보호법
제12조, 제 3 조 제 1 항).

    (a) 丁 또는 그의 동거가족(大判 87. 10. 26, 87다카14(공보
814, 1779)은 임차인의 처의 주민등록만이 이루어진 경우에 대하
여, 大判 88. 6. 14, 87다카3093등(공보 828, 1029)은 위 임차인의
동생을 세대주로 하고, 임차인의 처와 자녀를 위 동생의 동거가족
으로 주민등록한 경우에 대하여, 또 大判 89. 1. 17, 88다카143(공보
843, 295)은 가족의 주민등록은 그대로 둔 채 임차인 본인만 일시
주민등록을 다른 곳으로 옮겼다가 다시 복귀한 경우에 대하여 각기
위 법 소정의 주민등록요건을 갖추었다고 판단하고 있다)이 위 주
택에 주민등록을 하고 있다면, 丁이 그 전세계약을 ——그것이
유효하게 존속하는 한—— 제 3 자, 즉 사안에서의 乙에게 적법
하게 주장할 수 있으므로 乙은 丁에 대하여 위 주택의 인도를
청구할 수 없다. 그 경우에 乙은 甲의 傳貰契約上의 地位를
承繼한 것으로 보는 것이다(위 법 제 3 조 제 2 항).

    설사 丁의 전세계약이 이미 그 약정한 기간을 경과하고
있다고 하더라도 그 사정은 대개 고려될 여지가 없다. 왜냐하
면 丁이 傳貰金을 반환받지 않는 한 傳貰關係는 존속하는 것
으로 간주되는데(위 법 제12조, 제 4 조 제 2 항), 丁이 기간 경과
후에도 위 주택에 계속 거주하고 있다는 사정은 보증금을 아

직 반환받지 못하고 있음을 推斷시키기 때문이다. 또한 그 경
우 만일 소위 契約更新拒絶 등의 通知가 적법하게 이루어지지
않았다면 애초 期間의 滿了를 운위할 여지가 없고 전세계약은
동일한 조건으로 다시 이루어진 것으로 간주된다(위 법 제6조
제1항 참조).

(b) 丁이 주민등록을 갖추지 아니한 경우에는 그는 전세
계약을 새로운 소유자인 乙에게 유효하게 주장할 수 없고, ──
留置權이 성립하였다는 등의 특별한 사정이 없는 한── 乙에
게 위 주택을 무조건 인도하지 않으면 안 된다. 또한 설사 丁
이 주민등록을 갖추어 대항력이 있다고 하더라도, 위 (a) 말미
에서 본 更新拒絶 등의 通知가 적법하게 이루어진 경우에는
애초의 전세기간이 만료된 후에는 丁은 乙에게 위 주택을 인
도하여야 함은 물론이다. 그러나 이 경우 乙은 甲의 전세계약
상의 지위를 승계하였으므로(위 법 제3조 제2항) 丁에게 전
세금을 반환할 의무를 부담한다(大判 87. 3. 10, 86다카1114(공보
799, 632)는 대항력을 갖춘 賃借權이 설정된 주택을 讓受한 者는
保證金返還債務도 승계하고 그 양도인의 보증금반환채무는 소멸된
다고 한다). 그리고 그 경우 乙의 傳貰金返還義務와 丁의 住宅
引渡義務는 同時履行의 關係에 있다고 하겠다(임대인의 보증금
반환의무에 관하여 大判(全) 77. 9. 28, 77다1241등(集 25-3, 141)
참조).

(2) 사안에서 甲은 스스로 제3자 丁에게 임대하여 丁이

점유하고 있는 건물을 乙에게 매도한 것이 된다.

(가) 甲은 매도인으로서 매매목적물의 점유를 매수인 乙에게 이전하여 줄 의무도 부담하는데, 위와 같은 賃貸事實이 이 義務의 履行에 어떠한 영향을 주는지를 살펴보아야 할 것이다. 乙이 그 의무를 모두 이행하고 있음에도 불구하고 甲이 乙에게 그 목적물을 인도하지 않고 있는 것은 債務不履行(이행지체)이 된다. 따라서 乙은 그에 따른 효과, 즉 손해배상(그 액은 일단 위약금약정에 따른 액이 될 것이다)과 —— 절차를 밟아—— 계약의 해제를 주장할 수 있다. 물론 만일 甲이 丁으로부터 위 건물을 인도받아 계약이 해제되기 전에 乙에게 다시 인도하여 주었다면, 甲과 乙 사이의 법률관계는 그 때까지의 遲延賠償責任의 점을 제외하고는 별다른 문제가 없다고 할 것이다. 그러나 丁은 甲과의 관계에서는 적어도 1988년 11월 15일까지는 건물을 사용할 권리가 있으므로 丁이 그 권리를 포기하지 않는 한 甲이 그 전에 丁으로부터 위 건물을 인도받는 일은 실제로 거의 불가능하다고 하겠다.

(나) 한편 乙은 所有權登記를 이전받아 그 건물의 소유자가 되었으므로(위 (1)(가) 참조) 丁에 대하여 경우에 따라서 스스로 그 건물의 인도를 청구할 수 있다(위 (1) (나) (b) 참조). 그러나 이와 같이 乙이 丁에 대하여 그 건물의 인도를 청구할 수 있다고 하더라도 이는 권리이지 의무는 아니므로 그 인도청구를 하지 아니하고 또는 그 인도청구를 함과 아울러 甲에 대하여 위 (가)에서 본 대로 賣渡人으로서의 契約責任을 물을 수 있다.

⒟ 만일 丁이 乙에 대하여도 대항할 수 있는 賃借權을 가진다면(위 ⑴⒣⒜의 경우), 乙이 善意인 경우에는 甲에 대하여 擔保責任을 물을 수 있다(제575조 제 2 항). 그에 따르면 乙이 그 임차권으로 인하여 계약의 목적을 달성할 수 없는 때에는 계약을 해제할 수 있고, 그렇지 않은 경우에는 損害賠償만을 청구할 수 있다(동조 제 1 항). 위 매매목적물이 주택인 점에 비추어 乙이 이에 입주하지 못하고 있다고 한다면 계약의 해제권이 인정될 여지가 많을 것이다.

[考試研究, 1989년 11월호, 70면 이하 所載]

[再刷에 따른 追記]

본문의 Ⅱ. 2. ⑴에서 競落을 원인으로 하는 所有權移轉이 경락대금을 완납한 때에 발생하는 것에 관한 법규정(앞의 388면 아래서부터 제 7 행 참조)으로 든 競賣法 제 3 조 제 1 항은 경매법이 1990년 1월 13일의 법률 제4201호(민사소송법 개정. 1990년 9월 1일부터 시행)에 의하여 폐지되면서 그 내용이 민사소송법 제728조, 제646조의2에서 규정되었다. 그 후 2002년 1월 26일의 법률 제6627호로 민사집행법이 제정되면서(2002년 7월 1일부터 시행), 역시 같은 내용이 민사집행법 제268조, 제135조에서 정하여졌다.

[8면 이하의 「法學古書」에 대하여 再刷에 따른 追記]

9면에 나오는 「Jocus regit actum」이라는 책 제목은 「Locus regit actum」이라는 法諺을 비틀어 따온 것이다. 이 법언은 특히 國際私法의 분야에서 준거법을 결정하는 기준으로 일찍부터 회자되어 온 바로서, 번역하면 "장소는 행위를 지배한다"는 것이다. 즉 어떤 계약 기타 법률행위의 방식이 준수되었는지 여부는 그 행위지의 법에 의하여 판단된다는 의미이다.

[168면 이하의 「公法的 規定의 私法的 效力」에 대하여 再刷에 따른 追記]

본문에서 살핀 바와는 대상이 다르나, 서울地判 2000. 5. 17, 99나94209(下集 2000-1, 11; 법률신문 2888, 13)은, 아파트의 양수인에게 양도인이 체납한 아파트관리비를 납부할 의무가 있는지를 판단하면서, 주택건설촉진법에 따라 대통령령으로 제정된 공동주택관리령의 제 9 조, 특히 제 4 항(공동주택관리규약은 "입주자의 지위를 승계한 자에 대하여도 그 효력이 있다")이 사법적 효력을 가지는 것을 당연한 전제로 하면서도, 이를 내용적으로 축소해석하여, 결국 관리비납부의무의 당연승계를 부인한다.

判例索引

事項索引

著者略歷

서울大學校 法科大學 졸업
法學博士(서울大學校)
현재 서울大學校 法科大學 敎授

主要著述
(著)　民法研究 제 1 권, 제 2 권(1991), 제 3 권(1995), 제 4 권
　　　(1997), 제 5 권(1999), 제 6 권(2001), 제 7 권(2003),
　　　제 8 권(2005)
　　　民法入門(第 4 版, 2004)
　　　민법산책(2006)
　　　民法注解 제 1 권, 제 4 권, 제 5 권(1992), 제 9 권(1995),
　　　제16권(1997), 제17권, 제19권(2005)(分擔執筆)
　　　註釋 債權各則(Ⅲ)(1986)(分擔執筆)
(譯)　라렌츠, 正當한 法의 原理(1986)
　　　츠바이게르트/쾨츠, 比較私法制度論(1991)
　　　포르탈리스, 民法典序論(2003)
　　　독일민법전——총칙·채권·물권, 2005년판(2005)
　　　독일민법학논문선(2005)(編譯)
　　　로슨, 大陸法入門(1994)(共譯)

民法散考

| 1998년 | 12 월 | 20 일 | 初版發行 |
| 2007년 | 9 월 | 20 일 | 再刷(修正)發 |

著　者　梁　彰　洙
發行人　安　鍾　萬
發行處　**愽英社**

　　　서울特別市 鍾路區 平洞 13-31番地
　　　電話 (733)6771　FAX (736)4818
　　　登錄　1952.11.18.　제1-171호(倫)

www.pakyoungsa.co.kr　e-mail: pys@pakyoungsa.co.kr
破本은 바꿔드립니다. 本書의 無斷複製行爲를 禁합니다.

定　價　14,000원　　　　　　　ISBN 89-10-50597-4